卫生健康行业内部审计指引详解系列丛书

采购管理
专项审计指引详解

3

国家卫生健康委财务司 组织编写

齐 军 主编

中国财经出版传媒集团
中国财政经济出版社
·北京·

图书在版编目（CIP）数据

采购管理专项审计指引详解 / 国家卫生健康委财务司组织编写；齐军主编 . ——北京：中国财政经济出版社，2024.5

（卫生健康行业内部审计指引详解系列丛书）

ISBN 978-7-5223-3034-1

Ⅰ.①采… Ⅱ.①国… ②齐… Ⅲ.①医院-采购管理-内部审计-研究-中国 Ⅳ.①R197.322

中国国家版本馆 CIP 数据核字（2024）第 072456 号

责任编辑：陈志伟　　　　　　　责任印制：史大鹏
封面设计：卜建辰　　　　　　　责任校对：徐艳丽

采购管理专项审计指引详解

CAIGOU GUANLI ZHUANXIANG SHENJI ZHIYIN XIANGJIE

中国财政经济出版社 出版

URL：http://www.cfeph.cn

E-mail：cfeph@cfeph.cn

（版权所有　翻印必究）

社址：北京市海淀区阜成路甲 28 号　邮政编码：100142
营销中心电话：010-88191522
天猫网店：中国财政经济出版社旗舰店
网址：https://zgczjjcbs.tmall.com
北京中兴印刷有限公司印装　各地新华书店经销
成品尺寸：170mm×240mm　16 开　20.25 印张　311 000 字
2024 年 5 月第 1 版　2024 年 5 月北京第 1 次印刷
定价：60.00 元
ISBN 978-7-5223-3034-1
（图书出现印装问题，本社负责调换，电话：010-88190548）
本社图书质量投诉电话：010-88190744
打击盗版举报热线：010-88191661　QQ：2242791300

丛书编委会

主　　　任：何锦国
副 主 任：刘　魁　赵树理　任西岳　王　辉　樊挚敏
　　　　　 王明霞
编委会成员：（按姓氏笔画排序）

于　筠　于建丽　王　洁　尹　硕　邓亚芳
邓连府　平　熹　卢　宁　毕春梅　刘　辉
齐　军　齐剑锋　许　涛　孙　文　孙家林
孙　磊　李小凤　李立国　李秀华　李彦敏
杨亮亮　肖　莉　吴　倩　余兴华　汪　薇
张秀娜　张　莉　张　静　陈　洁　苑　东
苑丽敏　林琼菁　郑　洁　孟雪莲　赵　萌
赵晨晨　施豪亮　姜　晨　袁灵华　袁晓晨
唐　志　黄龙梅　黄橙紫　隋　颖　雷　莉
鲍孟阳

《采购管理专项审计指引详解》编写组

主　　编： 齐　军

副 主 编： 余兴华　赵晨晨　徐佳梦

编写人员：（按姓氏笔画排序）

　　　　　　齐　军　孙　文　李小凤　余兴华　张秀娜

　　　　　　陈　洁　苑　东　赵晨晨　徐佳梦　袁晓晨

总　序

　　党和国家高度重视卫生健康行业内部审计工作。2016年，习近平总书记在全国卫生与健康大会上作出重要指示，要引导和规范医药卫生机构建立内审制度，加强自查自纠。国家卫生健康委财务司始终坚持以习近平新时代中国特色社会主义思想为指导，深入学习贯彻习近平总书记关于审计工作的重要指示精神，认真落实二十届中央审计委员会第一次会议精神，努力做到如臂使指、如影随形、如雷贯耳，全面加强党对审计的领导，把党对审计工作的集中统一领导贯穿审计工作的全过程和各环节，积极推进审计全覆盖，不断拓展审计监督广度和深度，消除监督盲区，促进监督权威高效，依法履行审计职责，推动审计理论、审计实践和审计制度创新。

　　近年来，特别是在贯彻落实党中央关于在全党大兴调查研究的决策部署和国家卫生健康委党组工作要求时，国家卫生健康委财务司通过实地调研、座谈交流、征求意见等方式了解到，基层单位希望开展"小而精"的专项审计，但实际工作中缺少政策指引和操作指南。为回应基层单位及审计人员的实践关切，国家卫生健康委财务司对一些工作急需、实践较成熟的专项审计项目开展课题研究，并制定印发了卫生健康行业内部审计指引，包括基本指引和6个专项审计指引，涉及大型医用设备绩效、高值医用耗材、采购管理、建设项目、合同管理和内部控制评价等，从方向上明确"审什么"和"怎么审"，得到了一线审计人员的高度认可，同时也受到了与之相关的管理人员的广泛欢迎。

为更好地帮助各级卫生健康行政部门及属管单位全面理解、准确落实卫生健康行业内部审计指引，便于根据指引开展专项审计，通过实践提高审计人员专业能力和专业素养，同时也方便相关专题的管理人员强化管理，丛书编委会组织行业部分审计财务经验丰富、研究能力较强的业务骨干力量，共同编写了《卫生健康行业内部审计指引详解系列丛书》（以下简称《丛书》）。

《丛书》对标行业专项审计指引要求，聚焦审计项目特点，全面总结审计实践经验，坚持需求导向、问题导向，依据相关重大政策、法规制度，分析凝练典型问题，聚焦审计重点，规范审计程序。《丛书》各书目间既相互独立又紧密联系，体系科学、内容新颖、解读翔实、案例实用，做到"五个坚持"：**一是坚持权威性**。由国家卫生健康委财务司统一组织编写，编写团队具有医疗卫生机构财务、审计的丰富工作经验，从成熟的专项审计项目中总结提炼典型性且具有推广价值的经验做法，并将课题主要研究成果充分体现在书稿里。编写过程广泛征求有关中央单位和各地各单位意见，充分开展专家研讨，集思广益，凝聚共识。**二是坚持实用性**。贴近行业内部审计工作实际，按照平实易懂的原则，详细介绍专项审计实施阶段具体操作规程，指导单位确定适用的审计程序和审计方法，分享常用审计文书参考格式、常见问题清单和典型案例。**三是坚持普适性**。在开展研究型审计的基础上，侧重总结提炼专项审计项目的过程管理、审计风险等共性内容和要求，供全行业开展内部审计工作时参考使用。**四是坚持创新性**。结合内部审计实际情况，在专项审计的内容细化、程序优化、风险提示等方面进行了有益探索，有利于不断提升卫生健康行业专项审计的质量和成效。**五是坚持前瞻性**。对于专项审计项目涉及的新领域，且现行制度未有明确规定的，结合以往审计结果，指导各级卫生健康行政部门及属管单位关注审计风险点，也可以作为单位强化内部控制、完善业务管理的重要参考。

我们将继续汇聚行业智慧和力量，探索总结审计实践经验，丰富完善行业内部审计指引，充实拓展《丛书》框架和内容，力求成熟一个出版一个。欢迎更多的行业同仁加入《丛书》编写工作中，积极分享交流审计优秀案例和先进经验，携手共进、砥砺前行，共同为推动卫生健康行业内部审计工作高质量发展而努力奋进。

在《丛书》编写过程中，中国卫生经济学会、中国内部审计协会、北京医院、国家食品安全风险评估中心、中国医学科学院肿瘤医院、中国医学科学院整形医院、北京大学口腔医院、华中科技大学同济医学院附属协和医院等单位专家，在工作之余，多次沟通讨论、反复研究推敲，付出了大量的辛劳，对他们为此付出的努力表示衷心感谢！此外，国家中医药管理局规划财务司综合与审计处、部分国家卫生健康委属管单位、北京市属医院相关专家也参与研究讨论并提出了宝贵中肯的修改意见，在此一并表示感谢！

丛书编委会
2024 年 4 月

前　言

随着政府采购制度改革不断深化，国家陆续出台《关于促进政府采购公平竞争优化营商环境的通知》《地方预算单位政府集中采购目录及标准指引（2020年版）》等政府采购制度，进一步强化采购人主体责任，建立集中采购机构竞争机制，改进政府采购代理和评审机制，健全科学高效的采购交易机制，强化政府采购政策功能措施，健全政府采购监督管理机制。财政部《2022年全国政府采购简要情况》显示，2022年全国政府采购规模为34 993.1亿元，占全国财政支出和GDP的比重分别为9.4%和2.9%，支持绿色发展、支持中小企业发展等政府采购政策功能作用日益凸显，有效促进经济社会发展。2020—2022年，为强化卫生健康行业政府采购监管，国家卫生健康委组织全系统开展了"全面落实规范和加强政府采购管理三年专项行动"，督促各地各单位建立健全政府采购自查自纠和责任落实机制。

2022年3月，国家卫生健康委印发《进一步加强卫生健康行业内部审计工作的若干意见》（国卫财务发〔2022〕9号），规定各级卫生健康行政部门及属管单位要认真履行审计监督职责，充分发挥"离得近""看得清"优势，聚焦关键业务和重点环节，着力揭示经济运行风险隐患，同时也明确了应当开展采购管理专项审计等审计项目。如何有效开展采购管理专项审计，如何运用审计结果促进采购需求合理规划、提高采购资金使用效率，降低单位运营成本、提升经济效益，是新时代卫生健康行业内部审计工作面临的新任务、新挑战。为规范卫生健康行业采购管理专项审计工作，提升工作质量，2022年以来，国家卫生健康委财务司组织课题组，深入研究采购管理专项审计实务，2023年11月印发《采购管理专项审计指引（试行）》（以下简称《指引》，国卫办财务函〔2023〕416号），指导各级卫生健康行政部门及属管单位规范开展审计业务，更好发挥内部审计作用。

本书在编写过程中适逢《中华人民共和国政府采购法》第二次修订草案面向社会公众征求意见，编写团队充分研究分析采购管理政策要求和发展趋势，紧跟行业内部审计新形势，立足准确详细解读《指引》新要求，依据国家最新颁布的法律法规、重大政策及行业规定，结合工作中发现的常见问题，全面总结近年来典型案例，分享采购管理专项审计的内部控制测试设计及实施、实质性程序开展等内容，系统阐述了如何对采购项目的预算、执行、合同、验收、结算、核算、档案、绩效等全生命周期管理开展审计工作，推进各单位专项审计规范化、制度化和信息化建设，促进实现内部审计广度和深度上的全覆盖。坚持需求导向，紧扣卫生健康行业特点，梳理专项审计的审计内容、程序、方法、风险点等，将审计思路以审计程序表形式呈现，并提供常用审计文书模板、政策依据、常见问题和参考案例，对提高审计人员工作能力、质量和效率具有较强的实操指导作用。帮助内部审计人员快速掌握审什么、怎么审、关键点、切入点等重要内容，也使审计理论在实践中发展、丰富和完善。

力求使广大读者一看就懂、一用就会，有助于透彻理解《指引》内涵，快速掌握专项审计思路和技术方法，提高审计质量和效率，促进单位规范业务管理。

本书在国家卫生健康委财务司组织指导下完成，该项工作自启动到完成，历时两年，凝结了很多领导和同仁的心血。期间，财务司司长何锦国同志对该项工作的实施原则、重点方向给予了强有力的指导，一级巡视员刘魁同志，副司长赵树理同志，副司长任西岳同志，二级巡视员王辉同志，时任副司长、一级巡视员樊挚敏同志，时任二级巡视员王明霞同志对编写工作给予了具体指导，多次听取汇报、参与研究，提出修改意见。承担本书主要编写工作的人员包括国家食品安全风险评估中心齐军、国家卫生健康委医药卫生科技发展研究中心余兴华、中国医学科学院赵晨晨、中日友好医院徐佳梦等同志。在整个课题研究以及书稿编写过程中，也得到了审计署内部审计指导监督司、中国内部审计协会以及相关专家的指导和支持，提供了很多宝贵意见，中国财政经济出版社的编辑团队为本书的出版夜以继日、辛苦操劳，在此一并感谢。

本书力求准确详细解读《指引》，并精选典型审计案例，方便读者理解，增强实用性，希望本书能够为卫生健康行业内部审计人员更新知识体系、开拓审计领域、提高工作水平提供帮助和启发，推动内审人员主动学习和实践运用，促进本单位运营管理水平提升。本书同时适用于审计理论研究者、审计实务工作者、审计专业师生学习使用，还能够为从事采购管理、财会监督、纪检监察监督等领域人员开展相关理论研究、业务培训和现场检查时提供参考，也能够为其他行业开展采购管理专项审计工作提供借鉴，推动各地区、各单位进一步加强经济运营管理，促进卫生健康事业高质量发展。

实际工作中遇到的情况千差万别，本书无法也不可能包含所有情形。因此，**本书不能替代相关法律法规、部门规章、规范性文件及内部审计人员职业判断等。本书所涉及审计程序的时间、范围和程度，应当由内部审计人员在开展内部审计业务时结合项目实际情况、风险导向原则及职业判断确定，避免简单照搬照抄。**因编者水平有限，难免存在疏漏和不妥之处，衷心希望读者在使用过程中，多提宝贵意见并及时反馈给我们。本书将结合审计法律法规、卫生健康行业政策修订变化情况，适时修订更新。

编　者

2024 年 4 月

目　录

| 第一章 | **绪论** ／1
　　第一节　采购管理审计相关概念／3
　　第二节　采购管理审计主要依据／6
　　第三节　采购管理审计重点内容／13
　　第四节　采购管理审计主要方法／15

| 第二章 | **采购管理内部控制测试** ／19
　　第一节　概述／21
　　第二节　机构与职责情况／23
　　第三节　人员管理情况／26
　　第四节　制度建设情况／28
　　第五节　信息系统情况／32

| 第三章 | **政府采购计划管理审计** ／33
　　第一节　政府采购当事人审计／35
　　第二节　政府采购需求审计／54
　　第三节　政府采购实施计划审计／63
　　第四节　政府采购预算审计／77

| 第四章 | 政府采购过程管理审计 / 83
　　第一节　政府采购组织形式审计 / 85
　　第二节　政府采购方式审计 / 97
　　第三节　政府采购程序审计 / 112
　　第四节　政府采购合同审计 / 141
　　第五节　政府采购信息公开审计 / 152
　　第六节　政府采购验收审计 / 163
　　第七节　政府采购付款审计 / 167

| 第五章 | 政府采购监督管理审计 / 171
　　第一节　政府采购争议处理审计 / 173
　　第二节　政府采购监督审计 / 180
　　第三节　政府采购政策功能审计 / 183
　　第四节　政府采购专项审计 / 211

| 第六章 | 限额以下且目录以外采购管理审计 / 239

| 第七章 | 采购核算审计 / 245

| 第八章 | 采购后续审计 / 251

| 第九章 | 文书参考及综合案例 / 257
　　第一节　采购管理审计文书参考格式 / 259
　　第二节　采购管理审计问题清单示例 / 273
　　第三节　采购管理审计案例列示 / 290

附录1　卫生健康行业内部审计基本指引（试行）/ 297
附录2　采购管理专项审计指引（试行）/ 299
附录3　制度清单 / 305

第一章 绪论

第一节

采购管理审计相关概念

一、采购的概念

(一) 采购

采购是指以合同方式有偿取得货物、工程和服务的行为,包括购买、租赁、委托、雇佣等。

1. 货物

货物是指各种形态和种类的物品,包括原材料、燃料、设备、产品等。

2. 工程

工程是指建设工程,包括建筑物和构筑物的新建、改建、扩建及其相关的装修、拆除、修缮等。与工程建设有关的货物,是指构成工程不可分割的组成部分,且为实现工程基本功能所必需的设备、材料等;与工程建设有关的服务,是指为完成工程所需的勘察、设计、监理等服务。

3. 服务

服务是指除货物和工程以外的其他政府采购对象;服务包括政府自身需要的服务和政府向社会公众提供的公共服务。

(二) 政府采购

政府采购是指各级国家机关、事业单位和团体组织,使用财政性资金采购依法制定的集中采购目录以内的或者采购限额标准以上的货物、工程和服务的行为。

1. 财政性资金

财政性资金是指纳入预算管理的资金。国家机关、事业单位和团体组织的采购项目既使用财政性资金又使用非财政性资金的，使用财政性资金采购的部分，适用《政府采购法》及其实施条例；财政性资金与非财政性资金无法分割采购的，统一适用《政府采购法》及其实施条例。

2. 集中采购和分散采购

政府采购实行集中采购和分散采购相结合。集中采购是指采购人将列入集中采购目录的项目委托集中采购机构代理采购或者进行部门集中采购的行为。分散采购是指采购人将采购限额标准以上的未列入集中采购目录的项目自行采购或者委托采购代理机构代理采购的行为。

3. 集中采购目录

集中采购的范围由省级以上人民政府公布的集中采购目录确定。属于中央预算的政府采购项目，其集中采购目录由国务院确定并公布；属于地方预算的政府采购项目，其集中采购目录由省、自治区、直辖市人民政府或者其授权的机构确定并公布。集中采购目录包括集中采购机构采购项目和部门集中采购项目。技术、服务等标准统一，采购人普遍使用的项目，列为集中采购机构采购项目。采购人本部门、本系统基于业务需要有特殊要求，可以统一采购的项目，列为部门集中采购项目。

4. 政府采购限额标准

属于中央预算的政府采购项目，由国务院确定并公布；属于地方预算的政府采购项目，由省、自治区、直辖市人民政府或者其授权的机构确定并公布。

（三）目录以外限额以下采购

目录以外限额以下采购是指政府采购以外的采购，即各级国家机关、事业单位和团体组织，使用财政性资金采购依法制定的集中采购目录以外的或者采购限额标准以下的货物、工程和服务的行为。

二、采购管理审计的概念

（一）审计

审计是指由专职机构和人员，依法对被审计单位的财政、财务收支及其有关经济活动的真实性、合法性、效益性进行审查，评价经济责任，用以维护财经法纪，改善经营管理，提高经济效益，促进宏观调控的独立性经济监督活动。审计按审计活动执行主体可分为政府审计、注册会计师审计和内部审计三种。

（二）内部审计

内部审计是指对本单位及所属单位财政财务收支、经济活动、内部控制、风险管理实施独立、客观的监督、评价和建议，以促进单位完善治理、实现目标的活动。

（三）卫生健康系统内部审计

卫生健康系统内部审计是指卫生健康系统内部审计机构和审计人员对本系统、本单位实施的一种独立客观的监督、评价和咨询活动，通过运用系统、规范的方法，审查和评价业务活动、内部控制和风险管理的适当性和有效性，以促进单位完善治理，提升管理水平和服务能力。

（四）采购内部审计

采购内部审计是指本单位内部审计机构及人员依据有关法律、法规、政策及相关标准，按照一定的程序和方法，对采购各部门和环节的经营活动和内部控制等进行的独立监督和评价活动。

第二节

采购管理审计主要依据

一、审计方面的主要依据

（一）党中央国务院文件

1. 国务院关于加强审计工作的意见（国发〔2014〕48号）
2. 中共中央办公厅、国务院办公厅印发《关于实行审计全覆盖的实施意见》（2015年12月）

（二）审计署文件

1. 审计署关于内部审计工作的规定（审计署令第11号）
2. 审计署关于加强内部审计工作业务指导和监督的意见（审法发〔2018〕2号）

（三）国家卫生健康委文件

1. 卫生部关于加强和规范建设工程项目全过程审计的通知（卫规财发〔2009〕39号）
2. 卫生计生系统内部审计工作规定（国家卫生计生委令第16号）
3. 国家卫生健康委进一步加强卫生健康行业内部审计工作的若干意见（国卫财务发〔2022〕9号）

（四）内部审计准则

第1101号——内部审计基本准则

第1201号——内部审计人员职业道德规范

第2101号内部审计具体准则——审计计划

第2102号内部审计具体准则——审计通知书

第2103号内部审计具体准则——审计证据

第2104号内部审计具体准则——审计工作底稿

第2105号内部审计具体准则——结果沟通

第2106号内部审计具体准则——审计报告

第2107号内部审计具体准则——后续审计

第2108号内部审计具体准则——审计抽样

第2109号内部审计具体准则——分析程序

第2303号内部审计具体准则——内部审计与外部审计的协调

第2304号内部审计具体准则——利用外部专家服务

第2305号内部审计具体准则——人际关系

第2306号内部审计具体准则——内部审计质量控制

第2307号内部审计具体准则——评价外部审计工作质量

第2308号内部审计具体准则——审计档案工作

第2309号内部审计具体准则——内部审计业务外包管理

第3101号内部审计实务指南——审计报告

内部审计实务指南第2号——物资采购审计

二、采购方面的主要依据

（一）通用文件

1. 中华人民共和国政府采购法
2. 中华人民共和国政府采购法实施条例（国务院令第658号）
3. 财政部关于《中华人民共和国政府采购法实施条例》第十九条第一款"较大数额罚款"具体适用问题的意见（财库〔2022〕3号）
4. 国家卫生健康委关于印发《政府采购管理暂行办法》的通知（国卫财务发〔2018〕17号）

（二）采购参加人

1. 财政部办公厅关于开展政府采购备选库、名录库、资格库专项清理

的通知（财办库〔2021〕14 号）

2. 财政部关于促进政府采购公平竞争优化营商环境的通知（财库〔2019〕38 号）

3. 财政部关于印发《政府采购代理机构管理暂行办法》的通知（财库〔2018〕2 号）

4. 财政部关于印发《政府采购评审专家管理办法》的通知（财库〔2016〕198 号）

（三）采购需求和计划

1. 财政部关于印发《政府采购需求管理办法》的通知（财库〔2021〕22 号）

2. 财政部关于进一步加强政府采购需求和履约验收管理的指导意见（财库〔2016〕205 号）

（四）采购预算

财政部关于印发《政府采购品目分类目录》的通知（财库〔2022〕31 号）

（五）采购方式

1. 政府采购货物和服务招标投标管理办法（财政部令第 87 号）

2. 政府采购非招标采购方式管理办法（财政部令第 74 号）

3. 财政部关于印发《政府采购竞争性磋商采购方式管理暂行办法》的通知（财库〔2014〕214 号）

4. 财政部关于《政府采购竞争性磋商采购方式管理暂行办法》有关问题的补充通知（财库〔2015〕124 号）

5. 政府采购框架协议采购方式管理暂行办法（财政部令第 110 号）

6. 财政部关于未达到公开招标数额标准政府采购项目采购方式适用的问题的函（财办库〔2015〕111 号）

（六）采购验收

财政部关于进一步加强政府采购需求和履约验收管理的指导意见（财库〔2016〕205号）

（七）采购信息公开

1. 财政部关于做好政府采购信息公开工作的通知（财库〔2015〕135号）
2. 财政部关于进一步做好政府采购信息公开工作有关事项的通知（财库〔2017〕86号）
3. 政府采购信息发布管理办法（财政部令第101号）
4. 财政部关于开展政府采购意向公开工作的通知（财库〔2020〕10号）

（八）质疑投诉

政府采购质疑和投诉办法（财政部令第94号）

（九）政策功能

1. 保障中小企业款项支付条例（国务院令第728号）
2. 政府采购促进中小企业发展管理办法（财库〔2020〕46号）
3. 财政部关于进一步加大政府采购支持中小企业力度的通知（财库〔2022〕19号）
4. 关于运用政府采购政策支持乡村产业振兴的通知（财库〔2021〕19号）
5. 关于深入开展政府采购脱贫地区农副产品工作推进乡村产业振兴的实施意见（财库〔2021〕20号）
6. 关于扩大政府采购支持绿色建材促进建筑品质提升政策实施范围的通知（财库〔2022〕35号）

三、资产方面的主要依据

（一）事业单位资产配置管理文件

1. 行政事业性国有资产管理条例（国务院令第738号）

2. 事业单位国有资产管理暂行办法（财政部令第100号）

3. 财政部发布关于加强行政事业单位固定资产管理的通知（财资〔2020〕97号）

4. 财政部关于印发《行政事业单位资产清查核实管理办法》的通知（财资〔2016〕1号）

5. 财政部关于进一步规范和加强行政事业单位国有资产管理的指导意见（财资〔2015〕90号）

6. 财政部关于进一步加强和改进行政事业单位国有资产管理工作的通知（财资〔2018〕108号）

7. 财政部关于进一步加大授权力度 促进科技成果转化的通知（财资〔2019〕57号）

8. 财政部关于进一步加强党的群团组织资产管理工作的指导意见（财资〔2017〕75号）

9. 财政部关于印发《中央行政事业单位国有资产配置管理办法》的通知（财资〔2018〕98号）

10. 中共中央办公厅 国务院办公厅关于印发《党政机关办公用房管理办法》的通知（中办发〔2017〕70号）

11. 关于印发《党政机关办公用房建设标准》的通知（发改投资〔2014〕2674号）

12. 机关团体建设楼堂馆所管理条例（中华人民共和国国务院令第688号）

13. 中共中央办公厅 国务院办公厅关于党政机关停止新建楼堂馆所和清理办公用房的通知（中办发〔2013〕17号）

14. 中共中央办公厅 国务院办公厅关于印发《党政机关办公用车管理办法》的通知（中办发〔2017〕71号）

15. 党政机关执法执勤用车管理办法（财资〔2021〕137号）

16. 关于印发《在京中央和国家机关公务用车指标管理办法》的通知（国管资〔2011〕167号）

17. 关于印发《中央国家机关所属事业单位公务用车管理办法（试行）》的通知（国管资〔2023〕221号）

18. 中央国家机关在京单位用地管理暂行办法（国管房地〔2007〕201号）

19. 中央行政单位通用办公设备家具配置标准（财资〔2016〕27号）

20. 关于修改《科学研究和教学用品免征进口税收规定》的决定（财政部 海关总署 国家税务总局令第93号）

21. 关于印发《中央行政事业单位资产配置计划管理暂行办法》的通知（国管资〔2018〕73号）

22. 关于印发大型医用设备配置与使用管理办法（试行）的通知（国卫规划发〔2018〕12号）

23. 关于印发甲类大型医用设备配置许可管理实施细则的通知（国卫规划发〔2018〕14号）

24. 国家卫生健康委办公厅关于印发社会办医疗机构大型医用设备配置"证照分离"改革实施方案的通知（国卫办财务发〔2021〕12号）

25. 国家卫生健康委关于发布"十四五"大型医用设备配置规划的通知（国卫财务发〔2023〕18号）

（二）事业单位所属企业资产监督管理文件

1. 事业单位及事业单位所办企业国有资产产权登记管理办法（财教〔2012〕242号）

2. 企业财务通则（财政部令第41号）

3. 企业国有资产监督管理暂行条例（国务院令第378号）

4. 关于转发国务院国资委以管资本为主推进职能转变方案的通知（国办发〔2017〕38号）

5. 关于建立国有企业违规经营投资责任追究制度的意见（国办发〔2016〕63号）

6. 关于加强和改进企业国有资产监督防止国有资产流失的意见（国办发〔2015〕79号）

7. 国务院关于改革和完善国有资产管理体制的若干意见（国发〔2015〕63号）

8. 中共中央、国务院关于深化国有企业改革的指导意见（中发

〔2015〕22 号）

9. 关于印发《国有企业境外投资财务管理办法》的通知（财资〔2017〕24 号）

10. 关于印发《国有科技型企业股权和分红激励暂行办法》的通知（财资〔2016〕4 号）

11. 关于进一步推进国有企业贯彻落实"三重一大"决策制度的意见（中办发〔2010〕17 号）

12. 财政部关于印发《中央党政机关和事业单位所属企业国有资本产权登记管理暂行办法》的通知（财资〔2023〕90 号）

四、内部控制方面的主要依据

（一）党中央国务院文件

中共中央关于全面推进依法治国若干重大问题的决定

（二）财政部文件

1. 行政事业单位内部控制规范（试行）（财会〔2012〕21 号）

2. 关于全面推进行政事业单位内部控制建设的指导意见（财会〔2015〕24 号）

3. 财政部关于加强政府采购活动内部控制管理的指导意见（财库〔2016〕99 号）

4. 财政部关于开展行政事业单位内部控制基础性评价工作的通知（财会〔2016〕11 号）

5. 关于印发《行政事业单位内部控制报告管理制度（试行）》的通知（财会〔2017〕1 号）

（三）国家卫生健康委文件

关于印发《公立医院内部控制管理办法》的通知（国卫财务发〔2020〕31 号）

第三节 采购管理审计重点内容

一、政府采购管理审计重点内容

根据《政府采购法》等文件要求，对政府采购过程开展审计，主要包括：采购当事人、采购需求、采购实施计划、采购预算、采购组织形式、采购方式、采购程序、采购合同、采购信息公开、采购验收、采购付款、质疑投诉、监督管理、采购政策功能、专项管理等审计内容。

（一）计划管理审计

计划管理审计主要包括采购当事人、采购需求、采购计划、采购预算、采购档案、采购核算等内容。

（二）过程管理审计

过程管理审计主要包括采购组织形式、采购方式、采购程序、采购合同、采购信息公开、采购验收、采购付款等内容。

（三）监督管理审计

监督管理审计主要包括采购争议处理、采购内外监督、采购整改、采购政策功能、专项采购等内容。

二、具有卫生健康行业特点的采购管理审计重点内容

（一）高值医用耗材采购管理审计

高值医用耗材采购管理审计主要包括高值医用耗材准入流程及审批、供应商及产品管理、供应目录管理、临时采购、日常采购（采购方式、采购流程、合同签订）等内容。

（二）药品集中采购管理审计

药品集中采购管理审计主要包括药品集中采购范围、药品分类采购（采购预算、采购计划、采购方式、采购程序、采购合同、采购验收、采购档案、争议投诉）、药款结算、综合监督等内容。

（三）大型医用设备采购管理审计

大型医用设备采购管理审计主要包括大型医用设备采购管理制度、配置论证（申请、论证、审核程序）、采购执行（采购方式、采购程序、信息公开）、采购合同、结算方式等内容。

三、采购核算和后续审计重点内容

（一）采购核算审计

采购核算审计主要包括物资入库核算、采购付款核算、采购往来款核算、退货和赔偿核算、履约保证金和质量保证金核算等内容。

（二）采购后续审计

采购后续审计主要包括采购档案审计、采购绩效审计、采购管理审计整改等内容。

第四节

采购管理审计主要方法

一、内部审计通用方法

(一) 内部审计方法选用

选用适当的审计方法是有效利用审计资源、发挥审计监督职能、实现审计目标的重要条件。内部审计方法选用原则主要包括服从审计目标，符合被审计单位实际情况，符合审计人员能力，考虑审计方式，考虑审计结论保证程度和成本效益。

(二) 内部审计方法分类

按照使用审计方法拟达到的目的进行分类，内部审计方法可分为审查书面资料的方法、证实客观事物的方法和分析经济问题的方法。在审计实务中，应当综合使用各类审计方法，相互补充和印证获得的审计证据，从而实现审计目标。

1. 审查书面资料的方法

审查书面资料的方法可以从审查技术、审查顺序和审查程度3个维度选择。

(1) 审查技术维度。审查书面资料的方法可分为检查、核对、重新计算三种。检查是对原始凭证、记账凭证、账簿、报表和其他书面资料的审阅，以鉴别数据增减变动、经济活动真实性、账务处理合规性与准确性；核对是根据凭证、账簿、报表的内在关系进行对照检查，查明证证、账证、账表、表表之间及会计资料和其他资料是否相符；重新计算是对合计数、比率、分析指标等再次独立计算，验证其准确性。

（2）审查顺序维度。审查书面资料的方法可分为顺查法和逆查法两种。顺查法是按照经济活动的发生顺序，以原始凭证为依据，依次核对并检查记账凭证、账簿和会计报表；逆查法则是按照经济活动发生的相反顺序，从审核会计报表开始，依次核对账簿、记账凭证和原始凭证。

（3）审查程度维度。审查书面资料的方法还可分为详查法和抽查法两种。详查法是对一定时期内的所有凭证、账簿和报表进行审查；抽查法是从总体中选取一定数量的样本进行测试，根据抽样结果推断总体特征，一般包括任意抽样法、判断抽样法和统计抽样法。

2. 证实客观事物的方法

证实客观事物的方法用于证明客观事物的形态、性质、存放地点、数量、价值是否与账目相符，具体采用盘点、观察、调节、鉴定、查询等方法。

（1）盘点：是对各项财产物资进行实地盘点，证实记录的财产物资与实物一致，可以分为直接盘点和监督盘点。直接盘点是内部审计人员亲自盘点财物，以证实与账面记录是否相符；监督盘点是审计人员现场监督被审计单位各种实物资产及现金、有价证券的盘点，并进行抽盘。

（2）观察：通过实地查看相关人员执行业务活动或控制程序以获得审计证据的方法。

（3）调节：由于报告日数据与审计日数据存在差异或被审计单位存在未达账款，通过将报告日数据调节至与审计日数据统一口径，以此验证报告日数据是否账实一致。

（4）鉴定：运用专门技术对审计对象进行技术鉴定并取得鉴定报告的方法。鉴定可由内部审计人员自行开展，也可聘请内、外部专家开展。

（5）查询：对审计过程中发现的风险点和存在的问题，通过询问相关人员或发送询证函，取得口头或书面证据的调查方法。

3. 分析经济问题的方法

分析经济问题的方法实质上就是分析程序，包括比较分析、比率分析、账户分析、结构分析、因素分析、平衡分析、趋势分析。

（1）比较分析：通过对比分析审计对象的实际与预算、本期与前期、本单位与同行业单位的数额，检查有无异常增长或降低。

（2）比率分析：对相关项目之间的比率关系进行对比分析，判断活动是否经济合理。

（3）账户分析：根据账户对应关系的原理，对业务的发生额与某些账户的金额进行对照分析，寻找异常。

（4）结构分析：分析资产负债、收入成本等各要素的构成比例和增减幅度比例。

（5）因素分析：计算某因素变动对有关经济指标的影响程度。

（6）平衡分析：对有关账户按期限长短进行归类分析，确定进一步审计的重点；同时对会计报表项目之间的平衡关系、钩稽关系进行对照分析。

（7）趋势分析：分析某项经济指标的发展趋势，判断其合理性和真实性。

二、采购管理审计方法

采购管理审计主要采用分析法、复核法、复算法、检查法、源头审计法、全面审计法、简单审计法、重点审计法和终点审计法等方法。

（一）源头审计法

即从根源把握审计问题实质。如在招标采购方式审计中，内部审计人员要审查招标程序是否规范，还要审查招标结果与市场情况的差异，审查合同价和中标价的差异，审查中标供应商实际执行采购合同的情况。

（二）全面审计法

全面审计法是指对采购的每个环节、每个资料和资料的每个方面进行全面审计的方法。其优点是深入细致、审计质量高；缺点是效率低、时间长、成本高。

（三）简单审计法

简单审计法是指在有特殊要求时，仅对采购某一个方面实施审计的方法。

（四）重点审计法

重点审计法是指对重点的、特殊的、问题较多的采购项目进行重点审计。

（五）终点审计法

即通过某一环节的重点审计，反馈前序环节中存在的问题。如通过采购后续审计，验证供应商选择、采购验收、合同执行等方面是否存在问题，反馈采购管理审计工作存在的不足。

第二章 采购管理内部控制测试

根据《财政部关于加强政府采购活动内部控制管理的指导意见》(财库〔2016〕99号)、《卫生计生系统内部审计工作规定》(国家卫生计生委令第16号)、《行政事业单位内部控制规范(试行)》(财会〔2012〕21号)等文件要求,对采购活动内部控制管理体系建设情况开展审查,主要包括:概述、机构与职责情况、人员管理情况、制度建设情况、信息系统情况。

第一节 概 述

一、相关定义

(一)内部控制

行政事业单位内部控制,是指单位为实现控制目标,通过制定制度、实施措施和执行程序,对经济活动的风险进行防范和管控。

(二)内部控制测试

内部审计人员可设计和实施采购管理内部控制测试,针对相关控制运行的有效性,获取充分、适当的审计证据。内部审计人员只对那些设计合理,能够防止、发现并纠正重大违规问题的采购管理内部控制进行测试,以验证其运行是否有效。内部审计人员应充分考虑内部控制的有效性,最大限度优化控制测试的程序和范围,做到既能控制审计风险,又能减轻被审计单位或部门的负担。

二、采购管理内部控制测试程序

序号	控制目标	常用的控制活动	常用的控制测试
1	采购管理制度健全有效	制定采购管理办法,包括政府采购管理办法和限额以下且目录以外采购管理办法,实施归口管理,明确岗位分工、采购程序、采购管理要求	调阅"三重一大"制度和集体决策会议纪要,调阅采购管理相关制度,检查归口管理、审批权限、采购流程等相关规定,抽查采购人员轮岗交流记录
2	全部采购纳入年度计划统一管理	论证采购需求,编报采购预算,根据采购需求及预算制定年度采购计划,并按照"三重一大"事项报经单位集体决策,履行相关审批程序后调整采购计划	抽查采购需求论证手续,抽查政府采购预算,抽查采购计划,包括政府采购计划,检查是否经过适当的审批,计划调整是否履行调整手续,与采购管理制度规定是否相符
3	采购合同签订及执行规范	对计划内采购事项实施采购,按照相关规定确定采购方式,履行相应采购程序,合同归口管理,合同签订经适当审批程序,按照合同约定执行并付款	抽取采购合同,检查是否在采购计划内,检查采购手续是否齐全,采购合同签订是否规范,采购合同执行及付款情况
4	采购付款手续齐全合规	按照合同付款条件办理付款,根据合同完成情况和政府会计准则制度规定记账,财务会计采用权责发生制,付款经适当审批,付款后凭证加盖"付讫"章,付款审核时核对已付款情况避免重复付款	抽查预付账款、应付账款等科目凭证不少于3项,检查采购内容是否在计划内,采购手续是否齐全,采购合同签订是否经过审批,采购付款程序是否规范,相关单证是否加盖"付讫"印戳
5	采购验收规范	制定验收程序、验收手续,明确验收职责及分工	抽取存货或固定资产科目凭证不少于3项,查阅验收入库单、领用单并检查是否经仓储人员、质检人员签字确认,检查不相容岗位是否分离;也可抽取委托业务费、租赁费等科目,查阅服务类验收情况;也可抽取在建工程等科目,查阅工程类验收情况

续表

序号	控制目标	常用的控制活动	常用的控制测试
6	采购付款财务管理严格	制定财务岗位分工，制定财务报销规定，明确采购付款手续有哪些，明确财务审核流程，明确会计核算流程	抽取委托业务费、维修费、物业费、房租等支出科目记账凭证，检查采购付款、发票、采购手续、采购合同等是否相符，记账凭证是否经复核人签字
7	账账相符，无异常事项	建立往来款管理台账，建立合同台账，定期核对账目，不一致时及时查找原因并调账，督促部门及时报销，定期清理往来款	抽取预收账款、应付账款等对账记录，检查对账情况。抽取合同台账，检查台账登记准确性和预付账款、应付账款记录是否衔接一致

第二节 机构与职责情况

一、审计目标

目标1：确认采购组织管理有效性

目标2：确认采购决策机制有效性

目标3：确认采购归口管理有效性

目标4：确认采购内部监督有效性

二、审计依据

1. 财政部关于加强政府采购活动内部控制管理的指导意见（财库〔2016〕99号）

2. 行政事业单位内部控制规范（试行）（财会〔2012〕21号）

三、审计程序及要点

审计目标	可供选择的审计程序和需要关注的审计要点	是否执行	索引号
目标1 确认采购组织管理有效性	1. 查阅"三定"职责、办公会、党委会决议等资料，是否成立采购领导小组或委员会； 2. 查阅内设机构及职能设置文件、会议纪要等，是否明确采购管理权限划分，是否履行职责。	√	
目标2 确认采购集体决策机制有效性	1. 查阅采购是否建立采购管理议事决策机制，包括集体研究、合法性审查和内部会签等方式； 2. 查看纳入"三重一大"集体决策的采购事项是否明晰且合理，如大额事项设置须符合单位经济管理需要，不能虚高流于形式；集体决策事项变更程序是否合理，注意不得擅自改变集体决策或个人单独决策； 3. 是否制定采购决策过程记录制度； 4. 对于涉及民生、社会影响较大的项目，是否制定相关采购需求的法律、技术咨询或者公开征求意见制度。	√	
目标3 确认采购归口管理有效性	1. 检查是否明确采购归口管理部门，具体负责本单位采购执行管理；归口管理部门是否牵头建立本单位采购内部控制制度；本单位相关部门在采购工作中的职责与分工是否明确； 2. 采购管理相关部门和岗位是否实行分事行权、分岗设权、分级授权，权限设置是否明确且与相应职责分工相互匹配； 3. 是否建立采购与预算、财务（资金）、资产、使用等业务机构或岗位之间沟通协调的工作机制，共同做好编制政府采购预算和实施计划、确定采购需求、组织采购活动、履约验收、答复询问质疑、配合投诉处理及监督检查等工作； 4. 查看是否明确采购管理考核和责任追究要求。	√	
目标4 确认采购内部监督有效性	1. 查阅内部审计、纪检监察有关采购的内部监督制度； 2. 是否建立采购常规审计和专项审计制度； 3. 是否建立采购有关问题的反馈和受理渠道； 4. 是否建立采购管理责任追究制度。	√	

四、具体案例

案例1：对政府采购概念不理解。

案例描述：《行政事业单位内部控制规范（试行）》第三章第十五

条"单位应当建立健全内部控制关键岗位责任制，明确岗位职责及分工，确保不相容岗位相互分离、相互制约和相互监督。内部控制关键岗位主要包括预算业务管理、收支业务管理、政府采购业务管理、资产管理、建设项目管理、合同管理以及内部监督等经济活动的关键岗位。"请问上述条款中"政府采购"是什么含义，和采购是一回事吗？

审计认定：财政部咨询留言板回复《行政事业单位内部控制规范（试行）》所称政府采购是指各级国家机关、事业单位和团体组织，使用财政性资金采购依法制定的集中采购目录以内的或者采购限额标准以上的货物、工程和服务的行为。同时，行政事业单位使用财政性资金采购的集中采购目录以外和采购限额标准以下的货物、工程和服务，也应当比照政府采购业务控制程序执行。

审计建议：建议各单位准确把握政府采购定义，建立健全本单位采购管理办法，既要包括政府采购管理，也要包括集中采购目录以外和采购限额标准以下的采购管理；既要包括货物采购，也要包括服务、工程采购。

案例2：采购如何实施归口管理。

案例描述：A医院的医工处负责耗材采购，设备处负责设备采购和设备维修，后勤处负责办公用品家具采购和水电物业管理，基建处负责建设和租赁用房，信息处负责互联网接入等管理，其他采购如翻译、测试、印刷、软件开发、数据收集分析等服务由各需求部门各自办理。A医院未指定采购管理归口部门，未制定统一的采购管理办法。

审计认定：一是上述做法不符合《财政部关于加强政府采购活动内部控制管理的指导意见》（财库〔2016〕99号）"采购人应当明确内部归口管理部门，具体负责本单位、本系统的政府采购执行管理。归口管理部门应当牵头建立本单位政府采购内部控制制度，明确本单位相关部门在政府采购工作中的职责与分工"的规定。二是不符合《行政事业单位内部控制规范（试行）》（财会〔2012〕21号）"归口管理。根据本单位实际情况，按照权责对等的原则，采取成立联合工作小组并确定牵头部门或牵头人员等方式，对有关经济活动实行统一管理"。

审计建议：建议 A 医院明确采购管理归口部门，归口管理部门牵头建立本单位的货物、服务、工程采购管理制度。

第三节

人员管理情况

一、审计目标

目标 1：确认采购管理人员能力资质

目标 2：确认采购管理岗位设置有效

二、审计依据

1. 财政部关于加强政府采购活动内部控制管理的指导意见（财库〔2016〕99 号）

2. 行政事业单位内部控制规范（试行）（财会〔2012〕21 号）

3. 公立医院内部控制管理办法（国卫财务发〔2020〕31 号）

三、审计程序及要点

审计目标	可供选择的审计程序和需要关注的审计要点	是否执行	索引号
目标 1 确认采购管理人员能力资质	1. 查阅岗位职责与人员专业技术资质，访谈相关人员等，检查采购管理人员是否具备与其工作岗位相适应的资格和能力； 2. 查看内部控制手册和培训记录等，检查采购管理关键岗位人员是否建立培训机制，是否进行业务培训和职业道德教育，以此提升其业务水平和综合素质。	√	

续表

审计目标	可供选择的审计程序和需要关注的审计要点	是否执行	索引号
目标2 确认采购管理岗位设置有效	1. 查阅岗位职责与分工，对照采购支出凭证和采购档案，检查采购管理岗位设置是否符合不相容岗位分离原则；政府采购不相容岗位包括：政府采购需求制定与内部审批、招标文件准备与复核、合同签订与验收、验收与保管；采购管理岗位职责是否落实到位； 2. 评审现场组织、单一来源采购项目议价、合同签订、履约验收等相关业务，是否由2人以上共同办理，并明确主要负责人员； 3. 检查采购管理岗位是否定期轮岗，轮岗记录是否完整；未轮岗的是否开展专项审计； 4. 检查采购在岗监督、离岗审查和责任追溯情况。	√	

四、具体案例

案例3：对政府采购业务不相容岗位分离理解不到位。

案例描述：A单位采购办负责采购、申请部门负责合同签订，未指定部门或专人负责验收。且A单位提出《财政部关于加强政府采购活动内部控制管理的指导意见》（财库〔2016〕99号）规定：合同签订与验收等岗位原则上应当分开设置。请问这是指合同签订与验收不能是同一人？还是不能同一部门？

审计认定：一是上述做法不符合《行政事业单位内部控制规范（试行）》（财会〔2012〕21号）"第三十六条 单位应当加强对政府采购项目验收的管理。根据规定的验收制度和政府采购文件，由指定部门或专人对所购物品的品种、规格、数量、质量和其他相关内容进行验收，并出具验收证明"。二是财政部留言板答复"按照《财政部关于加强政府采购活动内部控制管理的指导意见》（财库〔2016〕99号）的规定，合同签订与验收等岗位不由同一人担任即可"。

审计建议：建议A单位加强政府采购验收管理，指定部门或专人负责。

第四节

制度建设情况

一、审计目标

目标 1：确认采购管理风险评估规范

目标 2：确认采购管理制度建立健全

目标 3：确认采购管理制度执行有效

目标 4：确认采购管理内控评价规范

二、审计依据

1. 内部审计实务指南第 2 号——物资采购管理审计

2. 财政部关于加强政府采购活动内部控制管理的指导意见（财库〔2016〕99 号）

3. 行政事业单位内部控制规范（试行）（财会〔2012〕21 号）

4. 公立医院内部控制管理办法（国卫财务发〔2020〕31 号）

三、审计程序及要点

审计目标	可供选择的审计程序和需要关注的审计要点	是否执行	索引号
目标 1 确认采购管理 风险评估规范	1. 是否建立采购风险评估制度，是否明确风险评估归口部门或岗位，是否明确每年至少进行一次风险评估；是否建立有关采购风险的分析研判和处置制度；是否制定采购风险控制措施； 2. 查阅内部控制报告和风险评估报告，是否开展风险评估，风险评估范围是否包含采购管理，风险评估是本单位自己开展还是委托第三方开展，风险评估是否提出采购管理业务风险，是否相应提出风险应对策略、修订相关采购管理制度措施，风险评估结果报送情况及运用。	√	

续表

审计目标	可供选择的审计程序和需要关注的审计要点	是否执行	索引号
目标2 确认采购管理制度建立健全	1. 查阅采购管理制度、业务流程、内部控制评价报告等资料，查看制度体系是否合规、健全； 2. 查看制度内容是否完整，是否建立健全政府采购、限额以下且目录以外采购管理制度，是否涵盖货物、服务、工程等，有无疏漏、交叉、多头管理； 3. 查看是否明确采购预算、需求、计划、方式、程序、合同、验收、结算、供应商管理、信息公开、档案、监督评价、争议处理、委托代理、政策功能、所属单位采购管理等要求；是否符合国家、属地及上级单位有关规定；是否及时根据国家相关政策进行修订； 4. 是否明确审核审批事项，是否建立授权审批控制。	√	
目标3 确认采购管理制度执行有效	1. 查阅采购管理制度，是否制定采购管理流程图；是否明确采购关键环节，关键环节分工及权限是否清晰明确； 2. 查阅采购事项全过程管理，访问采购相关管理人员，查看采购管理相关制度是否有效执行。	√	
目标4 确认采购管理内控评价规范	1. 查阅内部控制管理制度、内部控制评价报告、访谈单位内控相关管理人员等，查看单位是否单独设置内部控制职能部门或者确定内部控制牵头部门，负责组织协调内部控制工作；内部控制评价部门是否依据本单位内部控制评价办法或内部控制手册有关规定，制定年度内部控制评价工作计划（至少每年进行一次评价）； 2. 查看是否对采购管理内部控制评价实施的过程及结果进行总结和汇报，是否编制采购管理内部控制评价报告； 3. 查看是否对采购管理内部控制评价报告审批结果组织整改，完善内部控制，落实相关责任。	√	

四、具体案例

案例4：未制定本单位政府采购管理制度。

案例描述：A单位称因为其全部是按照财政部门和主管部门相关政府采购规定执行，所以就没再制定本单位的政府采购制度；并且提出在建立健全政府采购内控制度时，是主管部门统一建立本系统（含所属预算单位）政府采购内控制度，还是由主管部门协调指导，各单位分别建立各自的内控制度？

审计认定：一是上述做法不符合《财政部关于加强政府采购活动内部控制管理的指导意见》（财库〔2016〕99号）"采购人应当明确内部归口管理部门，具体负责本单位、本系统的政府采购执行管理。归口管理部门应当牵头建立本单位政府采购内部控制制度，明确本单位相关部门在政府采购工作中的职责与分工。"二是财政部留言板回复"各单位应根据自身实际情况，依法建立健全政府采购内控制度，原则上由各单位分别建立。主管预算单位应加强对所属预算单位的政策指导，也可统一建立本部门政府采购内控制度。"

审计建议：建议A单位明确政府采购归口管理部门，由归口管理部门牵头建立健全本单位政府采购内控制度。

案例5：政府采购管理制度不健全。

案例描述：A单位制定了设备采购管理办法、试剂耗材采购管理办法和基建管理办法，未区分政府采购管理和目录以外、限额以下采购管理；未制定除设备试剂耗材以外的其他货物类采购、服务类采购和工程类采购管理办法；未明确政府采购预算管理和计划管理程序和要求；未明确采购方式审核机制。

审计认定：一是上述做法不符合《财政部关于加强政府采购活动内部控制管理的指导意见》（财库〔2016〕99号）"（二）加快建章立制。抓紧梳理和评估本部门、本单位政府采购执行和监管中存在的风险，明确标准化工作要求和防控措施，完善内部管理制度，形成较为完备的内部控制体系""完善内部审核制度。采购人、集中采购机构确定采购方式、组织采购活动，监管部门办理审批审核事项、开展监督检查、做出处理处罚决定等，应当依据法律制度和有关政策要求细化内部审核的各项要素、审核标准、审核权限和工作要求，实行办理、复核、审定的内部审核机制，对照要求逐层把关"的相关规定。二是不符合《行政事业单位内部控制规范（试行）》（财会〔2012〕21号）"第三十二条 单位应当建立健全政府采购预算与计划管理、政府采购活动管理、验收管理等政府采购内部管理制度"的相关规定。

审计建议：建议 A 单位建立健全采购内部控制制度，涵盖货物、服务和工程的政府采购和目录以外限额以下采购。

案例 6：采购监督管理制度不符合国家有关规定。

案例描述：《A 医院采购管理暂行办法》规定"财务处、审计处、纪监办都是议标小组和比价小组的成员，监督部门参加议标并投票"。根据该单位规定，请问政府采购招标时，纪检监督人员是否可以作为采购人代表进入评标现场。

审计认定：上述做法不符合《政府采购货物和服务招标投标管理办法》（财政部令第 87 号）"采用招标方式采购的政府采购货物服务项目，除采购人代表、评标现场组织人员外，采购人的其他工作人员以及与评标工作无关的人员不得进入评标现场"的相关规定。

审计建议：建议 A 医院严格遵守政府采购管理相关规定，及时修订采购管理办法。

案例 7：本单位采购管理制度与国家有关规定不符。

案例描述：A 医院为中央级预算单位，《A 医院采购管理办法》规定："200 万元以下工程施工项目可在定点供应商中直接选取 1 家成交"。

审计认定：上述制度规定不符合《关于中央国家机关 2021—2022 年工程施工项目定点采购有关事宜的通知》（国机采〔2021〕3 号）"预算在 120 万元（不含）以下的，采购人可自行组织采购，也可在定点供应商中直接选取 1 家拟成交供应商。预算在 120 万元（含）-400 万元（不含）的工程施工项目，采购人应从定点供应商中选取不少于 3 家符合条件的，通过竞争性方式确定 1 家拟成交供应商。其中，预算在 300 万元（含）-400 万元（不含）的施工内容较为复杂的工程，采购人原则上应委托国采中心采用非招标采购方式确定成交企业"的相关规定。

审计建议：建议 A 医院修订工程施工采购管理办法，严格执行政府采购相关规定。

第五节

信息系统情况

一、审计目标

目标1：确认采购管理信息系统建设情况

目标2：确认采购管理信息系统运转有效

二、审计依据

1. 行政事业单位内部控制规范（试行）（财会〔2012〕21号）
2. 公立医院内部控制管理办法（国卫财务发〔2020〕31号）

三、审计程序及要点

审计目标	可供选择的审计程序和需要关注的审计要点	是否执行	索引号
目标1 确认采购管理信息系统建设情况	1. 查看采购管理系统，查阅系统操作记录等，了解信息化建设及运行情况，包括是否建立采购管理系统；系统是否包含采购各环节；是否与内部其他相关信息系统互联互通；录入信息是否完整、准确等； 2. 查看预算一体化系统，政府采购基础数据库维护情况，政府采购计划模块和政府采购预算模块建设情况。	√	
目标2 确认采购管理信息系统运转有效	1. 查看采购管理系统，是否将内部控制流程和关键点嵌入采购管理信息系统；人员身份验证、岗位业务授权、电子档案管理是否合规合理； 2. 查看预算一体化系统，抽查政府采购计划与政府采购预算编制和执行规范性，如采购品目、采购类型；查看政府采购支出关联政府采购合同和政府采购计划情况；查看招标后剩余政府采购计划和预算管理情况。	√	

第三章 政府采购计划管理审计

政府采购计划管理审计主要包括采购当事人、采购需求、采购计划、采购预算审计等内容。

第一节 政府采购当事人审计

政府采购当事人审计主要包括：采购人、供应商、采购代理机构等审计内容。

一、审计采购人情况

（一）审计目标

目标1：确认采购人实施的采购活动是政府采购

目标2：确认采购人的单位性质

目标3：确认采购人属于《政府采购法》的适用对象

目标4：确认是否为联合采购人

目标5：确认采购人是否存在违反《政府采购法》及相关规定的行为

（二）审计依据

1. 中华人民共和国政府采购法
2. 中华人民共和国政府采购法实施条例（国务院令第658号）

（三）审计程序和要点

审计目标	可供选择的审计程序和需要关注的审计要点	是否执行	索引号
目标1 确认采购活动是政府采购	调阅采购付款凭证，检查资金来源是否属于财政性资金，检查非货币性资产交易的资产是否属于国有资产；检查采购内容是货物类、工程类还是服务类。	√	

续表

审计目标	可供选择的审计程序和需要关注的审计要点	是否执行	索引号
目标2 确认采购人的单位性质	调阅采购人的法人证书，检查单位性质。	√	
目标3 确认采购人是《政府采购法》适用对象	调阅采购人的部门预算表或决算表，检查报表封面机构类型等，确定采购人是否属于《政府采购法》适用对象。	√	
目标4 确认是联合采购人	调阅采购合同等，检查是否多个部门组成联合采购人。	√	
目标5 确认采购人是否存在违反《政府采购法》及相关规定的行为	审计问题中是否发现采购人存在违反《政府采购法》及相关规定的行为。如： 1. 是否未制定或者未执行政府采购内部控制规定； 2. 是否未严格按照批准的预算执行； 3. 是否未依照本法规定确定采购需求、编制采购实施计划； 4. 是否未依法执行政府采购政策； 5. 是否违反规定确定政府采购方式、竞争范围、评审方法、合同定价方式，或者违反规定的采购程序； 6. 是否未依法在指定的媒体上发布政府采购信息； 7. 集中采购目录内的政府采购项目，是否未委托集中采购机构实行集中采购； 8. 是否擅自提高采购标准； 9. 是否以不合理的条件对供应商实行差别待遇或者歧视待遇； 10. 是否违反本法规定设置综合评分法的评审因素； 11. 是否对供应商的质疑逾期未作答复； 12. 是否违法改变中标、成交、入围结果，或者中标、成交、入围通知书发出后在法定或者约定期限内不与中标、成交、入围供应商签订采购合同或者框架协议； 13. 是否违反规定，擅自变更、解除政府采购合同； 14. 是否未依规对供应商的履约进行验收； 15. 是否未依法妥善保存采购活动的文件资料，或者违法伪造、变造、隐匿、销毁文件资料； 16. 是否拒绝有关部门依法实施监督检查，或者在有关部门依法实施的争议处理、监督检查中提供虚假情况； 17. 是否与其他政府采购参加人相互串通； 18. 是否在采购过程中接受贿赂或谋取其他不正当利益； 19. 是否泄露国家秘密、商业秘密、依法不得公开的个人信息或者泄露尚未公开的采购项目情况； 20. 是否违反《政府采购法》其他规定。	√	

(四) 核心知识点

1. 采购人定义

采购人是指依法进行政府采购的国家机关、事业单位、团体组织。

2. 采购人法律责任

《政府采购法》规定采购人不得有下列情形：一是未制定或者未执行政府采购内部控制规定的；二是未严格按照批准的预算执行的；三是未确定采购需求、编制采购实施计划的；四是未依法执行政府采购政策的；五是违反规定确定政府采购方式、竞争范围、评审方法、合同定价方式，或者违反规定的采购程序的；六是未依法在指定的媒体上发布政府采购信息的；七是集中采购目录内的政府采购项目，未委托集中采购机构实行集中采购的；八是擅自提高采购标准的，以不合理的条件对供应商实行差别待遇或者歧视待遇的；九是违反规定设置综合评分法的评审因素的；十是对供应商的质疑逾期未作答复的；十一是违法改变中标、成交、入围结果，或者中标、成交、入围通知书发出后在法定或者约定期限内不与中标、成交、入围供应商签订采购合同或者框架协议的；十二是违反规定，擅自变更、解除政府采购合同的；十三是未依照规定对供应商的履约进行验收的；十四是未依法妥善保存采购活动的文件资料，或者违法伪造、变造、隐匿、销毁文件资料的；十五是拒绝有关部门依法实施监督检查的，或者在有关部门依法实施的争议处理、监督检查中提供虚假情况的；十六是与其他政府采购参加人相互串通的；十七是在采购过程中接受贿赂或者谋取其他不正当利益的；十八是泄露国家秘密、商业秘密、依法不得公开的个人信息或者泄露尚未公开的采购项目情况的；十九是违反《政府采购法》其他规定的。

(五) 具体案例

案例 8：采购人代表违规情形。

案例描述：A 医院采购人代表在参与专用设备政府采购项目评审过程中，多次发表"某供应商曾与我们合作得很愉快""某供应商产品质量不错"等具有倾向性、引导性言论。以"专家评的不对""对评审结果不满意"等为由，要求专家重新打分。

审计认定：一是《政府采购法实施条例》第四十二条规定："采购人、采购代理机构不得向评标委员会、竞争性谈判小组或者询价小组的评审专家作倾向性、误导性的解释或者说明"。二是《政府采购法实施条例》第四十四条规定："除国务院财政部门规定的情形外，采购人、采购代理机构不得以任何理由组织重新评审。采购人、采购代理机构按照国务院财政部门的规定组织重新评审的，应当书面报告本级人民政府财政部门"。

审计建议：建议A医院规范采购代表人行为，不得向评审专家作倾向性、误导性的解释或者说明，不得以任何理由组织重新评审。

案例9：国有企业适用政府采购吗？

案例描述：A公司为事业单位所办全资企业，经科技部批复取得财政科研项目，在项目执行过程中通过公开招标等政府采购方式进行货物和服务采购，履行了政府采购预算、政府采购计划、政府采购意向公开、政府采购合同公示等程序要求，请问国有企业是否执行《政府采购法》，已经执行了政府采购程序是否违规？

审计认定：一是《政府采购法》第二条规定："政府采购，是指各级国家机关、事业单位和团体组织，使用财政性资金采购依法制定的集中采购目录以内的或者采购限额标准以上的货物、工程和服务的行为"。国有企业不属于国家机关、事业单位和团体组织。二是财政部咨询留言板回复"国有企业不属于《政府采购法》规范范围。国有企业参照《政府采购法》进行采购不违反政府采购相关规定"。

审计建议：建议A公司参照《政府采购法》进行采购时，相应完善本单位采购管理相关制度。

二、审计供应商情况

（一）审计目标

目标1：确认供应商是否具备参加政府采购的条件

目标 2：确认供应商不存在不得参加政府采购活动情形

目标 3：确认供应商资格审查程序和记录规范有效

目标 4：确认政府采购联合体的组成及操作规范

目标 5：确认成交供应商是否符合规定

目标 6：确认应当回避的情形是否已回避

目标 7：确认是否存在对供应商差别或歧视待遇

目标 8：确认供应商是否违反《政府采购法》相关规定

（二）审计依据

1. 中华人民共和国政府采购法
2. 中华人民共和国政府采购法实施条例（国务院令第658号）
3. 财政部关于在政府采购活动中查询及使用信用记录有关问题的通知（财库〔2016〕125号）
4. 财政部关于促进政府采购公平竞争优化营商环境的通知（财库〔2019〕38号）
5. 财政部办公厅关于开展政府采购备选库、名录库、资格库专项清理的通知（财办库〔2021〕14号）

（三）审计程序和要点

审计目标	可供选择的审计程序和需要关注的审计要点	是否执行	索引号
目标1 确认供应商是否具备参加政府采购条件	1. 调阅供应商档案或投标文件，包括营业执照、资质资格证明等，对照招标文件要求，查看经营范围、资质资格是否符合，是否具备履约能力；是否存在关联交易、串通舞弊、不正当竞争、转包、违法分包以及谋取不正当利益等违法情形； 2. 查阅采购项目特殊要求的真实性，核实特殊要求与供应商特定条件的关联性，特定条件是否与合同履行直接相关，与采购项目特点和实际需要相适应； 3. 查阅废标原因，是否存在地域、所有制等不合理歧视和差别待遇情况； 4. 查阅供应商委托书，参加投标的供应商代表是否具备受托代理权限。	√	

续表

审计目标	可供选择的审计程序和需要关注的审计要点	是否执行	索引号
目标2 确认供应商不存在不得参加政府采购活动情形	1. 调阅供应商内控制度、缴税凭证、社保缴费记录、前3年内经营活动中重大违法记录等，查看商业信誉、内控制度健全性、涉法涉讼情况；必要时，可通过企查查等系统查询风险； 2. 通过信用中国网站（www.creditchina.gov.cn）、中国政府采购网（www.ccgp.gov.cn），查阅供应商是否被列入失信被执行人、重大税收违法案件当事人名单、政府采购严重违法失信行为记录名单； 3. 调阅供应商与本单位近3年内签订的合同，查看是否违约及具体原因、发生违约是否及时补救。	√	
目标3 确认供应商资格审查程序和记录规范	1. 查阅是否进行资格预审，资格预审公告是否在省级财政部门指定的媒体上发布。已经资格预审的，资格发生变化的，是否通知采购人和采购代理机构； 2. 查阅供应商资格审查记录是否完整；关注审查是否存在纰漏，是否流于形式； 3. 对照投标文件中供应商资格证明和招标文件要求是否相符； 4. 对照购买采购文件的全部供应商经办人的身份证号码、签字和付款记录，查阅关联性，是否存在代买，判断有无串标风险。 5. 现场询问被审计单位关于供应商是否按照投标文件提供的实施方案、技术路线等履约，关注投标文件是否存在内容虚假承诺或代写标书等问题； 6. 调阅投标文件，查看是否存在单位负责人为同一人或者存在直接控股、管理关系的不同供应商参加同一合同项下的政府采购活动的情形； 7. 调阅采购文件，查看是否存在除单一来源采购项目外，为采购项目提供整体设计、规范编制或者项目管理、监理、检测等服务的供应商再参加该采购项目的其他采购活动的情形； 8. 调阅单位供应商管理文件，查看是否设置备选库、名录库、资格库，是否存在通过入围方式设置备选库、名录库、资格库作为参与政府采购活动的资格条件； 9. 调阅采购文件，查看是否存在要求供应商在政府采购活动前进行不必要的登记、注册，或者要求设立分支机构的情形； 10. 调阅采购文件，查看是否存在设置或者变相设置供应商规模、成立年限等门槛，限制供应商参与政府采购活动的情形； 11. 调阅采购文件，查看是否存在不依法及时、有效、完整发布或者提供采购项目信息，妨碍供应商参与政府采购活动； 12. 调阅采购文件，查看是否存在要求供应商购买指定软件，作为参加电子化政府采购活动的条件的情形。	√	

续表

审计目标	可供选择的审计程序和需要关注的审计要点	是否执行	索引号
目标4 确认政府采购联合体的组成及操作规范	1. 查阅采购文件是否规定不接受联合体，实际有无联合体参与采购； 2. 查阅联合协议是否载明联合体各方的工作和义务，联合体各方承担工作和义务情况是否符合协议约定； 3. 调阅联合体各方资质证明文件，联合体资质等级是否按照资质等级最低的供应商等级确定； 4. 调阅采购文件，查看是否存在联合体各方再单独参加或者与其他供应商另外组成联合体参加同一合同项下政府采购活动的情形； 5. 查阅采购合同是否与联合体各方共同签订； 6. 询问合同执行是否存在纠纷情况，核实联合体各方依照合同约定承担连带责任。	√	
目标5 确认成交供应商符合规定	1. 调阅采购结果资料，如中标通知书、比选结果、竞争性谈判结果等，查看成交供应商是否为中标供应商，是否具备履行采购合同约定的职责和义务的能力，与投标文件承诺的资质能力等情况是否一致； 2. 投标文件承诺的供应商资质能力在合同履行期间是否发生变化及原因，是否仍然满足采购条件，是否影响合同执行。	√	
目标6 确认应当回避的情形是否回避	1. 询问或调阅资料核实采购人、采购代理机构、专家等参加采购活动前3年内与供应商存在劳动关系； 2. 询问或调阅资料核实采购人、采购代理机构、专家等参加采购活动前3年内担任供应商的董事、监事； 3. 询问或调阅资料核实采购人、采购代理机构、专家等参加采购活动前3年内是供应商的控股股东或者实际控制人； 4. 询问或调阅资料核实采购人、采购代理机构、专家等与供应商的法定代表人或者负责人有夫妻、直系血亲、三代以内旁系血亲或者近姻亲关系； 5. 询问或调阅资料核实采购人、采购代理机构、专家等与供应商有其他可能影响政府采购活动公平、公正进行的关系； 6. 调阅回避申请、回避记录等资料，核实是否依规回避。	√	
目标7 确认是否存在对供应商差别或歧视待遇	1. 查阅采购文件，是否就同一采购项目向供应商提供有差别的项目信息； 2. 查阅采购文件，是否设定的资格、技术、商务条件与采购项目的具体特点和实际需要不相适应或者与合同履行无关； 3. 查阅采购文件，是否采购需求中的技术、服务等要求指向特定供应商、特定产品；	√	

续表

审计目标	可供选择的审计程序和需要关注的审计要点	是否执行	索引号
目标7 确认是否存在对供应商差别或歧视待遇	4. 查阅采购文件，是否以特定行政区域或者特定行业的业绩、奖项作为加分条件或者中标、成交条件； 5. 查阅采购文件，是否对供应商采取不同的资格审查或者评审标准； 6. 查阅采购文件，是否限定或者指定特定的专利、商标、品牌或者供应商； 7. 查阅采购文件，是否非法限定供应商的所有制形式或者所在地。	√	
目标8 确认供应商不存在违法违规情形	1. 是否无正当理由放弃中标、成交、入围的； 2. 中标、成交、入围供应商是否在法定或者约定期限内拒绝签订政府采购合同或者框架协议的； 3. 中标、成交、入围供应商是否转包、违法分包； 4. 是否提供虚假材料谋取中标、成交、入围的； 5. 是否采取不正当手段诋毁、排挤其他供应商的； 6. 是否与采购人、其他供应商或者采购代理机构及采购参加人员相互串通，可对当年或往年同类项目中标供应商数据进行交叉对比，检查是否存在中标供应商人员交叉重叠的问题，检查同一供应商连续3年以上中标，是否存在其他参与采购的供应商也高度重合的情况； 7. 是否向采购人、采购代理机构及其他政府采购参加人行贿或者提供其他不正当利益的； 8. 是否在招标采购过程中与采购人进行协商谈判的； 9. 是否提供假冒伪劣产品的； 10. 是否拒绝有关部门监督检查或者提供虚假情况的。	√	

（四）核心知识点

1. 供应商定义

供应商是指向采购人提供货物、工程或者服务的法人、其他组织或者自然人。

2. 供应商参加政府采购活动的条件

一是供应商应当具备履行政府采购合同的能力，包括独立承担民事责任的能力、履行合同所必需的设备和专业技术能力等。法律、行政法规和国家有关规定对供应商从事特定经营活动有资质、资格规定的，供应商应当具备相应条件。采购人可以根据采购项目的特殊要求，规定供应商的特定条件，相关条件应当与合同履行直接相关，并与采购项目特点和实际需要相适应，不得以地域、所有制等不合理的条件对供应商实行差别待遇或者歧视待遇（《政府采购法》）。二是供应商参加政府采购应提供的材料。法人或者其他组织的营业执照等证明文件，自然人的身份证明；财务状况报告，依法缴纳税收和社会保障资金的相关材料；具备履行合同所必需的设备和专业技术能力的证明材料；参加政府采购活动前3年内在经营活动中没有重大违法记录的书面声明；具备法律、行政法规规定的其他条件的证明材料。采购项目有特殊要求的，供应商还应当提供其符合特殊要求的证明材料或者情况说明（《政府采购法实施条例》）。不得因装订、纸张、文件排序等非实质性的格式、形式问题限制和影响供应商投标（响应）（财库〔2019〕38号）。

要点提示：

（1）采购人或者采购代理机构应当对供应商信用记录进行甄别，对列入失信被执行人、重大税收违法案件当事人名单、政府采购严重违法失信行为记录名单及其他不符合《政府采购法》第二十二条规定条件的供应商，应当拒绝其参与政府采购活动。采购人或者采购代理机构应当通过信用中国网站（www.creditchina.gov.cn）、中国政府采购网（www.ccgp.gov.cn）等渠道查询相关主体信用记录（财库〔2016〕125号）。

（2）在实践中为提高参与采购活动的供应商履约能力，可以参考以下做法：采购人有证据证明有关供应商在参加政府采购活动前3年内，履行与采购人或者与其存在管理关系的单位的采购合同时，发生过重大实质性违约且未及时采取合理补救措施的，可以拒绝其参加采购活动，但应当在采购文件中载明。

3. 供应商资格审查

一是供应商资格预审。采购人或者采购代理机构对供应商进行资格预审的，资格预审公告应当在省级以上人民政府财政部门指定的媒体上发布。已进行资格预审的，评审阶段可以不再对供应商资格进行审查。资格预审合格的供应商在评审阶段资格发生变化的，应当通知采购人和采购代理机构。资格预审公告应当包括采购人和采购项目名称、采购需求、对供应商的资格要求以及供应商提交资格预审申请文件的时间和地点。提交资格预审申请文件的时间自公告发布之日起不得少于 5 个工作日（《政府采购法实施条例》）。二是关联关系。单位负责人为同一人或者存在直接控股、管理关系的不同供应商，不得参加同一合同项下的政府采购活动（《政府采购法实施条例》）。除单一来源采购项目外，为采购项目提供整体设计、规范编制或者项目管理、监理、检测等服务的供应商，不得再参加该采购项目的其他采购活动。

4. 政府采购联合体及要求

一是什么是联合体。两个以上的自然人、法人或者其他组织可以组成一个联合体，以一个供应商的身份共同参加政府采购（《政府采购法》）。二是联合体工作和义务。以联合体形式进行政府采购的，参加联合体的供应商均应当具备采购项目规定的条件，并应当向采购人提交联合协议，载明联合体各方承担的工作和义务（《政府采购法》）。联合体中有同类资质的供应商按照联合体分工承担相同工作的，应当按照资质等级较低的供应商确定资质等级（《政府采购法实施条例》）。三是联合体合同。联合体各方应当共同与采购人签订采购合同，就采购合同约定的事项对采购人承担连带责任（《政府采购法》）。四是联合体管理要求。以联合体形式参加政府采购活动的，联合体各方不得再单独参加或者与其他供应商另外组成联合体参加同一合同项下的政府采购活动（《政府采购法实施条例》）。

5. 妨碍公平竞争需重点清理和纠正的问题

一是除小额零星采购适用的协议供货、定点采购以及财政部另有规定的情形外，通过入围方式设置备选库、名录库、资格库作为参与政府采购活动的资格条件，妨碍供应商进入政府采购市场；二是要求供应商在政府采购活动前进行不必要的登记、注册，或者要求设立分支机构，设置或者变相设置进入政府采购市场的障碍；三是设置或者变相设置供应商规模、成立年限等门槛，限制供应商参与政府采购活动；四是要求供应商购买指定软件，作为参加电子化政府采购活动的条件；五是不依法及时、有效、完整发布或者提供采购项目信息，妨碍供应商参与政府采购活动；六是除

《政府采购货物和服务招标投标管理办法》第六十八条规定的情形外，要求采购人采用随机方式确定中标、成交供应商；七是对于供应商法人代表已经出具委托书的，不得要求供应商法人代表亲自领购采购文件或者到场参加开标、谈判等（财库〔2019〕38号）。

6. 与供应商有利害关系应当回避的情形

第一，什么是回避。在政府采购活动中，采购人员及相关人员与供应商有利害关系的，必须回避。供应商认为采购人员及相关人员与其他供应商有利害关系的，可以申请其回避。采购人员是指采购人和采购代理机构的相关工作人员；相关人员包括评审专家等。第二，有下列利害关系之一的，应当回避：参加采购活动前3年内与供应商存在劳动关系；参加采购活动前3年内担任供应商的董事、监事；参加采购活动前3年内是供应商的控股股东或者实际控制人；与供应商的法定代表人或者负责人有夫妻、直系血亲、三代以内旁系血亲或者近姻亲关系；与供应商有其他可能影响政府采购活动公平、公正进行的关系。第三，如何回避。供应商认为采购人员及相关人员与其他供应商有利害关系的，可以向采购人或者采购代理机构书面提出回避申请，并说明理由。采购人或者采购代理机构应当及时询问被申请回避人员，有利害关系的被申请回避人员应当回避（《政府采购法实施条例》）。

7. 对供应商实行差别或者歧视待遇情形

采购人或者采购代理机构有下列情形之一的，属于以不合理的条件对供应商实行差别待遇或者歧视待遇：就同一采购项目向供应商提供有差别的项目信息；设定的资格、技术、商务条件与采购项目的具体特点和实际需要不相适应或者与合同履行无关；采购需求中的技术、服务等要求指向特定供应商、特定产品；以特定行政区域或者特定行业的业绩、奖项作为加分条件或者中标、成交条件；对供应商采取不同的资格审查或者评审标准；限定或者指定特定的专利、商标、品牌或者供应商；非法限定供应商的所有制形式、组织形式或者所在地；以其他不合理条件限制或者排斥潜在供应商（《政府采购法实施条例》）。

8. 供应商违法行为

提供虚假材料谋取中标、成交的；采取不正当手段诋毁、排挤其他供应商的；与采购人、其他供应商或者采购代理机构恶意串通的；向采购人、采购代理机构行贿或者提供其他不正当利益的；在招标采购过程中与采购人进行协商谈判的；拒绝有关部门监督检查或者提供虚假情况的（《政府采购法》）。

（五）具体案例

案例 10：供应商资格审查。

案例描述：王某是 A 公司法人，占 100% 股份；王某又在 B 公司占 90% 股份，但不是 B 公司法人。这样 A 和 B 公司是否可以参加同一合同项下的投标活动呢？

审计认定：财政部咨询留言板同类问题答复"《政府采购法实施条例》第十八条 单位负责人为同一人或者存在直接控股、管理关系的不同供应商，不得参加同一合同项下的政府采购活动。上述'控股、管理关系'是指直接控股、直接管理关系，不包括间接控股、间接管理关系。留言所述两家公司负责人不是同一人，如两家公司之间不存在直接控股、管理关系，可以参加同一合同项下的采购活动"。

审计建议：建议采购人、采购代理机构按照政府采购相关规定，做好供应商资格审查。

案例 11：如何界定供应商串标。

案例描述：某医院货物类政府采购项目，A 公司和 B 公司是投标人。A 公司和 B 公司均为独立法人，张某是两家公司监事，也是两家公司股东。A 公司和 B 公司的企业基本信息、联系电话相同，联络员备案都是同一人，项目招标期间联络备案人又是该项目招标代理单位人员。算有串标嫌疑吗？

审计认定：一是《政府采购法实施条例》第十八条规定："单位负责人为同一人或者存在直接控股、管理关系的不同供应商，不得参加同一合同项下的政府采购活动"。两家公司能否参加同一合同项下的政府采购活动，应判断其单位负责人是否为同一人，或者两公司是否存在直接控股、管理关系。二是《政府采购货物和服务招标投标管理办法》第三十七条规定："不同投标人委托同一单位或个人办理投标事宜、投标文件载明的项目管理成员或者联系人为同一人等情形，视为投标人串通投标"。财政部咨询留言板同类问题答复如上。

审计建议：建议该医院严格执行政府采购相关规定，加强供应商资格审查。

案例 12：限定供应商所在地。

案例描述：某单位 2020 年采用公开招标方式采购彩色多普勒超声诊断仪、经颅多普勒政府采购项目，中标金额为 329.8 万元。招标文件中列明"商务要求及售后服务方案中投标产品生产制造商在该单位所在省份或周边省份有售后服务机构得 2 分；其他得 0 分。投标产品生产制造商在该单位所在省份有配件库得 2 分；周边省份有备件库得 1 分；其余地区得 0 分……"，招标文件相关内容限定供应商所在地。

审计认定：一是上述做法不符合《政府采购法》"第二十二条 采购人可以根据采购项目的特殊要求，规定供应商的特定条件，但不得以不合理的条件对供应商实行差别待遇或者歧视待遇"的相关规定。二是不符合《政府采购法实施条例》"第二十条 采购人或者采购代理机构有下列情形之一的，属于以不合理的条件对供应商实行差别待遇或者歧视待遇：……（七）非法限定供应商的所有制形式、组织形式或者所在地；（八）以其他不合理条件限制或者排斥潜在供应商"的相关规定。

审计建议：建议该单位严格执行供应商管理相关政府采购规定，招标文件编制设定供应商资格条件或评审因素应公平公正。

案例 13：中小企业认定。

案例描述：A 医院的一个政府采购项目中有多种货物，投标供应商是小微企业，而所投货物中只有部分为小微企业生产，请问这种情况下是按照小微企业货物所占比例折扣，还是不能够认定供应商为小微企业。

审计认定：《政府采购促进中小企业发展管理办法》（财库〔2020〕46 号）第四条规定："在政府采购活动中，供应商提供的货物、工程或者服务符合下列情形的，享受本办法规定的中小企业扶持政策：（一）在货物采购项目中，货物由中小企业制造，即货物由中小企业生产且使用该中小企业商号或者注册商标……在货物采购项目中，供应商提供的货物既有中小企业制造货物，也有大型企业制造货物的，不享受本办法规定的中小企业扶持政策"。供应商是否认定为小微企业，主要依据是所投货物是否为小微企业生产。如果所投货物只有部分为小微企业生产，不能认定为小微企业。

审计建议：建议A医院按照政府采购相关规定，加强供应商资格审查。

案例14：供应商的重大违法记录指什么？

案例描述：A单位2023年9月采购活动中，经查，供应商B在当地税务机关有一条行政处罚信息，因分别在2018年、2019年虚报人员工资、社保，在2020年7月被罚款30 000元，供应商B在受到处罚后全额缴纳了罚款。并在投标文件中提供了其纳税和社保缴纳凭证。请问：供应商B具备投标资格吗？

审计认定：一是《政府采购法实施条例》第十九条规定："重大违法记录，是指供应商因违法经营受到刑事处罚或者责令停产停业、吊销许可证或者执照、较大数额罚款等行政处罚"。供应商在参加政府采购活动前3年内因违法经营被禁止在一定期限内参加政府采购活动，期限届满的，可以参加政府采购活动。二是财政部关于《政府采购法实施条例》第十九条第一款"较大数额罚款"具体适用问题的意见（财库〔2022〕3号）规定："'较大数额罚款'认定为200万元以上的罚款，法律、行政法规以及国务院有关部门明确规定相关领域'较大数额罚款'标准高于200万元的，从其规定"。本意见自2022年2月8日起施行。

审计建议：根据《政府采购法》及其实施条例有关规定，供应商参加政府采购活动前3年内在经营活动中不得有重大违法记录。建议A单位根据财政部相关规定进行供应商资格审查。

三、审计采购代理机构情况

（一）审计目标

目标1：确认采购代理机构选择是否规范

目标2：确认应当委托集中采购机构采购的情形是否委托

目标3：确认委托集中采购机构进行的采购活动是否低于市场价格、效率更高、质量优良和服务良好

目标4：确认委托的社会代理机构是否符合相关管理要求

目标5：确认委托代理协议签订是否规范

目标6：确认采购代理机构是否违反《政府采购法》相关规定

（二）审计依据

1. 中华人民共和国政府采购法

2. 中华人民共和国政府采购法实施条例（国务院令第658号）

3. 财政部关于做好政府采购代理机构资格认定行政许可取消后相关政策衔接工作的通知（财库〔2014〕122号）

4. 财政部关于促进政府采购公平竞争优化营商环境的通知（财库〔2019〕38号）

（三）审计程序和要点

审计目标	可供选择的审计程序和需要关注的审计要点	是否执行	索引号
目标1 确认采购代理机构选择是否规范	调阅选择采购代理机构的程序和手续，查看相关资料是否完整规范，选择代理机构是否存在人为指定，是否按规定选定采购代理机构。	√	
目标2 确认应当委托集中代理采购是否委托	1. 调阅采购文件，查看采购项目是否纳入集中采购目录或部门集中采购目录，或者属于涉密项目且单位不具备自行组织条件，是否依规委托集中采购机构采购； 2. 是否存在修改采购标的名称，规避集中采购，如将"服务器"采购改为"计算中心"，将"空调"采购改为"空气流动器"等。	√	

续表

审计目标	可供选择的审计程序和需要关注的审计要点	是否执行	索引号
目标3 确认委托采购活动效果	调阅采购文件,查看委托集中采购机构采购的价格、周期、质量、服务是否符合《政府采购法》要求,比市场价格低、采购效率更高、质量优良、服务良好,询问和分析具体情况及差异原因。	√	
目标4 确认委托代理机构是否符合管理要求	1. 调阅社会代理机构相关资质文件,查询中国政府采购网(www.ccgp.gov.cn)是否列入"政府采购代理机构名单",是否列入"政府采购代理机构不良行为记录名单"; 2. 调阅采购文件,查看是否存在强制要求采购人采用抓阄、摇号等随机方式或者比选方式选择采购代理机构,干预采购人自主选择采购代理机构的情形。	√	
目标5 确认委托代理协议签订是否规范	1. 核实是否签订委托代理协议,查看签订程序是否规范; 2. 调阅委托代理协议,查看协议内容是否明确代理采购的范围、权限和期限等具体事项; 3. 调阅采购文件,对照委托代理协议,查看采购代理机构是否超越代理权限。	√	
目标6 确认委托代理是否存在违法违规情形	审计是否涉及采购代理机构违法违规问题,如: 1. 是否未依法在指定的媒体上发布政府采购项目信息; 2. 是否以不合理的条件对供应商实行差别待遇或者歧视待遇; 3. 是否非法干预采购评审活动; 4. 是否违反《政府采购法》规定设置综合评分法的评审因素; 5. 是否对供应商的质疑逾期未作答复; 6. 是否拒绝有关部门依法实施监督检查,或者在监督检查中提供虚假情况; 7. 是否与其他政府采购参加人相互串通; 8. 是否在政府采购活动中接受贿赂或者谋取其他不正当利益; 9. 是否泄露国家秘密、商业秘密、依法不得公开的个人信息或者泄露尚未公开的采购项目情况; 10. 是否违反《政府采购法》其他规定。	√	

(四)核心知识点

1. 采购代理机构

采购代理机构包括集中采购机构和社会代理机构。设区的市、自治州以上人民政府根据本级政府采购项目组织集中采购的需要，设立集中采购机构。集中采购机构是非营利事业法人，根据采购人的委托办理采购事宜。社会代理机构是从事采购代理业务的营利法人。

2. 集中采购机构的工作要求

集中采购机构进行政府采购活动，应当符合采购价格低于市场平均价格、采购效率更高、采购质量优良和服务良好的要求。委托集中采购机构代理采购业务，可以不受行政级次和部门隶属关系的限制。

3. 什么情况采用批量集中采购

对于适合实行批量集中采购的集中采购项目，应当实行批量集中采购，但紧急的小额零星货物项目和有特殊要求的服务、工程项目除外。

4. 什么情况必须委托代理机构采购

纳入集中采购目录的政府采购项目，必须委托集中采购机构采购。涉密政府采购项目，采购人不具备自行组织条件的，应当委托集中采购机构代理采购。未纳入集中采购目录的政府采购项目，可以自行组织采购，也可以委托采购代理机构在委托的范围内代理采购。属于本部门、本系统有特殊要求的项目，应当实行部门集中采购；属于本单位有特殊要求的项目，经省级以上人民政府批准，可以自行采购。

5. 如何选择采购代理机构

任何单位和个人不得以任何方式为采购人指定采购代理机构。为方便采购人选择代理机构和政府采购监管部门加强业务监管，自 2015 年 1 月 1 日起，凡有意从事政府采购业务的代理机构可以在中国政府采购网（www.ccgp.gov.cn）或其工商注册所在地省级分网站进行网上登记。省级以上人民政府财政部门应当做好代理机构的纸质登记和网上登记的组织工作，及时将完成纸质登记的代理机构的名称在"政府采购代理机构名单"中公告。对核实后存在提供虚假登记信息的代理机构，应当将其列入政府采购代理机构不良行为记录名单，并在中国政府采购网"政府采购代理机构"专栏"政府采购代理机构不良行为记录名单"中予以公告（财库〔2014〕

122号）。妨碍公平竞争需重点清理和纠正的问题：强制要求采购人采用抓阄、摇号等随机方式或者比选方式选择采购代理机构，干预采购人自主选择采购代理机构（财库〔2019〕38号）。

要点提示：

在采购实践中，采购人目前选择采购代理机构的方式大概有几种：一是公开遴选；二是比选；三是随机抽取；四是直接确定。另外，也有采购人将政府采购项目全部委托给集中采购机构来做。用什么方式选择采购代理机构，没有硬性规定。

6. 委托代理协议

采购人依法委托采购代理机构办理采购事宜的，应当由采购人与采购代理机构签订委托代理协议，依法确定委托代理的事项，约定双方的权利义务（《政府采购法》）。委托代理协议应当明确代理采购的范围、权限和期限等具体事项。采购人和采购代理机构应当按照委托代理协议履行各自义务，采购代理机构不得超越代理权限（《政府采购法实施条例》）。

7. 采购代理机构管理要求

采购代理机构及其分支机构不得在所代理的采购项目中投标或者代理投标，不得为所代理的采购项目的投标人参加本项目提供投标咨询（财政部令第87号）。

8. 采购代理机构法律责任

关注审计问题中是否涉及采购代理机构违法违规问题，一是未依法在指定的媒体上发布政府采购项目信息的；二是以不合理的条件对供应商实行差别待遇或者歧视待遇的；三是非法干预采购评审活动的；四是违反规定设置综合评分法的评审因素的；五是对供应商的质疑逾期未作答复的；六是拒绝有关部门依法实施监督检查的，或者在监督检查中提供虚假情况的；七是与其他政府采购参加人相互串通的；八是在政府采购活动中接受贿赂或者谋取其他不正当利益的；九是泄露国家秘密、商业秘密、依法不得公开的个人信息或者泄露尚未公开的采购项目情况的；十是违反其他规定的。

（五）具体案例

案例 15：如何选择采购代理机构？

案例描述：A 医院对采购管理开展内部监督检查，提出如下问题：未将选择采购代理机构纳入采购范围；未按采购程序选择采购代理机构；连续 5 年未变更采购代理机构。并书面通知采购部门抓紧落实整改，今后通过采购程序选择采购代理机构。

审计认定：一是上述做法不符合《政府采购法》第十九条"采购人可以委托集中采购机构以外的采购代理机构，在委托的范围内办理政府采购事宜。采购人有权自行选择采购代理机构，任何单位和个人不得以任何方式为采购人指定采购代理机构"的相关规定。二是不符合《政府采购代理机构管理暂行办法》（财库〔2018〕2 号）第六条规定"代理机构实行名录登记管理。省级财政部门依托中国政府采购网省级分网（以下简称省级分网）建立政府采购代理机构名录（以下简称名录）。名录信息全国共享并向社会公开。"以及第十二条"采购人应当根据项目特点、代理机构专业领域和综合信用评价结果，从名录中自主择优选择代理机构。任何单位和个人不得以摇号、抽签、遴选等方式干预采购人自行选择代理机构"的相关规定。三是《关于促进政府采购公平竞争优化营商环境的通知》（财库〔2019〕38 号）"重点清理和纠正以下问题：……（七）强制要求采购人采用抓阄、摇号等随机方式或者比选方式选择采购代理机构，干预采购人自主选择采购代理机构"。四是财政部咨询留言关于同类问题的回复"采购人自行选择采购代理机构是法律赋予的权利，任何单位和个人不得为其指定。选择采购代理机构，不应纳入采购范围"。

审计建议：建议 A 医院应当根据项目特点、代理机构专业领域和综合信用评价结果，从名录中自主择优选择政府采购代理机构。

第二节

政府采购需求审计

政府采购需求主要包括：需求管理制度、需求编制、需求调查、需求论证、需求审查、采购意向公开等。

一、审计目标

目标1：确认采购需求管理制度是否规范

目标2：确认采购需求编制是否合规、完整、明确

目标3：确认采购需求调查是否真实有效

目标4：确认采购需求论证是否公正透明

目标5：确认采购需求审查是否严谨有力

二、审计依据

1. 中华人民共和国政府采购法

2. 财政部关于进一步加强政府采购需求和履约验收管理的指导意见（财库〔2016〕205号）

3. 财政部关于印发《政府采购需求管理办法》的通知（财库〔2021〕22号）

4. 中央国家机关政府采购中心《采购项目需求论证办法》（国机采办〔2017〕6号）

三、审计程序和要点

审计目标	可供选择的审计程序和需要关注的审计要点	是否执行	索引号
目标1 确认需求管理制度是否规范	1. 核实是否建立采购需求管理制度，是否明确采购需求管理的职责分工和工作流程； 2. 抽取采购需求档案，核实采购需求管理制度落实情况，核实相关预算、资产、财务等管理制度落实情况，关注岗位、程序和权限设置的合理性和有效性； 3. 询问委托采购代理机构编制采购需求的情况，核实采购活动前是否经采购人书面确认采购需求。	√	
目标2 确认采购需求编制是否合规、完整、明确	1. 调阅采购需求文件，是否具有完善的采购需求内容，查看是否清楚明了、表述规范、含义准确、与采购项目紧密相关，体现采购项目自身特点； 2. 查看技术需求，功能和质量要求是否明确完整，包括性能、材料、结构、外观、安全，或者服务和标准等内容； 3. 查看商务需求，时间、地点、财务和服务要求是否明确完整，包括交付（实施）的时间（期限）和地点（范围），付款条件（进度和方式），包装和运输，售后服务，保险等； 4. 查看采购需求确定依据，是否符合国家法律法规、符合国家强制性标准，是否符合采购项目特点和实际需求，是否按照部门预算（工程项目概预算）确定； 5. 查看采购需求确定方法，技术和商务要求的指标是否量化，量化指标是否明确相应等次或区间划分等次。功能和质量指标是否充分考虑可能影响供应商报价和项目实施风险等因素。涉及供应商提供设计方案、解决方案或组织方案的，采购需求是否说明了采购标的功能、应用场景、目标等基本要求，并尽可能量化指标。采购需求是引用的哪些国家标准、行业标准等或更高的技术要求。	√	
目标3 确认采购需求调查是否真实有效	1. 询问采购需求调查方式，如咨询、论证、调查问卷等，再调阅相关调查记录加以印证和进一步核实； 2. 查看采购需求调查内容，核实是否了解产业发展、市场供给、同类采购项目历史成交信息；是否了解后续运行维护、升级更新、备品备件、耗材等相关情况； 3. 查看采购需求调查范围，核实选择的调查对象是否具有代表性且大于等于3个；	√	

续表

审计目标	可供选择的审计程序和需要关注的审计要点	是否执行	索引号
目标3 确认采购需求 调查是否真实 有效	4. 调阅采购需求调查报告、不少于3家（含）以上供应商报价、专家论证意见或问卷调查等材料，核实应当开展采购需求调查的情况是否开展调查。如： （1）1000万元以上的货物、服务采购项目，3000万元以上的工程采购项目； （2）涉及公共利益、社会关注度较高的采购项目，包括政府向社会公众提供的公共服务项目等； （3）技术复杂、专业性较强的项目，包括需定制开发的信息化建设项目、采购进口产品的项目等； （4）主管预算单位或者采购人认为需要开展需求调查的其他采购项目； 5. 核实是否存在重复调查或调查不足等问题： （1）编制采购需求前1年内，采购人已就相关采购标的开展过需求调查的可以不再重复开展，是否重复开展； （2）按照法律法规的规定，对采购项目开展可行性研究等前期工作，已包含本办法规定的需求调查内容的，可以不再重复调查，是否重复调查； （3）对在可行性研究等前期工作中未涉及的部分，应当按照《政府采购需求管理办法》的规定开展需求调查，实际是否开展调查。	√	
目标4 确认采购需求 论证是否公正 透明	1. 查看采购项目特点，如采购需求较为复杂、性质特殊，或者采购项目社会影响较大、关注度高等，应开展采购需求论证，询问是否开展； 2. 询问采购需求论证采用何种方式，如公开征求意见、专家论证、第三方专业机构论证等，再调阅采购需求论证文件加以印证； 3. 调阅公开征求意见发布的公告，查看项目类别和拟采用的采购方式；对投标供应商的资质要求；技术指标、服务要求，包括但不限于数量、功能及对应的性能要求、规格；材质及相应物理性功能要求；包装及附带工具；质量要求；付款条件、售后服务和履约期限、地点、方式等能够实现采购目的的全部内容；评分细则；对采购需求所提意见的反馈方式及相关要求；公告期不得少于3个工作日（不含公告发布当日）等，核实公告内容是否明确完整，公告程序是否规范； 4. 调阅专家论证资料，查看是否邀请业务精通的行业专家或从财政部专家库里随机抽取专家，专家人数应为3人（含）以上单数；查看采购人是否委派代表到专家论证会现场介绍情况并参与讨论；查看采购人代表是否持有采购人所在单位开具的介绍信，核实专家论证是否客观、可行和规范； 5. 政府向社会公众提供的公共服务项目，询问是否就确定的采购需求征求社会公众意见，采用何种方式征求意见，是否规范。	√	

续表

审计目标	可供选择的审计程序和需要关注的审计要点	是否执行	索引号
目标5 确认采购需求审查是否严谨有力	1. 询问是否建立采购需求审查工作机制，调阅采购需求管理办法，确定建章立制和制度落实情况，审查工作机制成员是否包括本部门、本单位的采购、财务、业务、监督等内部机构； 2. 询问是否对采购需求开展一般性审查和重点审查； 3. 调阅一般性审查资料，例如审查表或审查报告，核实采购需求是否符合预算、资产、财务等管理制度规定； 4. 调阅重点审查资料，核实审查内容和结果： （1）非歧视性审查。是否指向特定供应商或者特定产品，包括资格条件设置是否合理，要求供应商提供超过2个同类业务合同的，是否具有合理性；技术要求是指向特定的专利、商标、品牌、技术路线等； （2）竞争性审查。是否确保充分竞争，包括应当以公开方式邀请供应商的，是否依法采用公开竞争方式；采用单一来源采购方式的，是否符合法定情形；采购需求的内容是否完整、明确，是否考虑后续采购竞争性。评审方法、评审因素、价格权重等评审规则是否适当； （3）采购政策审查。进口产品的采购是否必要，是否落实支持创新、绿色发展、中小企业发展等政府采购政策要求； （4）履约风险审查。合同文本是否按规定由法律顾问审定，合同文本运用是否适当，是否围绕采购需求和合同履行设置权利义务，是否明确知识产权等方面的要求，履约验收方案是否完整、标准是否明确，风险处置措施和替代方案是否可行。	√	

四、核心知识点

（一）政府采购需求定义

采购需求是指采购人为实现项目绩效目标，拟采购的标的及其需要满足的技术、商务要求和其他要求。

技术要求是指对采购标的的功能和质量要求，包括性能、材料、结构、外观、安全或者服务内容和标准等。商务要求是指取得采购标的的时间、地点、财务和服务要求，包括交付（实施）的时间（期限）和地点

（范围），付款条件（进度和方式），包装和运输，售后服务，保险等（财库〔2021〕22号）。其他要求是指实现项目目标所需的技术、商务以外的要求。

（二）政府采购需求确定依据

采购人应当根据法律法规、政府采购政策和国家相关标准，结合本部门职责科学合理确定采购需求。采购需求应当合规、完整、明确、可评判、可验证，符合采购项目特点和实际需要。采购需求应当依据部门预算（工程项目概预算）确定（财库〔2021〕22号）。

（三）政府采购需求确定方法

一是采购需求应当清楚明了、表述规范、含义准确；二是技术要求和商务要求应当客观，量化指标应当明确相应等次，有连续区间的按照区间划分等次；三是功能和质量指标的设置要充分考虑可能影响供应商报价和项目实施风险的因素；四是需由供应商提供设计方案、解决方案或者组织方案的采购项目，应当说明采购标的的功能、应用场景、目标等基本要求，并尽可能明确其中的客观、量化指标；五是采购需求可以直接引用相关国家标准、行业标准、地方标准等标准、规范，也可以根据项目目标提出更高的技术要求（财库〔2021〕22号）。

没有国家相关标准的，采购人可以采用市场公允标准，也可以根据项目目标提出更高的技术要求，但是不得通过特定指标或者技术路线指向特定供应商，妨碍公平竞争。

（四）政府采购需求调查

采购人可以在确定采购需求前，通过咨询、论证、问卷调查等方式开展需求调查，了解相关产业发展、市场供给、同类采购项目历史成交信息，可能涉及的运行维护、升级更新、备品备件、耗材等后续采购，以及其他相关情况。面向市场主体开展需求调查时，选择的调查对象一般不少于3个，并应当具有代表性（财库〔2021〕22号）。

对于下列采购项目，应当开展需求调查：1 000万元以上的货物、服务采购项目，3 000 万元以上的工程采购项目；涉及公共利益、社会关注度较高的采购项目，包括政府向社会公众提供的公共服务项目等；技术复杂、专业性较强的项目，包括需定制开发的信息化建设项目、采购进口产品的项目等；主管预算单位或者采购人认为需要开展需求调查的其他采购项目。编制采购需求前 1 年内，采购人已就相关采购标的开展过需求调查的可以不再重复开展。按照法律法规的规定，对采购项目开展可行性研究等前期工作，已包含《政府采购需求管理办法》规定的需求调查内容的，可以不再重复调查；对在可行性研究等前期工作中未涉及的部分，应当按照本办法的规定开展需求调查（财库〔2021〕22 号）。

（五）政府采购需求论证

采购人可以根据项目特点，结合预算编制、相关可行性论证和需求调研情况对采购需求进行论证。

1. 采购需求论证情形

有下列情形之一的，可以进行采购需求论证：采购需求较为复杂、性质特殊；采购项目社会影响较大、关注度较高；中央国家机关政府采购中心认为确有必要的（《采购项目需求论证办法》）。

2. 采购需求论证方式

采购需求论证方式主要包括公开征求意见、专家论证、第三方专业机构论证等。具体方式可根据项目特点，灵活选用。采购人未采纳通过公开征求意见方式获得的修改意见，且未提供充足证明材料佐证其采购需求合理性的，应当组织专家或第三方专业机构论证（《采购项目需求论证办法》）。需求复杂的采购项目可引入第三方专业机构和专家，吸纳社会力量参与采购需求编制及论证（财库〔2016〕205 号）。

公开征求意见的，应当发布公告，具体内容包括：项目类别和拟采用的采购方式；对投标供应商的资质要求；技术指标、服务要求，包括但不限于数量、功能及对应的性能要求、规格；材质及相应物理性功能要求；包装及附带工具；质量要求；付款条件、售后服务和履约期限、地点、方式等能够实现采购目的的全部内容；评分细则；对采购需求所提意见的反馈方式及相关要求；公告期，不得少于 3 个工作日（不含公告发布当日）（《采购项目需求论证办法》）。

专家论证的，采购中心项目经办人可以结合项目的实际情况，邀请业务精通的行业专家或从财政部专家库里随机抽取专家，专家人数应为 3 人（含）以上单数。采购人可以委派代表到专家论证会现场介绍情况并参与讨论。采购人代表须持有采购人所在单位开具的介绍信（《采购项目需求论证办法》）。

3. 政府采购需求征求意见的情形

政府向社会公众提供的公共服务项目，采购人应当就确定采购需求征求社会公众的意见（财库〔2016〕205 号）。政府向社会公众提供的公共服务包括：以物为对象的公共服务，如公共设施管理服务、环境服务、专业技术服务等；以人为对象的公共服务，如教育、医疗卫生和社会服务等（《采购项目需求论证办法》）。

（六）政府采购需求审查

采购人应当建立审查工作机制，在采购活动开始前，针对采购需求管理中的重点风险事项，对采购需求和采购实施计划进行审查，审查分为一般性审查和重点审查。

1. 一般性审查

其主要审查是否按照本办法规定的程序和内容确定采购需求、编制采购实施计划。审查内容包括：采购需求是否符合预算、资产、财务等管理制度规定；对采购方式、评审规则、合同类型、定价方式的选择是否说明适用理由；属于按规定需要报相关监管部门批准、核准的事项，是否作出相关安排；采购实施计划是否完整。

2. 重点审查

重点审查是在一般性审查的基础上，进行以下审查：一是非歧视性审查。主要审查是否指向特定供应商或者特定产品，包括资格条件设置是否合理，要求供应商提供超过 2 个同类业务合同的，是否具有合理性；技术要求是否指向特定的专利、商标、品牌、技术路线等；评审因素设置是否具有倾向性，将有关履约能力作为评审因素是否适当。二是竞争性审查。主要审查是否确保充分竞争，包括应当以公开方式邀请供应商的，是否依法采用公开竞争方式；采用单一来源采购方式的，是否符合法定情形；采购需求的内容是否完整、明确，是否考虑后续采购竞争性；评审方法、评审因素、价格权重等评审规则是否适当。三是采购政策审查。主要审查进口产品的采购是否必要，是否落实支持创新、绿色发展、中小企业发展等政府采购政策要求。四是履约风险审查。主要审查合同文本是否按规定由法律顾问审定，合同文本运用是否适当，是否围绕采购需求和合同履行设置权利义务，是否明确知识产权等方面的要求，履约验收方案是否完整、标准是否明确，风险处置措施和替代方案是否可行。

（七）政府采购需求存档

采购需求和采购实施计划的调查、确定、编制、审查等工作应当形成书面记录并存档。

五、具体案例

案例16：政府采购需求可否高于国家标准。

案例描述： A医院人造板家具政府采购项目，根据我国最新发布的 GB 18580—2017《室内装饰装修材料 人造板及其制品中的甲醛释放限量》，人造板的甲醛释放量要求为 $\leq 0.124 \text{mg/m}^3$。A医院出于择优考虑并结合相关行业和企业标准，在编制政府采购需求时将人造板的甲醛释放量要求为 $\leq 0.05 \text{mg/m}^3$。请问：对于上述政府采购需求编制是否合理。

审计认定： 一是上述做法符合《财政部关于印发〈政府采购需求管理办法〉的通知》（财库〔2021〕22号）"第九条 采购需求可以直接引用相关国家标准、行业标准、地方标准等标准、规范，也可以根据项目目标提出更高的技术要求"的相关规定。二是财政部咨询留言板关于同类问题的答复"采购人可根据采购项目的实际情况，在符合国家和相关行业标准，并经市场调查能保证竞争充分的前提下，可以设置高于国家标准的技术指标。"

审计建议：建议 A 医院加强采购需求论证，采购需求应当符合法律法规、政府采购政策和国家有关规定，符合国家强制性标准，遵循预算、资产和财务等相关管理制度规定，符合采购项目特点和实际需要。

案例 17：政府采购需求可否采用国际标准。

案例描述：B 单位需要采购某理化板，在政府采购文件中要求供应商提供高关注度物质检测报告（欧盟标准）。是不是存在以不合理的条件对供应商实行差别待遇或歧视待遇？采购需求中采购标的物没有可执行的国家标准，可否使用相关的国际标准作为实质性要求？可否将符合国际标准的检测报告作为符合性证明材料？

审计认定：一是上述做法符合《财政部关于印发〈政府采购需求管理办法〉的通知》（财库〔2021〕22 号）"第九条 采购需求可以直接引用相关国家标准、行业标准、地方标准等标准、规范，也可以根据项目目标提出更高的技术要求"的相关规定。二是财政部咨询留言板关于同类问题的答复"若根据采购项目的实际情况，需要使用相关的标准作为资格条件或者评审因素，在没有国家标准的前提下，可以使用相关国际标准作为资格条件或者评审因素"。

审计建议：建议 B 单位加强采购需求论证，说明采纳国际标准的原因。

案例 18：政府采购需求论证是必须的吗？

案例描述：A 医院《采购管理办法》规定"政府采购项目的采购需求必须事先经过论证，报经采购领导小组集体决策通过后，才能编报政府采购预算和实施政府采购程序"。请问：需求论证是每一个采购必须要做的吗？

审计认定：一是《财政部关于进一步加强政府采购需求和履约验收管理的指导意见》（财库〔2016〕205 号）"采购人可以根据项目特点，结合预算编制、相关可行性论证和需求调研情况对采购需求进行论证"。二是财政部咨询留言板关于同类问题的答复"采购需求应当合规、完整、明确,采购人可以根据项目特点合理确定采购需求,必要时组织采购需求论证。采购需求论证并非强制性要求"。

审计建议：建议 A 医院根据采购项目特点和实际需要,开展采购需求论证等管理工作。

第三节

政府采购实施计划审计

政府采购实施计划主要包括：计划管理制度、时间安排、委托代理安排、采购包划分、合同分包、供应商资格条件、采购方式、定价方式、评审方法、合同类型与文本、履约验收方案、风险控制措施、备案等。

一、审计目标

目标1：确认采购实施计划的内容完整性、政策相符性

目标2：确认采购活动时间安排是否合理

目标3：确认计划中委托代理安排是否合规

目标4：确认计划中采购包划分与合同分包是否合理

目标5：确认计划中供应商资格条件是否合理

目标6：确认计划中采购方式是否合规

目标7：确认计划中定价方式是否合理

目标8：确认计划中评审方法是否规范

目标9：确认计划中合同类型和文本是否合理规范

目标10：确认计划中履约验收方案是否合理规范

目标 11：确认计划中风险控制措施是否有效

目标 12：确认采购实施计划是否备案

二、审计依据

1. 中华人民共和国政府采购法实施条例（国务院令第 658 号）

2. 财政部关于印发《政府采购需求管理办法》的通知（财库〔2021〕22 号）

3. 财政部关于加强和改进中央部门项目支出预算管理的通知（财预〔2015〕82 号）

三、审计程序和要点

审计目标	可供选择的审计程序和需要关注的审计要点	是否执行	索引号
目标 1 确认采购实施计划的内容完整性、政策相符性	1. 查看政府采购实施计划的内容完整性。是否包括采购项目预（概）算，最高限价，开展采购活动的时间安排，采购组织形式，委托代理安排，采购包划分与合同分包，供应商资格条件，采购方式，竞争范围，评审规则，合同类型，定价方式，合同文本的主要条款，履约验收方案，风险管控措施等； 2. 查看政府采购实施计划的政策功能落实情况。供应商资格条件、设定评审规则等方面，是否支持本国产业，是否维护国家安全，涉密采购是否非公开，是否支持科技创新，是否促进中小企业发展，是否支持绿色发展，是否落实扶贫采购政策，是否通过制定采购需求标准、预留采购份额、评审优惠、订购首购等强制采购或者优先采购措施落实采购政策。	√	
目标 2 确认采购活动时间安排是否合理	查看政府采购实施计划中采购活动实施时间安排，是否有序合理，是否符合采购项目实施要求，是否充分考虑影响采购活动的各项因素，是否在"二上"后即着手开展。	√	
目标 3 确认采购委托代理安排是否合规	查看政府采购实施计划中委托代理安排，属于政府集中采购目录的项目是否委托集中采购机构采购，政府集中采购目录以外的项目哪些是委托代理采购，划分方式和原因是什么，关注相关内部控制设计和执行风险。	√	

续表

审计目标	可供选择的审计程序和需要关注的审计要点	是否执行	索引号
目标4 确认采购包划分和合同分包是否合理	1. 查看政府采购实施计划中采购分类分包情况。采购包划分是否合理，是否按专业类型和专业领域分类采购； 2. 查看政府采购实施计划中每个采购包是否分别制定采购方式、竞争范围、评审规则和合同类型、合同文本、定价方式等相关合同订立、管理安排； 3. 查看政府采购实施计划中是否存在混合采购，查明原因，查看是否按照估算价值最高的采购标的确定采购方式、评审方法和采购政策。	√	
目标5 确认采购供应商资格条件是否合理	1. 查看政府采购实施计划中供应商资格条件的相关性。是否与采购标的功能、质量直接相关，是否与供应商履约能力直接相关，是否属于履约必须的条件，如特定的专业资格或技术资格、设备实施、业绩情况、专业人才及其管理能力，是否存在歧视性条件； 2. 查看业绩资格条件的公平性。是否指向特定供应商或者特定产品，是否要求供应商提供超过2个同类业务合同，是否说明同类业务范围，是否指向特定的专利、商标、品牌、技术路线，是否存在其他歧视性条件等； 3. 查看供应商资格条件中政府采购政策功能落实情况。查看是否落实支持创新、绿色发展、中小企业发展等政府采购政策功能；涉及政府采购政策支持的创新产品采购是否违规提出同类业务合同、生产台数、使用时长等业绩要求。	√	
目标6 确认采购方式是否合规	查看政府采购实施计划中采购方式的合规性。应公开招标未公开招标的是否依法取得批准；标准明确统一的通用货物服务和已完成设计的工程施工采购是否采用招标和询价方式；技术复杂的大型装备，实验、检测等专用仪器设备，需要供应商提供解决方案的设计咨询、信息化应用系统建设等服务，创新采购以及政府和社会资本合作等项目，是否采用竞争性谈判方式；是否符合有限竞争方式，是否邀请所有或至少5家符合资格条件的供应商；是否符合单一来源方式，是否按规定履行审批程序。	√	

续表

审计目标	可供选择的审计程序和需要关注的审计要点	是否执行	索引号
目标7 确认定价方式 是否合理	查看政府采购实施计划中定价方式的合理性。如何开展的采购合同估值，如实际需求、市场调查、历史成交情况等；是否在采购估算价值额度内合理设置采购最高限价；采用何种定价方式，如固定总价或者固定单价、成本补偿、绩效激励等单一或者组合定价方式；定价方式是否符合相关规定。	√	
目标8 确认评审方法 是否规范	查看评审方法是最低评审价法还是综合评分法。是否应当采用综合性评审；评审因素是否与采购需求和项目目标相关；采购需求中客观但不可量化的指标应当作为实质性要求，不得作为评分项；采购需求中的量化指标是否设置为评分项；评分项是否根据量化指标等次相应设置不同分值；评分项是否按照重要性和优先级设置分值和权重；是否设置价格分值和权重；涉及后续采购的，是否设置后续采购相关评审分值及权重；涉及供应商提供设计的，是否设置供应商履约能力等相关评审分值及权重；涉及安装调试费用、使用期间能源管理、废弃处置等全生命周期成本的，是否设置相应评审分值和权重。	√	
目标9 确认合同类型 和文本是否 合理规范	1. 查看政府采购实施计划中的合同类型，是否符合法律规定，是否符合采购实际情况； 2. 查看政府采购实施计划中合同文本是否完整，包含标的名称，采购标的质量、数量（规模），履行时间（期限）、地点和方式，包装方式，价款或者报酬、付款进度安排、资金支付方式，验收、交付标准和方法，质量保修范围和保修期，违约责任与解决争议的方法，知识产权的归属和处理方式，分期考核要求和对应的付款进度安排，成本补偿、风险分担等； 3. 查看政府采购实施计划中合同文本是否依规使用政府采购合同标准文本； 4. 查看政府采购实施计划中合同文本是否经过本单位聘请的法律顾问审定。属于1 000万元以上的货物、服务采购项目，3 000万元以上的工程采购项目，涉及公共利益、社会关注度较高的采购项目，包括政府向社会公众提供的公共服务项目等，技术复杂、专业性较强的项目，包括需定制开发的信息化建设项目、采购进口产品的项目等，合同文本应当经过采购人聘请的法律顾问审定。	√	

续表

审计目标	可供选择的审计程序和需要关注的审计要点	是否执行	索引号
目标10 确认履约验收 方案是否合理 规范	1. 查看政府采购实施计划中履约验收方案是否完整。包括履约验收的主体、时间、方式、程序、内容和验收标准等事项； 2. 查看政府采购实施计划中履约验收主体是否合规。参与验收主体是否为其他供应商、第三方专业机构、专家。政府向社会公众提供的公共服务项目采购验收是否邀请服务对象，且验收结果是否向社会公告； 3. 查看政府采购实施计划中履约验收内容是否全面，是否对本次采购的每一项技术和商务要求履约情况进行验收； 4. 查看政府采购实施计划中履约验收标准是否合理。是否包含所有客观、量化指标；涉及主观判断的是否采取问卷调查方式验收；分期实施的是否明确分期验收要求；货物类项目是否设置出厂检验、到货检验、安装调试检验、配套服务检验等多重验收环节；工程类项目验收方案是否符合行业管理部门规定的标准、方法和内容； 5. 查看政府采购实施计划中履约验收方案是否在合同中明确约定。	√	
目标11 确认风险控制 措施是否有效	1. 查看政府采购实施计划中风险控制措施的必要性。对1 000万元以上的货物、服务采购项目，3 000万元以上的工程采购项目，涉及公共利益、社会关注度较高的采购项目，包括政府向社会公众提供的公共服务项目等，技术复杂、专业性较强的项目，包括需定制开发的信息化建设项目、采购进口产品的项目，必须设置相应的风险处置措施和替代方案； 2. 查看政府采购实施计划中风险考虑因素的全面性。包括国家政策变化、实施环境变化、重大技术变化、预算项目调整、因质疑投诉影响采购进度、采购失败、不按规定签订或者履行合同、出现损害国家利益和社会公共利益情形等。	√	
目标12 确认计划 是否备案	查看政府采购实施计划是否在本单位开展内部审核；是否报同级财政部门备案，备案内容是否完整，包括采购项目的类别、名称、采购标的、采购预算、采购数量（规模）、组织形式、采购方式、落实政府采购政策有关内容等。	√	

四、核心知识点

（一）政府采购实施计划的定义

采购实施计划是指采购人围绕实现采购需求，对合同的订立和管理所做的安排。

（二）政府采购实施计划的编制依据

采购人应当根据集中采购目录、采购限额标准和已批复的部门预算编制政府采购实施计划，报本级人民政府财政部门备案（国务院令第658号）。采购实施计划应根据法律法规、政府采购政策和国家有关规定，结合采购需求的特点确定（财库〔2021〕22号）。

（三）政府采购实施计划的内容

1. 内容完整性

一是合同订立安排。包括采购项目预（概）算、最高限价，开展采购活动的时间安排，采购组织形式和委托代理安排，采购包划分与合同分包，供应商资格条件，采购方式、竞争范围和评审规则等。二是合同管理安排。包括合同类型、定价方式、合同文本的主要条款、履约验收方案、风险管控措施等（财库〔2021〕22号）。

2. 政策相符性

一是支持本国产业。除在中国境内无法获取或者无法以合理的商业条件获取外，政府采购应当采购本国货物、工程和服务。中国境内生产产品达到规定的附加值比例等条件的，应当在政府采购活动中享受评审优惠。二是维护国家安全。政府采购应当落实国家安全要求，执行法律法规有关国家安全的产品标准、供应商资格条件、知识产权、信息发布和数据管理等规定。对涉及国家秘密的采购项目，应当采用公开竞争以外的方式和程序。三是支持科技创新。政府采购应当支持应用科技创新，发挥政府采购市场的导向作用，促进产学研用深度融合，推动创新产品研发和应用。四是促进中小企业发展。政府采购应当促进中小企业发展，提高中小企业在政府采购中的合同份额。残疾人福利性单位、退役军人企业等按规定需要扶持的供应商，可以视同小微企业享受政府采购支持政策。五是支持绿色发展。政府采购应当促进绿色低碳循环发展，执行国家相关绿色标准，推动环保、节能、节水、循环、低碳、再生、有机等绿色产品和相关绿色服务、绿色基础设施应用。六是政策执行措施。政府采购政策目标通过制定采购需求标准、预留采购份额、评审优惠、订购首购等强制采购或者优先采购措施落实。

要点提示：

采购人应当将落实政府采购政策纳入项目绩效目标，在预算编制、需求确定、采购方式和竞争范围选择、项目评审、合同履约管理等环节落实。

（四）政府采购实施计划的编制要求

1. 采购活动实施时间

采购人要根据采购项目实施的要求，充分考虑采购活动所需时间和可能影响采购活动进行的因素，合理安排采购活动实施时间（财库〔2021〕22号）。

要做好项目支出预算执行的各项前期准备工作，相关工作在部门预算"二上"后即可着手开展（财预〔2015〕82号）。

2. 委托代理安排

采购人采购纳入政府集中采购目录的项目，必须委托集中采购机构采购。政府集中采购目录以外的项目可以自行采购，也可以自主选择委托集中采购机构，或者集中采购机构以外的采购代理机构采购（财库〔2021〕22号）。

3. 采购包划分与合同分包

政府采购项目应当综合考虑技术和成本效益、促进有效竞争、支持中小企业发展政策等因素，按照专业类型和专业领域分类采购。

采购人要按照有利于采购项目实施的原则，明确采购包或者合同分包要求。采购项目划分采购包的，要分别确定每个采购包的采购方式、竞争范围、评审规则和合同类型、合同文本、定价方式等相关合同订立、管理安排（财库〔2021〕22号）。

因技术、成本等原因不可分割，需要混合采购的，根据货物、工程和服务中估算价值最高的采购标的确定采购方式、评审方法和适用的采购政策等，但是《政府采购法》有规定的部分，应当分包或者单独列明需求要求。

4. 供应商资格条件

一是根据采购需求特点提出的供应商资格条件，要与采购标的的功能、质量和供应商履约能力直接相关，且属于履行合同必需的条件，包括特定的专业资格或者技术资格、设备设施、业绩情况、专业人才及其管理能力等。二是业绩情况作为资格条件时，要求供应商提供的同类业务合同一般不超过2个，并明确同类业务的具体范围。涉及政府采购政策支持的创新产品采购的，不得提出同类业务合同、生产台数、使用时长等业绩要求。三是采购人应当通过确定供应商资格条件、设定评审规则等措施，落实支持创新、绿色发展、中小企业发展等政府采购政策功能（财库〔2021〕22号）。

不得将投标人的注册资本、资产总额、营业收入、从业人员、利润、纳税额等规模条件作为资格要求或者评审因素，也不得通过将除进口货物以外的生产厂家授权、承诺、证明、背书等作为资格要求，对投标人实行差别待遇或者歧视待遇（财政部令第87号）。

5. 采购方式和定价方式

采购方式和定价方式应当符合法定适用情形和采购需求特点。一是达到公开招标数额标准，因特殊情况需要采用公开招标以外的采购方式的，应当依法获得批准。二是采购需求客观、明确且规格、标准统一的采购项目（通用的货物服务、已完成设计的工程施工），如通用设备、物业管理等，一般采用招标或者询价方式采购，以价格作为授予合同的主要考虑因素，采用固定总价或者固定单价的定价方式。三是采购需求客观、明确且技术较复杂或者专业性较强的采购项目，如大型装备、咨询服务、实验检测等专用仪器设备、信息化应用系统建设等，一般采用招标、谈判（磋商）方式采购，通过综合性评审选择性价比最优的产品，采用固定总价或者固定单价的定价方式。四是不能完全确定客观指标,需由供应商提供设计方案、解决方案或者组织方案的采购项目,如首购订购、设计服务、政府和社会资本合作等,一般采用谈判(磋商)方式采购,综合考虑以单方案报价、多方案报价以及性价比要求等因素选择评审方法,并根据实现项目目标的要求,采取固定总价或者固定单价、成本补偿、绩效激励等单一或者组合定价方式。五是除法律法规规定可以在有限范围内竞争或者只能从唯一供应商处采购的情形外,一般采用公开方式邀请供应商参与政府采购活动。六是采购估算价值和采购最高限价。采购估算价值是采购合同的最大估计总价值。采购人应当根据实际需求,结合市场调查和历史成交情况估算采购价值。创新采购的估算价值应当包括创新产品各阶段的研发、生产、改造和后续采购成本。采购人可以在采购估算价值额度内合理设置采购最高限价。

6. 评审方法

一是评审方法的种类。政府采购的评审方法分为最低评审价法、综合评分法。二是最低评审价法,是指竞标文件满足采购文件全部实质性要求,按照评审价由低到高排序确定中标、成交、入围供应商的评审方法。通用货物、服务,内容单一、方案简单的小型工程的招标采购,一般采用最低评审价法。三是综合评分法,是指竞标文件满足采购文件全部实质性要求,按照评审因素的量化指标评审得分由高到低排序确定中标、成交供应商的评审方法。招标中技术复杂、性质特殊的大型装备、专业化服务,大型工程或者混合采购,需要综合评价性价比的,采用综合评分法。竞争性谈判方式一般采用综合评分法,通过单方案谈判明确细化指标的,可以采用最低评审价法。四是评审因素。采购人可以在采购文件中规定根据全生命周期成本以及后续专用耗材、升级服务成本等,对供应商报价或者评审得分进行修正。设计咨询服务、大型基础设施工程以及创新采购、政府和社会资本合作等项目,需要考虑供应商履约能力中的从业经验的,可以将业绩要求作为评审因素,但是采购人不得提出特定项目的业绩要求。五是评审委员会。评审委员会包括招标方式的评标委员会、竞争性谈判的谈判小组、询价方式的询价小组和框架协议采购方式的评审小组。评审委员会可以全部由采购人代表组成，也可以由采购人代表和政府采购评审专家共同组成。采用竞争性谈判的，应当由采购人代表和政府采购评审专家共同组成谈判小组，负责谈判和评审工作。六是综合性评审法管理要求。评审因素应当按照采购需求和与实现项目目标相关的其他因素确定。采购需求客观、明确的采购项目，采购需求中客观但不可量化的指标应当作为实质性要求，不得作为评分项；参与评分的指标应当是采购需求中的量化指标，评分项应当按照量化指标的等次，设置对应的不同分值。不能完全确定客观指标，需由供应商提供设计方案、解决方案或者组织方案的采购项目，可以结合需求调查的情况，尽可能明确不同技术路线、组织形式及相关指标的重要性和优先级，设定客观、量化的评审因素、分值和权重。价格因素应当按照相关规定确定分值和权重。采购项目涉及后续采购的，如大型装备等，要考虑兼容性要求。可以要求供应商报出后续供应的价格，以及后续采购的可替代性、相关产品和估价，作为评审时考虑的因素。需由供应商提供设计方案、解决方案或者组织方案，且供应商经验和能力对履约有直接影响的，如订购、设计等采购项目，可以在评审因素中适当考虑供应商的履约能力要求，并合理设置分值和权重。需由供应商提供设计方案、解决方案或者组织方案，采购人认为有必要考虑全生命周期成本的，可以明确使用年限，要求供应商报出安装调试费用、使用期间能源管理、废弃处置等全生命周期成本，作为评审时考虑的因素（财库〔2021〕22号）。

7. 合同类型及文本

一是合同类型按照《民法典》规定的典型合同类别，结合采购标的的实际情况确定。二是合同文本应当包含法定必备条款和采购需求的所有内容，包括但不限于标的名称，采购标的质量、数量（规模）、履行时间（期限）、地点和方式，包装方式，价款或者报酬、付款进度安排、资金支付方式，验收、交付标准和方法，质量保修范围和保修期，违约责任与解决争议的方法等。采购项目涉及采购标的的知识产权归属、处理的，如订购、设计、定制开发的信息化建设项目等，应当约定知识产权的归属和处理方式。采购人可以根据项目特点划分合同履行阶段，明确分期考核要求和对应的付款进度安排。对于长期运行的项目，要充分考虑成本、收益以及可能出现的重大市场风险，在合同中约定成本补偿、风险分担等事项。合同权利义务要围绕采购需求和合同履行设置。国务院有关部门依法制定了政府采购合同标准文本的，应当使用标准文本。属于1 000万元以上的货物、服务采购项目，3 000万元以上的工程采购项目，涉及公共利益、社会关注度较高的采购项目，包括政府向社会公众提供的公共服务项目等，技术复杂、专业性较强的项目，包括需定制开发的信息化建设项目、采购进口产品的项目等，合同文本应当经过采购人聘请的法律顾问审定（财库〔2021〕22号）。

8. 履约验收方案

履约验收方案要明确履约验收的主体、时间、方式、程序、内容和验收标准等事项。采购人、采购代理机构可以邀请参加本项目的其他供应商或者第三方专业机构及专家参与验收，相关验收意见作为验收的参考资料。政府向社会公众提供的公共服务项目，验收时应当邀请服务对象参与并出具意见，验收结果应当向社会公告。验收内容要包括每一项技术和商务要求的履约情况，验收标准要包括所有客观、量化指标。不能明确客观标准、涉及主观判断的，可以通过在采购人、使用人中开展问卷调查等方式，转化为客观、量化的验收标准。分期实施的采购项目，应当结合分期考核的情况，明确分期验收要求。货物类项目可以根据需要设置出厂检验、到货检验、安装调试检验、配套服务检验等多重验收环节。工程类项目的验收方案应当符合行业管理部门规定的标准、方法和内容。履约验收方案应当在合同中约定（财库〔2021〕22号）。

9. 风险控制措施

对1 000万元以上的货物、服务采购项目，3 000万元以上的工程采购项目，涉及公共利益、社会关注度较高的采购项目，包括政府向社会公众提供的公共服务项目等，技术复杂、专业性较强的项目，包括需定制开发的信息化建设项目、采购进口产品的项目，要研究采购过程和合同履行过程中的风险，判断风险发生的环节、可能性、影响程度和管控责任，提出有针对性的处置措施和替代方案。采购过程和合同履行过程中的风险包括国家政策变化、实施环境变化、重大技术变化、预算项目调整、因质疑投诉影响采购进度、采购失败、不按规定签订或者履行合同、出现损害国家利益和社会公共利益情形等（财库〔2021〕22号）。

10. 采购实施计划备案

采购人按照内控要求对采购实施计划开展内部审核，并按规定将相关内容报本级人民政府财政部门备案。拟采购标的或者采购方案根据国家有关规定需要履行审批、核准程序的，按照有关规定执行。

报财政部门备案的采购实施计划具体内容，包括采购项目的类别、名称、采购标的、采购预算、采购数量（规模）、组织形式、采购方式、落实政府采购政策有关内容等（财库〔2021〕22号）。

（五）政府采购实施计划的审查

同采购需求审查，不再赘述。

（六）采购实施计划存档

采购实施计划的调查、确定、编制、审查等工作应当形成书面记录并存档（财库〔2021〕22号）。

五、具体案例

案例19：投标价格超过政府采购计划备案价格。

案例描述：A医院公开招标的设备采购项目，包含两种设备，其中B单位投标报价时，一种设备投标报价超过了"政府采购计划备案表"填报的该设备单价金额，但总报价未超过该项目采购预算和最高限价，请问B单位是否应该废标？

审计认定：上述做法不属于废标情形。一是《政府采购货物和服务招标投标管理办法》（财政部令第87号）"第六十三条　投标人存在下列情况之一的，投标无效：（一）未按照招标文件的规定提交投标保证金的；（二）投标文件未按招标文件要求签署、盖章的；（三）不具备招标文件中规定的资格要求的；（四）报价超过招标文件中规定的预算金额或者最高限价的；（五）投标文件含有采购人不能接受的附加条件的；（六）法律、法规和招标文件规定的其他无效情形"。二是财政部咨询留言板关于同类问题的答复"投标是否有效应根据招标文件中的最高投标限价的规定作出判定"。

审计建议：建议 A 医院应当根据集中采购目录、采购限额标准和已批复的部门预算编制政府采购实施计划。

案例 20：工程采购是否备案政府采购计划。

案例表现：A 单位询问，适用招标投标法的工程、与工程有关的货物服务，要不要备案政府采购计划？适不适用《政府采购质疑和投诉办法》（财政部令第 94 号）？

审计认定：上述情形应备案政府采购计划，但不适用财政部第 94 号令。财政部咨询留言板关于同类问题的答复"根据《中华人民共和国政府采购法实施条例》第七条规定，政府采购工程以及与工程建设有关的货物、服务，采用招标方式采购的，适用《中华人民共和国招标投标法》及其实施条例。建设工程是指建筑物和构筑物的新建、改建、扩建及其相关的装修、拆除、修缮等。因此，适用招标投标法的工程及其相关的货物服务，不适用 94 号令，但应当执行节能环保、支持中小企业等政府采购政策，需备案政府采购计划"。

审计建议：建议 A 单位按照《政府采购法》相关规定备案政府采购计划。

案例 21：服务类采购可否在预算批复前开展采购？

案例描述：A 医院的延续性服务类政府采购项目，每年都有，每个服务期限为 1 年，每年政府采购预算 380 万元。预算下达后，当年 9 月完成采购程序并签订采购合同，合同约定合同签订后执行服务并按季度支付款项，截至当年 12 月服务仅执行 1 个季度，所以支付了

25%的合同款，造成政府采购预算执行率低。鉴于预算下达、采购流程时间等问题，此类延续性服务类采购可否提前在预算批复前开展？

审计认定：一是《财政部关于加强和改进中央部门项目支出预算管理的通知》（财预〔2015〕82号）规定"四、规范项目支出预算编制和执行。要做好项目支出预算执行的各项前期准备工作，相关工作在部门预算'二上'后即可着手开展。"二是《财政部关于开展政府采购意向公开工作的通知》（财库〔2020〕10号）规定"部门预算批复前公开的采购意向，以部门预算'二上'内容为依据；部门预算批复后公开的采购意向，以部门预算为依据……采购意向公开时间应当尽量提前，原则上不得晚于采购活动开始前30日公开采购意向。"三是《财政部关于推进和完善服务项目政府采购有关问题的通知》（财库〔2014〕37号）规定"采购需求具有相对固定性、延续性且价格变化幅度小的服务项目，在年度预算能保障的前提下，可以签订不超过三年履行期限的政府采购合同。"四是财政部咨询留言板就此问题回复"1. 根据服务项目的特点，采购人可以将采购时间提前，也可以在预算有保障的前提下，将三年的采购一次集中进行，以保证预算执行能够按时完成。2. 如果只能一次采购一年的服务，也应提前进行。可以依据'二上'的预算金额先组织采购，待预算下达即合同生效"。

审计建议：建议A医院结合服务项目特点，在预算有保障的前提下，按照政府采购和财政预算相关规定，提前组织开展相关采购。

案例22：服务类政府采购能否一次采购三年

案例描述：A医院服务类政府采购公开招标，本次计划一次采购三年，每年500万元。请问：1. 本次招标的标的额是按一年500万元计算还是按三年1 500万元？2. 合同是否能一年一签，根据供应商服务情况及预算批复情况决定是否续签？续签不超过两次。3. 续签金额是否必须为500万元吗？能否根据供应商服务情况和次年的预算批复情况增加或减少续签金额？

审计认定： 一是《财政部关于推进和完善服务项目政府采购有关问题的通知》（财库〔2014〕37号）规定："采购需求具有相对固定性、延续性且价格变化幅度较小的服务项目，在年度预算能保障的前提下，采购人可以签订不超过三年履行期限的政府采购合同。"二是财政部咨询留言板回复"如果年度预算有保障，可以一次签订三年的合同，采购预算应该是三年预算总和，即1 500万元。为了避免资金未下达和供应商不按规定履约的风险，采购人一次采购三年的服务时，可以先签一年，结合供应商履约情况和预算批复情况再行续签，但应当明确不予续签的情形并在采购文件中提前约定。续签金额可以根据服务情况和预算批复进行适当调整，但应当在采购文件中提前约定。续签合同时，服务的单价不得改变。但可以根据批复的预算金额或者实际所需的服务数量对续签金额作适当调整"。

审计建议： 建议A医院按照政府采购相关规定，制定政府采购实施计划，办理政府采购合同续签。

第四节

政府采购预算审计

政府采购预算主要包括：预算管理制度、预算编制（含政府采购品目）、预算执行、预算调整等。

一、审计目标

目标1：确认政府采购预算管理制度情况

目标2：确认政府采购预算编制是否规范

目标3：确认政府采购预算执行是否规范

目标4：确认政府采购预算调整是否规范

二、审计依据

1. 中华人民共和国政府采购法

2. 中华人民共和国政府采购法实施条例（国务院令第658号）

3. 财政部关于印发《政府采购需求管理办法》的通知（财库〔2021〕22号）

4. 财政部关于加强政府采购活动内部控制管理的指导意见（财库〔2016〕99号）

5. 财政部关于对中央预算单位政府采购执行情况实行动态监管的通知（财办库〔2016〕413号）

6. 财政部关于加强中央预算单位政府采购管理有关事项的通知（财库〔2012〕49号）

7. 政府采购货物和服务招标投标管理办法（财政部令第87号）

8. 国务院关于进一步深化预算管理制度改革的意见（国发〔2021〕5号）

9. 中央单位政府采购管理实施办法（财库〔2004〕104号）

三、审计程序和要点

审计目标	可供选择的审计程序和需要关注的审计要点	是否执行	索引号
目标1 确认政府采购预算管理制度	1. 调阅政府采购管理制度，查看政府采购预算归口管理及工作机制情况； 2. 抽查采购档案，核实政府采购预算编制、执行、调整、报表等管理权限和程序等制度规定是否落实到位； 3. 询问财务部门和采购管理归口部门人员，调阅政府采购计划、政府采购预算，核实是否存在政府采购计划和政府采购预算在管理上相互扯皮、分工不清的问题； 4. 查看部门预算管理系统和政府采购计划管理系统，核对两系统中政府采购预算相关内容（如采购品目、采购数量、预算金额、资金来源等）是否一致。	√	

续表

审计目标	可供选择的审计程序和需要关注的审计要点	是否执行	索引号
目标2 确认政府采购 预算编制 是否规范	1. 调阅部门预算中政府采购预算批复表，查看填报内容是否完整，是否按照具体采购项目填报采购品目、采购标的、采购金额等信息； 2. 调阅财务账，查询集中采购目录中和限额标准以上的货物服务工程等采购支出情况，抽查部分采购支出，比对政府采购预算批复和政府采购计划，查看是否存在差异，查找分析原因，核实政府采购预算编制的完整性； 3. 调阅政府采购计划，是否包含政府采购预算金额，与部门预算中政府采购预算金额是否一致。	√	
目标3 确认政府采购 预算执行 是否规范	1. 抽查财务账采购支出情况，比对政府采购预算批复，核实是否存在政府采购超预算或无预算执行情况； 2. 调阅部门预算中政府采购预算批复和决算中政府采购执行情况表，相互比对，核实差异及原因； 3. 调阅招标文件，是否公开采购预算金额；调阅报价金额和中标供应商投标文件，是否存在超预算情况，是否存在超范围、超标准采购。	√	
目标4 确认政府采购 预算调整 是否规范	1. 调阅政府采购预算调整审批手续，是否按照规定报同级财政部门审核批准，是否存在未经批准先行采购的情况； 2. 调阅采购档案，查看政府采购方式和采购进口产品的相关审批手续，是否相应调整采购实施计划、是否包含预算批复文件，是否存在未批先行情况。	√	

四、核心知识点

（一）政府采购预算定义

中央单位在编制下一财政年度部门预算时，应当将该财政年度政府采购项目及资金预算在政府采购预算表中单列，按程序逐级上报主管部门；主管部门审核汇总后报财政部。年度政府采购项目按国务院颁发的年度中央预算单位政府集中采购目录及采购限额标准执行（财库〔2004〕104号）。

政府采购预算纳入部门预算编审范围，采购人在编制年度部门预算时，凡符合年度政府集中采购目录及限额标准的项目，均应具体编报政府采购预算的相关内容，最终汇总形成政府采购预算（北京市东城区政府采购预算管理办法）。

采购预算可以理解采购资金计划，先有采购预算，再有采购计划。采购计划包括采购预算、采购项目、采购方式等，是对采购预算的细化，用于指导和控制具体的采购活动。（马鞍山财政局解答）

（二）政府采购预算编制部门

采购人应当明确内部归口管理部门，具体负责本单位、本系统的政府采购执行管理。归口管理部门应当牵头建立本单位政府采购内部控制制度，明确本单位相关部门在政府采购工作中的职责与分工，建立政府采购与预算、财务（资金）、资产、使用等业务机构或岗位之间沟通协调的工作机制，共同做好编制政府采购预算和实施计划、确定采购需求、组织采购活动、履约验收、答复询问质疑、配合投诉处理及监督检查等工作（财库〔2016〕99号）。

（三）政府采购预算编制依据

中央单位要全面编制政府采购预算，大力推进部门预算细化工作。凡纳入国务院公布的《中央预算单位政府集中采购目录及标准》（以下简称《集中采购目录及标准》）范围内的集中采购品目和采购限额标准以上项目，都应当按照预算编制文件要求，在部门预算中列明货物、工程和服务的政府采购金额（财库〔2012〕49号）。细化政府采购预算编制，确保与年度预算相衔接（国发〔2021〕5号）。

（四）政府采购预算调整

中央单位应随部门预算编制一并编制政府采购预算。预算执行中部门预算资金调剂（包括追加、追减或调整结构）需要明确政府采购预算的，应按部门预算调剂的有关程序和规定一并办理，由主管预算单位报财政部（部门预算管理司）审核批复。除部门预算资金调剂情形外，中央单位预算执行中预算支出总金额不变但需要单独调剂政府采购预算的类别（货物、工程、服务）和金额，以及使用非财政拨款资金采购需要明确政府采购预算的，由主管预算单位报财政部（国库司）备案。备案文件中应当载明中央单位名称、预算项目名称及编码、采购项目名称以及政府采购预算的类别、金额和调剂原因等项目基本情况说明（财库〔2016〕194号）。

（五）政府采购预算管理要求

一是采购人、采购代理机构应当根据政府采购政策、采购预算、采购需求编制采购文件（国务院令第658号）。二是采购需求应当依据部门预算（工程项目概预算）确定（财库〔2021〕22号）。三是采购人根据价格测算情况，可以在采购预算额度内合理设定最高限价，但不得设定最低限价。公开招标公告中应包括采购项目的名称、预算金额，设定最高限价的，还应当公开最高限价。招标文件应当公开采购项目预算金额，设定最高限价的，还应当公开最高限价。报价超过招标文件中规定的预算金额或者最高限价的，投标无效（财政部令第87号）。四是使用财政性资金的，应当严格按照批准的预算执行，落实预算绩效目标要求。财政性资金是指纳入预算管理的资金（《政府采购法实施条例》）。五是采购人应当提高编报与执行政府采购预算、实施计划的系统性、准确性、及时性和严肃性，制定政府采购实施计划执行时间表和项目进度表，有序安排采购活动。未编制采购预算和实施计划的不得组织采购（财库〔2016〕99号）。未列入政府采购预算、未办理预算调整或补报手续的政府采购项目，不得实施采购（财库〔2004〕104号）。六是严格执行。中央单位应当严格按照财政部批复的部门预算开展政府采购活动，年度执行中的政府采购预算调整要按规定程序报财政部审核批复（财库〔2012〕49号）。七是监管。重点监管中央预算单位是否违规调剂政府采购预算，规避公开招标和政府采购；是否超采购预算或计划开展采购活动（财办库〔2016〕413号）。

五、具体案例

案例 23：联合体政府采购预算。

案例描述：Z 中央事业单位下属多家预算单位联合采购超低温冰箱，每个预算单位采购金额均不超过 100 万元，联合采购总金额 150 万元。请问每个预算单位需要补报、新增政府采购预算吗？

审计认定：按照《中央预算单位政府集中采购目录及标准》相关规定，各单位采购的超低温冰箱不在集中采购目录内，且达到分散采购限额，无需补报、新增政府采购预算。财政部政府采购答疑亦有同类问题答复。

第四章 政府采购过程管理审计

政府采购过程管理审计主要包括采购组织形式、采购方式、采购程序、采购合同、采购信息公开、采购验收、采购付款审计等内容。

第一节

政府采购组织形式审计

政府采购组织形式主要包括：采购组织形式管理制度、集中采购、批量集中采购、协议供货、定点供货等。

一、审计目标

目标1：确认是否按规定办理集中采购

目标2：确认是否规范执行批量集中采购

目标3：确认是否规范执行协议供货

目标4：确认是否规范执行定点供货

二、审计依据

1. 中华人民共和国政府采购法

2. 中华人民共和国政府采购法实施条例（国务院令第658号）

3. 中央单位政府集中采购管理实施办法（财库〔2007〕3号）

4. 财政部关于进一步做好中央预算单位批量集中采购有关工作的通知（财办库〔2016〕425号）

5. 中央预算单位批量集中采购管理暂行办法（财库〔2013〕109号）

6. 中央国家机关政府采购中心关于中央国家机关批量集中采购有关事宜的通知（国机采〔2019〕3号）

7. 中央国家机关政府集中采购目录实施方案（2020年版）（国机采〔2020〕7号）

8. 中央国家机关政府采购中心货物和服务定点采购管理办法（国机采办〔2018〕13号）

9. 关于中央国家机关 2021－2022 年车辆维修定点有关事宜的通知

10. 关于中央国家机关 2021－2022 年车辆保险定点有关事宜的通知

11. 关于中央国家机关 2021－2022 年车辆加油服务定点有关事宜的通知

12. 关于中央国家机关 2021－2022 年印刷服务定点采购有关事宜的通知（国机采〔2021〕13 号）

13. 关于中央国家机关 2021－2022 年办公家具定点采购有关事宜的通知（国机采〔2021〕12 号）

14. 关于中央国家机关 2021－2022 年工程施工项目定点采购有关事宜的通知（国机采〔2021〕3 号）

15. 关于中央国家机关 2021－2022 年工程监理服务项目定点采购有关事宜的通知（国机采〔2021〕5 号）

16. 关于中央国家机关 2021－2022 年工程造价咨询服务项目定点采购有关事宜的通知（国机采〔2021〕4 号）

17. 关于中央国家机关 2021－2022 年汽车协议供货有关事宜的通知

18. 中央国家机关政府集中采购信息类产品协议供货管理办法（国机采〔2017〕17 号）

19. 关于延长 2021－2022 年办公家具、印刷服务、车辆维修保养、车辆加油、车辆保险定点采购和汽车协议供货、CAD 软件协议供货有效期的通知（2022 年 12 月 30 日）

20. 关于修订《中央国家机关政府采购电子卖场管理办法》的通知（国机采〔2023〕20 号）

21. 中央国家机关政府采购中心电子竞价采购管理办法（国机采〔2021〕17 号）

三、审计程序与要点

审计目标	可供选择的审计程序和需要关注的审计要点	是否执行	索引号
目标 1 确认是否按规定办理集中采购	1. 调阅采购档案和支出账目，比对相应年度政府集中采购目录，查看哪些采购内容属于集中代理机构采购范围，哪些属于部门集中采购范围； 2. 调阅支出账目，采购内容属于目录内采购的，查看支出凭证后附采购手续是否为集中采购手续，是批量集中采购还是协议供货或定点供货。	√	

续表

审计目标	可供选择的审计程序和需要关注的审计要点	是否执行	索引号
目标2 确认是否规范执行批量集中采购	1. 调阅批量集中采购计划，查看计划内容填报是否规范完整，是否保证品目名称、配置标准、采购数量、配送地点和最终用户联系方式等内容的准确完整； 2. 抽查批量采购计划执行情况，调阅相应采购档案和采购支出账目，核对手续是否规范； 3. 调阅全部支出账目，是否进行政府采购辅助核算，可否筛选出政府采购支出，可否筛选出批量集中采购支出，如果能筛选出，抽查核对支出凭证附件是否包含批量集中采购手续；如果不能筛选出，需要根据采购合同或记账摘要进行目录内货物服务采购支出抽样，再抽查凭证附件是否为批量集中采购手续； 4. 调阅物业管理服务支出账目和采购方案，查看是否按规定采取政府集中采购方式。关注100万元以上办公场所水电供应、设备运行、建筑物门窗保养维护、保洁、保安、绿化养护等项目。注意多单位共用物业的物业管理服务除外。	√	
目标3 确认是否规范执行协议供货	1. 调阅采购档案，查看协议供货采购情况，询问协议供货原因，核实是否属于时间紧急或零星特殊采购等特殊情况，是否报经上级主管部门批准同意采购协议供货方式采购； 2. 查看协议供货数量，是否控制在同类品目上年购买总数的30%以内； 3. 调阅计算机软件、计算机网络设备、视频会议系统及会议室音频系统、空调机（指精密空调、机房空调等商用空调）采购档案和支出账，查看支出凭证附件中是否包含电子验收单等，核实是否按规定采取协议供货方式，关注预算金额在100万元以下的，按照对应品目协议供货通知执行，协议供货无所需产品的，可选择电子竞价采购方式。是否未经批准向协议供货商范围外的供应商采购或采购协议供货中标范围以外产品的； 4. 调阅车辆采购档案和支出账，查看200万元以上车辆是否公开招标采购，200万元以下车辆是否按规定采取协议供货方式。查看新车购置以及原有车辆的报废更新，是否按主管部门规定报批执行； 5. 调阅云计算服务的支出账目和采购方案，查看是否按规定采取政府集中采购方式。关注100万元以上的基础设施服务（Infrastructure as a Service，IaaS），包括云主机、块存储、对象存储等。注意系统集成项目除外。	√	

续表

审计目标	可供选择的审计程序和需要关注的审计要点	是否执行	索引号
目标4 确认是否规范执行定点采购	1. 调阅车辆维修、车辆加油、车辆保险、印刷、办公家具、工程施工、监理、造价咨询、电梯等支出账目和采购档案，查看是否按规定（如有）采取定点采购方式。注意分次采购划分方式，关注化整为零的问题； 2. 调阅互联网接入服务支出账目和采购单，是否按政府集中采购方式确定供应商。	√	

四、核心知识点

（一）政府采购组织形式

政府采购组织形式分为集中采购和分散采购。集中采购包括集中采购机构采购和部门集中采购。

集中采购机构采购是指采购人将列入集中采购目录的项目委托集中采购机构代理采购或者进行部门集中采购的行为。列为集中采购机构采购的项目应为技术、服务等标准统一，采购人普遍使用的项目。主要有以下三种形式：批量集中采购、协议供货和定点供货。政府集中采购目录中规格及标准相对统一，品牌较多，日常采购频繁的通用类产品和通用的服务类项目，可以分别实行协议供货采购和定点采购（财库〔2007〕3号）。

部门集中采购是指采购人本部门、本系统基于业务需要有特殊要求，可以统一采购的项目（政府采购法实施条例）。

分散采购是指采购人将采购限额标准以上的未列入集中采购目录的项目自行采购或者委托采购代理机构代理采购的行为（政府采购法实施条例）。

（二）批量集中采购

集中采购目录由国务院确定并公布。纳入集中采购目录的政府采购项目，应当实行集中采购。中央预算单位应当加强对批量集中采购工作的计划安排，协调处理好采购周期、采购数量与品目配备时限的关系。应当认真组织填报批量集中采购计划，保证品目名称、配置标准、采购数量、配送地点和最终用户联系方式等内容的准确完整（财库〔2013〕109号）。

1. 第一类物资

台式计算机、便携式计算机、复印机、打印设备、空调机（包括分体变频壁挂机、分体变频柜机、分体定速壁挂机、分体定速柜机）符合批量集中采购配置标准的，应执行批量集中采购。各单位应按批量集中采购配置标准的要求编报采购计划，报送一级预算单位。一级预算单位每月 10 日前汇总本系统批量集中采购计划，通过"中央政府采购网"采购人平台报送中央国家机关政府采购中心（以下简称国采中心），国采中心统一组织采购。不符合批量集中采购配置标准或因时间紧急、零星特殊采购不能通过批量集中采购的品目，各单位报经主管预算单位同意后，单项或批量金额在 100 万元（含）以上的，作为单独项目委托国采中心按照法律法规规定的方式执行，其中，预算金额在 200 万元（含）以上的，采用公开招标方式。单项或批量金额在 100 万元以下的，可按照电子卖场采购通知执行。其中，预算金额在 50 万元以下的，可选择通过电子卖场直购、比价、反拍等方式执行，50 万元（含）以上的，必须组织比价或反拍。电子卖场无所需产品的，可选择电子竞价采购方式。各部门电子卖场（含电子竞价）采购数量不得超过同类品目上年购买总数的 30%。（《关于中央国家机关批量集中采购有关事宜的通知》《关于修订〈中央国家机关政府采购电子卖场管理办法〉的通知》《中央国家机关政府采购中心电子竞价采购管理办法》）

2. 第二类物资

服务器、多功能一体机、扫描仪、投影仪、复印纸、打印用通用耗材预算金额在 100 万元（含）以上的，作为单独项目委托国采中心按照法律法规规定的方式执行，其中，预算金额在 200 万元（含）以上的，采用公开招标方式。预算金额在 100 万元以下的，按照电子卖场采购通知执行。其中，预算金额在 50 万元以下的，可选择通过电子卖场直购、比价、反拍等方式执行；50 万元（含）以上的，必须组织比价或反拍；电子卖场无所需产品的，可选择电子竞价采购方式（《关于修订〈中央国家机关政府采购电子卖场管理办法〉的通知》《中央国家机关政府采购中心电子竞价采购管理办法》）。

3. 物业管理服务

预算金额在 200 万元（含）以上的，作为单独项目委托国采中心采用公开招标方式执行；预算金额在 200 万元以下的，按照该品目政府集中采购有关通知执行（国机采〔2020〕7 号）。

（三）协议供货

一是定义。协议供货是指中央国家机关政府采购中心通过公开招标等方式，确定中标供应商及其所供产品（型号、具体配置）、最高限价、订货方式、供货期限、售后服务条款等，并以中标合同的形式固定下来，由采购人在协议有效期内，自主选择网上公告的供货商及其中标产品的一种政府集中采购组织形式。二是要求。对已纳入批量集中采购范围，因时间紧急或零星特殊采购不能通过批量集中采购的品目，中央预算单位可报经主管预算单位同意后通过协议供货方式采购（财库〔2013〕109 号）。协议供货采购数量严格控制在同类品目上年购买总数的 30% 以内（财办库〔2016〕425 号）。三是信息类产品协议供货。信息类协议供货品目范围涵盖硬件和软件两种。其中，硬件包括视频会议系统及会议室音频系统及其配件、计算机网络设备及其配件、商用空调及其配件三大类，软件包括基础软件（操作系统、办公、数据库、虚拟化、中间件、杀毒等）和应用软件（版式、签章、邮件、财务、GIS、档案、安全等）两大类。采购单项或批量采购金额在 100 万元（不含）以下的信息类协议供货产品时，采用政府集中采购。入围产品及其最高限价在国采中心电子卖场相应品目分类中集中列出，采购人可通过直购、在线议价、反拍等方式完成采购。电子验收单是实施政府集中采购的凭证。电子卖场不统一提供采购合同，采购人可与供应商自行协商签署采购合同。硬件产品配件由入围供应商自行录入，经国采中心审核后在系统上架。采购人在采购产品时可以同时选择增减配件，也可单独购买产品配件（2021 年信息类产品协议供货通知）。

1. 第一类物资

计算机软件、计算机网络设备、视频会议系统及会议室音频系统、空调机（指精密空调、机房空调等商用空调）预算金额在 100 万元（含）以上的，作为单独项目委托国采中心按照法律法规规定的方式执行，预算金额在 100 万元以下的，按照对应品目协议供货通知执行，协议供货无所需产品的，可选择电子竞价采购方式。(《中央国家机关政府集中采购信息类产品协议供货管理办法》《关于2021年度中央国家机关信息类产品协议供货有关问题的通知》《中央国家机关政府采购中心电子竞价采购管理办法》)。

2. 乘用车、客车

预算金额在200万元（含）以上的，作为单独项目委托国采中心采用公开招标方式执行。预算金额在200万元以下的，按照该品目协议供货通知及有关规定执行。新车购置以及原有车辆的报废更新，应按相关主管部门规定执行(《关于中央国家机关2021－2022年汽车协议供货有关事宜的通知》)。

3. 云计算服务

预算金额在100万元（含）以上的，作为单独项目委托国采中心按照法律法规规定的方式执行，其中，预算金额在200万元（含）以上的，采用公开招标方式。

要点提示：

按照《政府采购框架协议采购方式管理暂行办法》（财政部令第110号）文件精神，框架协议采购形式将替代协议供货形式。由于框架协议还未完成，国家机关政府采购中心于2022年12月30日发布了《关于延长2021－2022年办公家具、印刷服务、车辆维修保养、车辆加油、车辆保险定点采购和汽车协议供货、CAD软件协议供货有效期的通知》，原汽车协议和软件协议继续有效。

（四）定点采购

一是定义。定点采购是指国采中心通过公开招标等法定采购方式，集中确定多家定点供应商，明确有关货物和服务的质量、价格等要求及采购程序，同定点供应商签订定点采购协议，由定点供应商根据协议在定点有效期内提供有关货物和服务的行为。二是采购人管理要求。采购人所采购的货物及相关服务不得高于国家规定的配置标准。采购人不得将超过限额标准的采购项目化整为零，规避集中采购；不得向定点供应商提出超出采购协议承诺范围的其他要求。采购人对采购需求和履约验收承担主体责任，应按照采购协议以及与定点供应商达成的要约或合同，对定点供应商提供的货物或服务的质量进行验收和监督。三是供应商管理要求。定点供应商出现下列情形之一，经国采中心核实，将暂停采购协议执行：被采购人在系统中抽取或选取之后，无故不参加报价的；参加报价并成交后无正当理由不与采购人签订合同或不按成交结果履约的；将所承担的采购项目未经采购人允许部分或全部转包给他人的；提供的货物或服务的质量、价格、优惠率等明显不满足采购协议要求或双方要约、合同规定标准的；向采购人提供的货物或服务价格明显高于市场价格的；其他违约情况等。定点供应商出现下列情形之一，经国采中心核实，将终止采购协议，情节严重的报财政主管部门处理：经查证采取挂靠、借用资质等参加定点采购招标并入围的；经查证在投标过程中提供虚假材料谋取中标的；通过行贿等非法手段，获取定点采购项目，经有关部门核查属实的；未按有关规定支付人员工资，造成人员上访等事件的；履行合同过程中因管理或人为原因造成安全等级事故的；合同有效期内，有前述暂停情况两次及以上的；合同有效期内，被行业主管部门处罚或取消生产服务资质的；自愿退出当期定点采购的；其他违反国家法律法规的情况（国机采办〔2018〕13号）。四是定点采购范围。车辆维修定点、车辆保险定点、车辆加油定点、印刷定点、办公家具定点、工程定点（施工、监理、造价、电梯）。

1. 车辆维修定点

中央国家机关各部门、各单位及其所属北京地区各级行政事业单位机动车辆，应按照有关规定实行定点维修保养。机动车辆类型包括：轿车、越野车、面包车、大客车、客货两用车、载货车、摩托车及其他各类专用车辆（《关于中央国家机关2021–2022年车辆维修保养定点有关事宜的通知》）。

2. 车辆加油定点

中央国家机关各部门、各单位及其所属北京地区各级行政事业单位（以下统称各单位）机动车辆，均实行加油定点。各部门所属河北及天津地区各级行政事业单位及各省区市驻京办事处及联络处可参照本通知自愿实行加油定点。各单位有内部加油站的，可继续在内部加油站加油，但须完善并严格执行内部加油管理制度（《关于中央国家机关2021–2022年车辆加油服务定点有关事宜的通知》《关于中央国家机关 2021－2022 年车辆加油服务定点有关事宜的补充通知》）。

3. 车辆保险定点

中央国家机关各部门所属在京各级行政事业单位（京外单位、各省市驻京办事处及联络处按自愿原则参与，相关费率标准按当地保险行业最优惠政策执行）均按本通知规定实行车辆保险定点。北京地区新购车辆、未上保险或保险已到期的车辆，在办理机动车辆保险时，必须到保险定点公司投保。保险尚未到期的车辆，在保险到期续保时必须到保险定点公司投保。机动车辆类型包括：轿车、越野车、面包车、大客车、客货两用车、载货车、摩托车及其他各类专用车辆。商业险种按照定点管理、投保自愿、险种自选的原则执行，是否投保、保险险种、保险期限、保险金额、赔偿限额等由各单位在保险定点公司中自行选择；机动车交通事故责任强制保险（以下简称交强险）须在保险定点公司投保，其保险期限、赔偿限额等严格按照《机动车交通事故责任强制保险条例》执行（《关于中央国家机关 2021－2022 年车辆保险定点有关事宜的通知》）。

4. 印刷服务定点

预算金额在 100 万元（含）以上的，作为单独项目委托国采中心按照法律法规规定的方式执行，其中，预算金额在 200 万元（含）以上的，采用公开招标方式。预算金额在 100 万元以下的，按照对应品目定点采购通知执行。具体为：中央国家机关各部门、各单位及所属在京各级行政事业单位（以下统称各单位）采购单项或批量金额在 20 万元（含）以上、100 万元（不含）以下的本单位文印部门（含本单位下设的出版部门）不能承担的印刷服务，包括票据、证书、期刊、文件、公文用纸、资料汇编、信封等印制，须按照本通知要求到定点企业采购，20 万元以下的自愿选择。各单位出版发行涉及的配套印刷服务可交由相应出版社完成，也可参照本通知执行（《关于中央国家机关 2021－2022 年印刷服务定点采购有关事宜的通知》）。

5. 办公家具定点

预算金额在 100 万元（含）以上的，作为单独项目委托国采中心按照法律法规规定的方式执行，其中，预算金额在 200 万元（含）以上的，采用公开招标方式。预算金额在 100 万元以下的，按照该品目定点采购通知执行。具体为：中央国家机关各部门、各单位及所属在京各级行政事业单位（以下统称各单位）采购单项或批量金额在 20 万元（含）以上、100 万元（不含）以下的办公家具（木制或木制为主、钢制或钢制为主、铝制或铝制为主），须按照本通知要求到定点企业采购，20 万元以下的自愿选择（《关于中央国家机关 2021－2022 年办公家具定点采购有关事宜的通知》）。

6. 施工定点

施工定点是指限额内工程、装修、拆除、修缮工程。投资预算金额在 120 万元（含）以上的建设工程项目（适用《招标投标法》的建设工程项目除外），与建筑物、构筑物新建、改建、扩建无关的单独装修、拆除、修缮工程，委托国采中心按照法律法规规定的方式执行。其中，预算金额在定点采购标准范围内的，按照该品目定点采购通知执行。具体为：中央国家机关各部门及其在京所属各级行政机关、事业单位和团体组织，使用财政性资金，投资预算在 120 万元（含）—400 万元（不含）的工程施工项目（包括建筑物和构筑物的新建、改建、扩建、装修、拆除、修缮等）。预算在 120 万元（不含）以下的工程，采用定点采购方式成交的，按本通知有关规定执行，并享受相应优惠。（《中央国家机关政府采购中心工程项目见证服务管理暂行办法》《关于中央国家机关 2021－2022 年工程施工项目定点采购有关事宜的通知》《关于加大中央国家机关工程施工定点采购支持中小企业力度的通知》）

7. 监理定点

预算金额在 100 万元（含）以上的，作为单独项目委托国采中心采用公开招标、邀请招标等方式执行，预算金额在 100 万元以下的，按照该品目定点采购通知执行。具体为：中央国家机关各部门及其在京所属各级行政机关、事业单位和团体组织，使用财政性资金，单项或批量金额预算在 20 万元（含）—100 万元（不含）的在京内执行的工程监理服务。预算在 20 万元（不含）以下的工程监理服务，采用定点采购方式成交的，按本通知有关规定执行，并享受相应优惠（《关于中央国家机关 2021－2022 年工程监理服务项目定点采购有关事宜的通知》）。

8. 造价咨询定点

预算金额在 100 万元（含）以上的，作为单独项目委托国采中心采用公开招标、邀请招标等方式执行，预算金额在 100 万元以下的，按照该品目定点采购通知执行。具体为：中央国家机关各部门及其在京所属各级行政机关、事业单位和团体组织，使用财政性资金，单项或批量金额预算在 20 万元（含）—100 万元（不含）的在京内执行的工程造价咨询服务。预算在 20 万元（不含）以下的工程造价咨询服务，采用定点采购方式成交的，按本通知有关规定执行，并享受相应优惠（《关于中央国家机关 2021－2022 年工程造价咨询服务项目定点采购有关事宜的通知》）。

9. 电梯定点

预算金额在 200 万元（含）以上的，作为单独项目委托国采中心采用公开招标、邀请招标等方式执行。预算金额在 200 万元以下的，按照该品目定点采购通知执行（《关于中央国家机关 2019－2020 年电梯及安装项目集中采购有关事宜的通知》《关于延长中央国家机关 2019－2020 年电梯及安装项目定点采购执行期限的通知》）。

10. 互联网接入服务

预算金额在 200 万元（含）以上的，作为单独项目委托国采中心采用公开招标方式执行。预算金额在 200 万元以下的，按照该品目定点采购通知执行（《关于中央国家机关 2021－2023 年互联网接入服务框架协议采购有关事宜的通知》）。

要点提示：

1. 按照财政部令第 110 号文件精神，框架协议采购形式将替代定点采购形式。由于框架协议还未完成，国家机关政府采购中心于 2022 年 12 月 30 日发布了《关于延长 2021－2022 年办公家具、印刷服务、车辆维修保养、车辆加油、车辆保险定点采购和汽车协议供货、CAD

软件协议供货有效期的通知》，原车辆维修、加油、保险、印刷、家具定点采购继续有效。

2. 据了解，截至目前中央国家机关及所属在京各级行政事业单位仍执行定点采购相关规定，多个省已取消定点采购相关要求。

五、具体案例

案例24：目录内外混合采购是集中采购还是分散采购。

案例描述：A医院一个以信息系统集成实施服务为主的信息化项目（预算650万元），在采购需求中包含了少量的交换机之类的政府集中采购目录内的品目（该设备预算约30万元），这个项目是否可以按照服务类的目录外分散采购限额标准以上的分散采购项目，由社会代理机构组织采购，还是即使需求中包含少量目录内品目而必须有集中采购代理机构组织采购。

审计认定：一是《政府采购法》"第十八条　采购人采购纳入集中采购目录的政府采购项目，必须委托集中采购机构代理采购"。二是财政部咨询留言板关于同类问题的回复"如果项目可以拆分，拆分后属于集中采购目录的部分，应委托集中采购机构采购，项目其他部分既可以委托社会代理机构，也可以委托集中采购机构开展采购。如果项目不能拆分，整个项目都应委托集中采购机构采购"。

审计建议：建议A医院按照有利于采购项目实施的原则，明确采购项目划分采购包的，规范确定采购组织形式。

案例25：目录内产品采购未委托集中采购机构。

案例描述：Y医院××网络建设工程项目预算890万元，包含网络交换机、网络存储设备、网络安全产品等，委托B社会代理机构进行公开招标。

审计认定：上述采购涉及网络交换机、网络存储设备、网络安全产品等，在集中采购目录范围内，应委托集中采购机构代理采购，但

B 代理机构是非集中采购机构。上述做法不符合《政府采购法》"第十八条　采购人采购纳入集中采购目录的政府采购项目，必须委托集中采购机构代理采购"的相关规定。

审计建议：建议 Y 医院严格执行政府采购相关规定，属于集中采购的，应当委托集中采购机构代理采购。

第二节

政府采购方式审计

政府采购方式主要包括：采购方式管理制度、招标、竞争性谈判、竞争性磋商、询价、创新采购、单一来源采购、框架协议采购、政府采购方式变更等。

一、审计目标

目标1：确认政府采购方式管理制度情况

目标2：确认规范使用公开招标采购方式

目标3：确认规范使用竞争性谈判采购方式

目标4：确认规范使用竞争性磋商采购方式

目标5：确认规范使用询价采购方式

目标6：确认规范使用单一来源采购方式

目标7：确认规范使用框架协议采购方式

目标8：确认规范变更政府采购方式

二、审计依据

1. 中华人民共和国政府采购法
2. 政府采购非招标采购方式管理办法（财政部令第74号）

3. 政府采购货物和服务招标投标管理办法（财政部令第87号）

4. 政府采购竞争性磋商采购方式管理暂行办法（财库〔2014〕214号）

5. 关于加强政府采购活动内部控制管理的指导意见（财库〔2016〕99号）

6. 关于简化优化中央预算单位变更政府采购方式和采购进口产品审批审核有关事宜的通知（财办库〔2016〕416号）

7. 中央预算单位变更政府采购方式审批管理办法（财库〔2015〕36号）

8. 关于未达到公开招标数额标准政府采购项目采购方式适用的问题的函（财办库〔2015〕111号）

9. 关于中央预算单位申请单一来源采购方式审核前公示有关事项的通知（财办库〔2015〕8号）

10. 财政部关于加强中央预算单位政府采购管理有关事项的通知（财库〔2012〕49号）

11. 政府采购框架协议采购方式管理暂行办法（财政部令第110号）

12. 关于做好政府采购框架协议采购工作有关问题的通知（财库〔2022〕17号）

13. 关于中央国家机关2021-2023年互联网接入服务框架协议采购有关事宜的通知（国机采〔2022〕3号）

14. 中央国家机关政府采购中心网上竞价管理办法（修订版）（国机采〔2017〕16号）

15. 中央国家机关政府集中采购信息类产品协议供货管理办法（国机采〔2017〕17号）

三、审计程序和要点

审计目标	可供选择的审计程序和需要关注的审计要点	是否执行	索引号
目标1 确认政府采购方式管理制度情况	1. 调阅采购管理相关制度，查看是否建立采购方式内部管理制度，是否细化采购方式内部审核的各项要素、审核标准、审核权限和工作要求；是否明确归口管理部门及职责，实行办理、复核、审定的内部审核机制，核实转签方式，查看转签意见；	√	

续表

审计目标	可供选择的审计程序和需要关注的审计要点	是否执行	索引号
目标1 确认政府采购方式管理制度情况	2. 调阅业务部门提出的采购需求及相关依据，查看采购方式确定有无依据，采购方式确定和相关依据是否对应，是否客观； 3. 调阅采购管理部门对采购方式的审核会商记录，查看审核是否有效，有无流于形式，是否公允偏颇；与财务、业务等部门是否会商，有无签字； 4. 抽查采购支出报销手续，与采购方式是否符合对应，如中标通知书、询价结果通知书、竞争性谈判结果通知书等是否附在支出凭单后面。	√	
目标2 确认规范使用公开招标采购方式	1. 调阅招标采购需求文件，查看限额以上货物、服务或工程采购，是否采用公开招标？查看是否采购标的是否有详细的技术规格标准、服务具体要求，是否符合招标采购适用情形； 2. 调阅招标采购需求文件，查看是否技术较复杂或专业性强，是否需要与供应商协商细化方案，或由供应商提供具体方案，才能确定技术规格标准和服务具体要求，区分竞争性谈判方式和招标方式； 3. 调阅招标采购档案和支出账目，关注公开招标限额标准以上货物、服务和工程采购，是否采用公开招标方式； 4. 调阅全部采购支出账目，重点关注同一品目的多次采购，核实是否存在化整为零规避公开招标的问题。	√	
目标3 确认规范使用竞争性谈判方式	1. 调阅竞争性谈判采购需求文件，查看是否属于技术较复杂或专业性强；是否需要与供应商协商解决方案，或由供应商提供解决方案。解决方案包括设计、实施、研发等方案，确定采购方式合理性； 2. 调阅竞争性谈判采购档案，查看供应商资质能力和现场服务团队，调阅协商记录和细化方案情况，单方案还是多方案，核实实际情况是否为供应商提供解决方案，服务团队按照解决方案提供相关服务； 3. 调阅竞争性谈判采购档案，确定是竞争性谈判还是竞争性磋商，注意区分供应商数量差异和评审规则等不同； 4. 调阅竞争性谈判采购档案和相关支出账目，关注同一品目多次竞争性谈判采购情况，核实是否存在化整为零规避公开招标的问题。	√	

续表

审计目标	可供选择的审计程序和需要关注的审计要点	是否执行	索引号
目标4 确认规范使用 竞争性磋商 方式	1. 调阅竞争性磋商采购需求文件,查看是否属于政府购买服务项目、是否技术复杂或者性质特殊,不能确定详细规格或者具体要求的,是否因艺术品采购、专利、专有技术或者服务的时间、数量事先不能确定等原因不能事先计算出价格总额的,是否属于市场竞争不充分的科研项目,以及需要扶持的科技成果转化项目或按照《招标投标法》及其实施条例必须进行招标的工程建设项目以外的工程建设项目等几种类型; 2. 调阅竞争性磋商采购档案,查看供应商资质能力、服务团队是否与实际提供一致; 3. 调阅竞争性磋商采购档案,确定是竞争性磋商还是竞争性谈判,注意区分供应商数量差异和评审规则等不同;确认是否存在应采用竞争性谈判、询价等采购方式的,错误选择为竞争性磋商采购方式; 4. 调阅竞争性磋商采购档案和相关支出账目,关注同一品目多次竞争性磋商采购情况,核实是否存在化整为零规避公开招标的问题。	√	
目标5 确认规范使用 询价方式	1. 调阅询价采购需求文件,查看采购金额是否不大,规格标准是否统一、货源是否充足,服务或工程是否具有固定市场; 2. 调阅询价采购档案和相关支出账目,关注同一品目多次询价采购情况,核实是否存在化整为零规避公开招标的问题。	√	
目标6 确认规范使用 单一来源方式	1. 调阅单一来源采购需求文件,查看单一来源采购的特殊原因及佐证资料,核实采购需求是否属实和必要,有无替代办法; 2. 调阅单一来源采购档案,查看唯一供应商的资质能力和同类采购从业经验等佐证资料,核实是否为不可替代的排他性采购; 3. 调阅单一来源采购档案,查看不可预见的具体情况及佐证资料,核实是否为不可预见的紧急情况采购; 4. 调阅单一来源采购档案,核实是否为清算、破产或拍卖仅能在短时间出现的特别有利条件下的采购; 5. 调阅单一来源采购档案,查看继续从原供应商添购的具体情况及佐证资料,核实是否必须保证原有采购项目一致性和服务配套要求,核实添购资金总额,注意不得超过原合同金额的10%;	√	

续表

审计目标	可供选择的审计程序和需要关注的审计要点	是否执行	索引号
目标6 确认规范使用 单一来源方式	6. 调阅单一来源协商情况记录，是否包含以下内容：进行公示的，公示情况说明；协商日期和地点，采购人员名单；合同主要条款及价格商定情况，重点审查供应商提供的采购标的成本、同类项目合同价格以及相关专利、专有技术等情况说明；并且协商情况记录应当由采购全体人员签字认可； 7. 调阅单一来源采购档案，或上网查询，查看单一来源采购公示情况，核实公示时间和公示内容是否符合规定。	√	
目标7 确认规范使用 框架协议方式	1. 调阅框架协议采购需求文件，查看框架协议采购标的，核实原因及佐证资料； 2. 调阅框架协议采购档案，核实框架协议采购标的是否属于框架协议范围，如是否属于集中采购目录以内品目，以及与之配套的必要耗材、配件等小额零星采购；如是否属于集中采购目录以外，采购限额标准以上的法律、评估、会计、审计等鉴证咨询服务小额零星采购；如是否属于集中采购目录以外，采购限额标准以上且需要确定2家以上供应商由服务对象自主选择的政府购买服务项目； 3. 调阅框架协议采购档案，查看框架协议采购标的是否可以通过签订时间、地点、数量不确定的采购合同满足需求，如果属于，不得采用框架协议采购方式。	√	
目标8 确认规范变更 政府采购方式	1. 调阅政府采购方式变更档案资料，查看变更类型、变更原因、变更审批、变更手续等情况，核实变更的必要性和合规性； 2. 查看变更资料完整性。公文内容是否完整规范，是否提供项目预算金额、预算批复文件或者资金来源证明、单位内部会商意见、项目紧急原因的说明材料等； 3. 调阅变更为单一来源采购方式的档案资料，一是查看是否经过论证。在会商前组织3名以上专业人员对只能从唯一供应商处采购理由进行论证；专业人员论证意见是否完整清晰明确，意见不明确或者含混不清的，属于无效意见，不作为审核依据；是否载明专业人员姓名、工作单位、职称、联系电话和身份证号码；参与论证的专业人员是否与论证项目有直接利害关系，是否为本单位或潜在供应商及其关联单位的工作人员。二是查看变更资料。除第2项资料外，是否还包括在中国政府采购网发布招标公告的证明材料，中央预算单位、采购代理机构出具的对招标文件和招标过程没有供应商质疑的说明材料，评标委员会或3名以上评审专家出具的招标文件没有不合理条款的论证意见。	√	

四、核心知识点

(一) 政府采购方式类型

政府采购方式包括招标、竞争性谈判、竞争性磋商、询价、单一来源采购、框架协议采购以及国务院政府采购监督管理部门认定的其他采购方式。

(二) 政府采购方式管理

一是建立采购方式内部管理制度。明确采购、财务、相关业务部门（岗位）责任。业务部门应当结合工作实际，根据经费预算和资产配置等采购标准，提出合理采购需求。采购部门（岗位）应当组织财务、业务等相关部门（岗位），根据采购需求和相关行业、产业发展状况，对拟申请采用采购方式的理由及必要性进行内部会商。会商意见应当由相关部门（岗位）人员共同签字认可。二是严格采购方式审批。采购人、集中采购机构确定采购方式、组织采购活动，监管部门办理审批审核事项、开展监督检查、做出处理处罚决定等，应当依据法律制度和有关政策要求细化内部审核的各项要素、审核标准、审核权限和工作要求，实行办理、复核、审定的内部审核机制，对照要求逐层把关。对属于政府采购范围未执行政府采购规定、采购方式或程序不符合规定的，及时予以纠正（财库〔2016〕99号）。中央单位要严格执行政府采购方式审批制度，对未经批准擅自变更采购方式的项目，财政部将不予支付资金。主管部门要严格控制单一来源采购，加强专家论证管理，防止滥用单一来源采购方式（财库〔2015〕36号）。

(三) 招标的适用情形

通过需求调查或者前期设计咨询，能够确定详细规格和具体要求，无需与供应商协商谈判的采购项目，应当采用招标方式采购。其中，技术较复杂或者专业性较强的采购项目，采购人可以对供应商投标文件不含报价的部分和报价部分采取两阶段开标和评标。

(四) 竞争性谈判的适用情形

竞争性谈判是指通过需求调查或者前期设计咨询，确定主要功能或者绩效目标和主要最低需求标准，需就相关内容与供应商协商谈判的采购方式。符合下列情形之一的，应当采用竞争性谈判方式采购：需要通过谈判细化解决方案，明确详细技术规格标准、服务具体要求或者其他商务指标的；需要由供应商提供解决方案，通过谈判确定一种或者多种解决方案，并细化解决方案内容的。解决方案包括设计方案、实施方案和研发方案等。

(五) 竞争性磋商的适用情形

竞争性磋商是指采购人、政府采购代理机构通过组建竞争性磋商小组与符合条件的供应商就采购货物、工程和服务事宜进行磋商。符合下列情形的项目，可以采用竞争性磋商方式开展采购：政府购买服务项目；技术复杂或者性质特殊，不能确定详细规格或者具体要求的；因艺术品采购、专利、专有技术或者服务的时间、数量事先不能确定等原因不能事先计算出价格总额的；市场竞争不充分的科研项目，以及需要扶持的科技成果转化项目；按照招标投标法及其实施条例必须进行招标的工程建设项目以外的工程建设项目。

(六) 询价的适用情形

询价是指对需求客观、明确，采购金额不大的货物、工程和服务，邀请供应商进行报价的采购方式。符合下列情形之一的，可以采用询价方式采购：规格、标准统一，货源充足的现货；技术、服务标准统一，已有固定市场的服务和工程。适用询价方式的采购数额标准，由省级以上政府采购监督管理部门确定。

(七) 单一来源采购的适用情形

单一来源采购是指采购人向唯一供应商采购的采购方式。符合下列情形之一的，可以采用单一来源方式采购：因需要委托特定领域具有领先地位的机构、自然人提供服务，或者采购艺术作品、特定的文艺表演，或者必须采用不可替代的专利、专有技术，或者公共服务项目具有特殊要求等原因，只能从唯一供应商处采购的；发生了不可预见的紧急情况不能从其他供应商处采购的；因清算、破产或者拍卖等，仅在短时间内出现的特别有利条件下的采购的；必须保证原有采购项目一致性或者服务配套的要求，需要继续从原供应商处添购，且添购资金总额不超过原合同采购金额百分之十的；符合上述情形中"只能从唯一供应商处采购的"，采购人应当在采购活动开始前进行单一来源采购公示（《政府采购法》及其实施条例）。

自 2015 年 3 月 1 日起，中央预算单位对符合《政府采购法》第三十一条第一项规定情形的采购项目，申请变更单一来源采购方式的，需经主管预算单位同意，并在中国政府采购网上按规定格式和要求进行公示（财办库〔2015〕8 号）。

（八）框架协议采购的适用情形

采购人对小额零星货物、工程和服务，可以采用框架协议采购，明确采购标的的技术、商务要求。根据框架协议授予的采购合同不得对该框架协议规定的条款作实质性修改。

1. 框架协议采购的定义

框架协议采购，是指集中采购机构或者主管预算单位对技术、服务等标准明确、统一，需要多次重复采购的货物和服务，通过公开征集程序，确定第一阶段入围供应商并订立框架协议，采购人或者服务对象按照框架协议约定规则，在入围供应商范围内确定第二阶段成交供应商并订立采购合同的采购方式。框架协议采购包括封闭式框架协议采购和开放式框架协议采购。封闭式框架协议采购是框架协议采购的主要形式。除法律、行政法规或者本办法另有规定外，框架协议采购应当采用封闭式框架协议采购。货物项目框架协议有效期一般不超过 1 年，服务项目框架协议有效期一般不超过 2 年（财政部令第 110 号）。

2. 框架协议适用情形

符合下列情形之一的，可以采用框架协议采购方式采购：（1）集中采购目录以内品目，以及与之配套的必要耗材、配件等，属于小额零星采购的；(2) 集中采购目录以外，采购限额标准以上，本部门、本系统行政管理所需的法律、评估、会计、审计等鉴证咨询服务，属于小额零星采购的；(3) 集中采购目录以外，采购限额标准以上，为本部门、本系统以外的服务对象提供服务的政府购买服务项目，需要确定 2 家以上供应商由服务对象自主选择的；(4) 国务院财政部门规定的其他情形（财政部令第 110 号）。

采购限额标准以上，是指同一品目或者同一类别的货物、服务年度采购预算达到采购限额标准以上。采购与目录内品目配套的必要耗材、配件等，能够归集需求形成单一项目进行采购，通过签订时间、地点、数量不确定的采购合同满足需求的，不得采用框架协议采购方式（财政部令第 110 号）。

3. 管理要求

《政府采购框架协议采购方式管理暂行办法》（财政部令第 110 号）2022 年 3 月 1 日施行后，财政部关于协议供货、定点采购的规定不再执行。要认真落实"适用于小额零星采购"以及"以封闭式框架协议为主"的基本原则，严格把控相应实施范围。其中，小额零星采购严格限定在采购人需要多频次采购，且单笔采购金额未达到政府采购限额标准的范围内。要严格执行"需求明确、竞争价格"的评审要求，同时把握对各品目分级、分类、分包的合理性，防止品目拆分过细带来的竞争不充分等问题。对专用设备采购，要严格控制质量优先法的适用，加强对需求标准、最高限制单价以及竞争淘汰率的匹配性审核。政府绿色采购、促进中小企业发展等采购政策原则上在框架协议采购的第一阶段落实，第二阶段交易不再作要求；政府采购进口产品管理要求在第二阶段落实。在进口产品管理方面，对检测、实验、医疗等专用仪器设备，确有采购进口产品需求的，采购方案中可以就相应的进口产品设置采购包，但第二阶段采购人在采购入围进口产品前，需按规定履行相关核准程序。集中采购目录以外、未达到采购限额标准的采购活动，可以继续通过电子卖场开展，但不得强制采购人通过电子卖场交易（财库〔2022〕17 号）。

（九）政府采购方式变更

1. 政府采购方式变更的定义

中央预算单位达到公开招标数额标准的货物、服务采购项目，需要采用公开招标以外采购方式的，应当在采购活动开始前，按照规定程序申请变更政府采购方式。公开招标以外的采购方式，是指邀请招标、竞争性谈判、竞争性磋商、单一来源采购、询价以及财政部认定的其他采购方式（财库〔2015〕36号）。

2. 变更为单一来源采购方式的程序

中央预算单位申请单一来源采购方式，符合《政府采购法》第三十一条第一项情形的，在进行单位内部会商前，应先组织3名以上专业人员对只能从唯一供应商处采购的理由进行论证。专业人员论证意见应当完整、清晰和明确，意见不明确或者含混不清的，属于无效意见，不作为审核依据。专业人员论证意见中应当载明专业人员姓名、工作单位、职称、联系电话和身份证号码。专业人员不能与论证项目有直接利害关系，不能是本单位或者潜在供应商及其关联单位的工作人员（财库〔2015〕36号）。

3. 变更为单一来源采购方式应提交的资料

中央主管预算单位出具的变更采购方式申请公文，公文中应当载明以下内容：一是中央预算单位名称、采购项目名称、项目概况等项目基本情况说明，拟申请采用的采购方式和理由，联系人及联系电话等。申请变更为单一来源采购方式的，还需提供拟定的唯一供应商名称、地址；二是项目预算金额、预算批复文件或者资金来源证明；三是单位内部会商意见，申请变更为单一来源采购方式的，如符合《政府采购法》规定的：只能从唯一供应商处采购的、发生了不可预见的紧急情况不能从其他供应商处采购的或者必须保证原有采购项目一致性或者服务配套的要求，需要继续从原供应商处添购，且添购资金总额不超过原合同采购金额百分之十的三种情形，还需提供专业人员论证意见。

非中央预算单位所能预见的原因或者非中央预算单位拖延造成采用招标所需时间不能满足需要而申请变更采购方式的，中央预算单位应当提供项目紧急原因的说明材料。申请单一来源采购方式的，除按照第一、第二项要求提供有关申请材料外，还应当提供以下材料：在中国政府采购网发布招标公告的证明材料；中央预算单位、采购代理机构出具的对招标文件和招标过程没有供应商质疑的说明材料；评标委员会或3名以上评审专家出具的招标文件没有不合理条款的论证意见（财库〔2015〕36号）。

4. 变更为竞争性谈判采购方式的程序

达到公开招标数额标准的货物、服务采购项目，存在以下情况的，拟采用非招标采购方式的，采购人应当在采购活动开始前，报经主管预算单位同意后，向设区的市、自治州以上人民政府财政部门申请批准。一是招标后没有供应商投标或者没有合格标的，或者重新招标未能成立；二是非采购人所能预见的原因或者非采购人拖延造成采用招标所需时间不能满足用户紧急需要的；三是公开招标的货物、服务采购项目，招标过程中提交投标文件或者经评审实质性响应招标文件要求的供应商只有两家（财政部令第74号）。

5. 变更为竞争性谈判采购方式应提交的资料

采购人应当向财政部门提交以下材料并对材料的真实性负责：一是采购人名称、采购项目名称、项目概况等项目基本情况说明；二是项目预算金额、预算批复文件或者资金来源证明；三是拟申请采用的采购方式和理由。其中符合上述第4点中第一项情形的，还要提供以下材料：一是在省级以上财政部门指定的媒体上发布招标公告的证明材料；二是采购人、采购代理机构出具的对招标文件和招标过程是否有供应商质疑及质疑处理情况的说明；三是评标委员会或者3名以上评审专家出具的招标文件没有不合理条款的论证意见（财政部令第74号）。

6. 主管部门多个单位集中采购变更采购方式

中央主管预算单位在同一预算年度内，对所属多个预算单位因相同采购需求和原因采购同一品目的货物或者服务，拟申请采用同一种采购方式的，可统一组织一次内部会商后，向财政部报送一揽子方式变更申请（财库〔2015〕36号）。

7. 采购方式变更程序

中央预算单位一般应通过"政府采购计划管理系统"报送采购方式变更申请，对系统中已导入政府采购预算的，不再提供部门预算批复文件复印件。因采购任务涉及国家秘密需要变更采购方式的，应当通过纸质文件报送（财库〔2015〕36号）。

要点提示：

"政府采购计划管理系统"的功能已并入"预算一体化系统"，预算单位可直接通过"预算一体化系统"填报政府采购计划预算及变更。

（十）政府集中采购如何确定采购方式

政府集中采购组织形式分为集中采购机构采购和部门集中采购。集中采购项目达到国务院规定的公开招标数额标准的，应当采用公开招标方式。因特殊情况需要采用邀请招标、竞争性谈判、询价或单一来源等采购方式的，中央单位应当在采购活动开始前报经财政部批准。因废标需要采取其他采购方式采购的，应当在做出废标处理决定后由中央单位或集中采购机构报财政部审批。集中采购机构采购活动应当根据中央单位政府集中采购目录实施计划确定采购方式。部门集中采购应当由中央单位按照财政部批准的采购方式开展采购活动（财库〔2007〕3号）。中央单位执行协议供货或定点供货时，一次性采购金额达到公开招标限额标准的，可以单独委托集中采购机构另行组织公开招标采购（国务院令第658号）。

五、具体案例

案例26：竞争性谈判执行不规范。

案例描述： A医院在竞争性谈判的谈判环节中，有供应商参与了第一轮谈判并进行了报价，但不再进行最终报价（仅由授权代表口头表达，且拒绝出具书面材料和监控下表述，直接离开现场），评审委员会按照供应商第一次报价作为最终报价。

审计认定： 一是上述做法不符合《政府采购非招标采购方式管理办法》（财政部令第74号）"供应商应当按照谈判文件的变动情况和谈判小组的要求重新提交响应文件，并由其法定代表人或授权代表签字或者加盖公章。由授权代表签字的，应当附法定代表人授权书。供应商为自然人的，应当由本人签字并附身份证明"的相关规定，应按照供应商退出谈判处理。二是财政部咨询留言板关于同类问题的答复"已提交响应文件的供应商，在提交最后报价之前，可以根据谈判情况退出谈判。留言所述情形，可视为供应商退出谈判。"

审计建议：建议 A 医院严格执行竞争性谈判相关政府采购规定，按照供应商退出谈判处理。

案例 27：工程监理服务政府采购方式。

案例描述：A 中央事业单位实验大楼建设工程监理服务采购预算 300 万元，是采用政府采购公开招标吗？B 中央事业单位学生宿舍楼工程监理服务采购预算 150 万元，政府采购方式是什么？C 中央事业单位食堂改造工程监理服务预算 30 万元，政府采购方式是什么？

审计认定：第一，A 单位按照《政府采购法实施条例》"第七条 政府采购工程以及与工程建设有关的货物、服务，采用招标方式采购的，适用《中华人民共和国招标投标法》及其实施条例"。第二，B 单位按照《中央预算单位政府集中采购目录及标准（2020 年版）》（国办发〔2019〕55 号）"使用财政性资金的工程监理项目。采购预算在 100 万元（含）以上的项目应委托国采中心组织集中采购"和《政府采购法实施条例》第二十五条的相关规定，公开招标数额标准以下的工程项目，应当依法采用竞争性谈判、竞争性磋商、单一来源方式采购。第三，C 单位按照《关于中央国家机关 2021－2022 年工程监理服务项目定点采购有关事宜的通知》（国机采〔2021〕5 号）"使用财政性资金的工程监理项目。单项或批量采购预算在 20 万元（含）—100 万元（不含）的项目实行定点采购。"

审计建议：建议根据采购项目特点和政府采购相关管理要求，规范选择政府采购方式。

案例 28：竞争性磋商方式适用情形。

案例描述：S 医院询问是不是只有服务类采购才可以采用竞争性磋商方式？

审计认定：第一，按照《政府采购竞争性磋商采购方式管理暂行办法》（财库〔2014〕214 号）规定，达到公开招标数额标准的货物、服务采购项目，拟采用竞争性磋商方式采购的，采购人应当在采购活动开始前，报经主管预算单位同意后，依法向设区的市、自治州以上人民政府申请批准。未达到公开招标数额标准的，无需报财政部门审批同意。第二，根据《政府采购法实施条例》第二十五条有关规定，政府采购工程依法不进行招标的，应当采用竞争性谈判、竞争性磋商或者单一来源采购方式采购，无需事先报财政部门审批同意。第三，符合《政府采购竞争性磋商采购方式管理暂行办法》（财库〔2014〕214号）第三条规定情形之一的，（1）政府购买服务项目；（2）技术复杂或者性质特殊，不能确定详细规格或者具体要求的；（3）因艺术品采购、专利、专有技术或者服务的时间、数量事先不能确定等原因不能事先计算出价格总额的；（4）市场竞争不充分的科研项目，以及需要扶持的科技成果转化项目；（5）按照《招标投标法》及其实施条例必须进行招标的工程建设项目以外的工程建设项目。可采用竞争性磋商方式开展采购。财政部咨询留言板有同类问题答复。

审计建议：建议根据采购项目特点和政府采购相关管理要求，规范使用竞争性磋商采购方式。

案例29：达到公开招标标准但变更政府采购方式。

案例描述：A医院租用办公用房项目，预算金额为2 500万元，采用公开招标方式采购，招标文件规定报名期限，在报名时间截止后，投标供应商数量不足3家，仅有1家，申请变更为单一来源采购方式。是否合规？

审计认定：按照《政府采购货物和服务招标投标管理办法》（财政部令第87号）"第十八条　提供期限届满后，获取招标文件或者资格预审文件的潜在投标人不足3家的，可以顺延提供期限，并予公告""第四十三条　公开招标数额标准以上的采购项目，投标截止后投标人不足3家或者通过资格审查或符合性审查的投标人不足3家的，除采购任务取消情形外，按照以下方式处理：（一）招标文件存在不合理条款或者招标程序不符合规定的，采购人、采购代理机构改正后依法重新招标；（二）招标文件没有不合理条款、招标程序符合规定，需要采用其他采购方式采购的，采购人应当依法报财政部门批准"。

第一，只有到投标截止时递交投标文件的供应商不足三家，或者递交投标文件的有三家但符合要求的不足三家，采购人才可以申请改变采购方式。第二，如果由于 A 医院限制了购买招标文件或报名时间，使得购买招标文件或报名的供应商不足 3 家，虽然到达投标截止时间，仍不符合财政部 87 号令第四十三条采购人可以申请改变采购方式的条件。这种情况属于招标文件存在不合理条款或者招标程序不符合规定，采购人应该重新招标。第三，如果由于 A 医院限制了购买招标文件或报名时间，使得购买招标文件或报名的供应商不足 3 家，采购人应该及时延长招标文件发售或报名时间，一直到投标截止前。如果这样投标人仍不足 3 家，则可以按照财政部 87 号令第四十三条申请改变采购方式。

审计建议：建议严格执行政府采购相关规定，规范办理采购方式变更审批程序。

案例 30：直接指定供应商。

案例描述：A 医院为中央级预算单位，指定 B 餐饮公司提供食堂餐饮服务，2021 年 1 月至 2022 年 12 月，A 医院共向 B 供应商支付服务费 458 万余元，每年支付费用均超过政府采购限额，未依法实施政府采购。

审计认定：A 医院上述指定供应商的做法，违反政府采购相关规定。第一，不符合《中华人民共和国政府采购法》第二条："本法所称政府采购，是指各级国家机关、事业单位和团体组织，使用财政性资金采购依法制定的集中采购目录以内的或者采购限额标准以上的货物、工程和服务的行为。本法所称采购，是指以合同方式有偿取得货物、工程和服务的行为，包括购买、租赁、委托、雇用等"的规定。第二，不符合《国务院办公厅关于印发中央预算单位政府集中采购目录及标准（2020 年版）的通知》（国办发〔2019〕55 号）"除集中采购机构采购项目和部门集中采购项目外，各部门自行采购单项或批量金额达到 100 万元以上的货物和服务的项目……应按《中华人民共和国政府采购法》有关规定执行"的规定。

审计建议：建议 A 医院严格执行《政府采购法》相关规定，对属于集中采购目录内或者达到采购限额以上的采购项目,应实施政府采购,不得直接与特定主体签订合同、实施交易。

第三节

政府采购程序审计

政府采购程序主要包括:采购流程管理制度、招标采购程序、竞争性谈判程序、询价程序、创新采购程序、单一来源采购程序、框架协议采购程序、供应商选择等。

一、审计目标

目标1:确认规范执行招标采购程序

目标2:确认规范执行竞争性谈判采购程序

目标3:确认规范执行竞争性磋商采购程序

目标4:确认规范执行询价采购程序

目标5:确认规范执行单一来源采购程序

目标6:确认规范执行框架协议采购程序

二、审计依据

1. 中华人民共和国政府采购法

2. 中华人民共和国政府采购法实施条例(国务院令第658号)

3. 中华人民共和国招标投标法

4. 政府采购货物和服务招标投标管理办法(财政部令第87号)

5. 政府采购非招标采购方式管理办法(财政部令第74号)

6. 关于中央预算单位申请单一来源采购方式审核前公示有关事项的通知(财办库〔2015〕8号)

7. 政府采购竞争性磋商采购方式管理暂行办法（财库〔2014〕214号）

8. 财政部关于政府采购竞争性磋商采购方式管理暂行办法有关问题的补充通知（财库〔2015〕124号）

9. 政府采购框架协议采购方式管理暂行办法（财政部令第110号）

10. 财政部关于做好政府采购框架协议采购工作有关问题的通知（财库〔2022〕17号）

11. 关于中央国家机关2021-2023年互联网接入服务框架协议采购有关事宜的通知（国机采〔2022〕3号）

三、审计程序和要点

审计目标	可供选择的审计程序和需要关注的审计要点	是否执行	索引号
目标1 确认招标程序规范	1. 调阅公开招标公告、邀请招标邀请书和资格预审公告，查看内容是否完整规范，是否联合体投标，公告期限是否合规，公告媒体是否合规，公告澄清或修改是否规范； 2. 调阅招标文件，查看内容是否完整规范，招标文件提供期限、开标时间、中标公告时间是否符合时间性要求；要求提供样品时是否明确随之提交检测报告及样品评审方法标准，是否明确现场考察和答疑相关内容，非单一产品采购是否明确核心产品，注意查看各投标人购买招标文件的签字和身份证信息等手续； 3. 调阅资格预审文件，查看内容是否完整规范，是否明确信用信息查询渠道等，是否免费提供资格预审文件； 4. 调阅投标文件，查看投标日期是否在截止时间前；查看投标文件是否以密封方式送达且出具签收回执；查看投标文件编制是否对招标文件要求和条件做出明确响应，投标文件修改撤回手续是否合规，拟分包的是否在投标文件中载明分包及分包商资质条件；查看投标人确定是否规范；查看是否存在无效投标、恶意串通投标等情形； 5. 调阅开标记录，查看开标时间、地点是否与招标文件一致，开标过程是否全程录像且清晰可辨，开标过程是否规范，投标人是否3家以上，投标人不足3家时处置程序是否合规；是否存在投标人二次报价的情况； 6. 调阅评标记录，查看评标委员会构成是否规范，是否5人或7人以上单数；评标前是否说明项目背景和采购需求，评标前说明不得含有歧视性、倾向性意见，不得超出招标文件所述范围；是否按照招标文件规定的评标程序、方法和标准进行独立评审；评审专家抽取	√	

续表

审计目标	可供选择的审计程序和需要关注的审计要点	是否执行	索引号
目标1 确认招标程序 规范	方式是否规范，专家言行是否具有倾向性，是否向评审专家以外人员支付评审报酬；是否评价投标文件符合招标文件商务、技术实质性要求；澄清过程是否规范；评标方法是否合规，注意资格条件不得作为评审因素，货物价格占比不得低于30%，服务价格不得低于10%；评标报告是否完整规范；投标文件报价前后不一致时处置方法是否合规；是否存在投标报价明显偏低情形，发现后相关处置是否规范；评标争议处置是否规范；涉密内容是否采取相关保密措施； 7. 调阅中标公告，查看中标人确定程序是否合规，中标公告时间和内容是否完整规范，中标通知书下达时间和内容是否规范，中标通知书发出后是否存在修改中标结果行为，是否存在中标人无正当理由放弃中标的情形； 8. 调阅保证金相关账目，查看收取保证金和退还保证金手续是否规范，核实是否存在不予退还保证金情形。	√	
目标2 确认竞争性 谈判程序规范	1. 调阅竞争性谈判小组档案，查看小组人员构成，专家抽取方式是否合规，小组人数是否符合规定。注意专家人数不得少于2/3，注意技术复杂、专业性强的竞争性谈判采购项目，评审专家中是否包含1名法律专家； 2. 调阅谈判文件，查看内容是否完整规范，是否含有指定品牌、特定供应商技术等条件要求； 3. 调阅供应商邀请文件，查看邀请供应商方式是否规范，是随机抽取，还是书面推荐，供应商数量是否不少于3家，书面推荐供应商的比例是否超过50%； 4. 调阅谈判过程记录，查看响应文件是否在截止时间前送达，是否密封送达指定地点，响应文件补充修改和撤回手续是否合规，谈判过程是否改变谈判文件中的最低需求标准，评审方法是否为最低价评审法，谈判过程是否透露与谈判有关的技术资料、价格等信息，谈判过程是否形成书面文件且详细记录，谈判小组签字情况； 5. 调阅成交文件，查看成交供应商确定方式是否规范，成交公告时间、媒体、范围是否合规，公告内容是否完整规范，书面推荐供应商的是否公告推荐意见； 6. 调阅保证金相关账目，查看收取保证金和退还保证金手续是否规范，核实是否存在不予退还保证金情形。	√	

续表

审计目标	可供选择的审计程序和需要关注的审计要点	是否执行	索引号
目标3 确认竞争性 磋商程序规范	1. 调阅竞争性磋商小组档案，查看小组人员构成，专家抽取方式是否合规，小组人数是否符合规定。注意：专家人数不得少于2/3，注意技术复杂、专业性强的竞争性磋商采购项目，评审专家中是否包含1名法律专家； 2. 调阅磋商文件，查看内容是否完整规范，是否含有供应商名称或特定货物的品牌、是否含有指向特定供应商的技术、服务等条件要求； 3. 调阅供应商邀请文件，查看邀请供应商方式是否规范，是随机抽取，还是书面推荐，供应商数量是否不少于3家，采购人书面推荐供应商的比例是否超过50%； 4. 调阅磋商过程记录，查看响应文件是否在截止时间前送达，是否密封送达指定地点，响应文件补充修改和撤回手续是否合规，磋商过程是否改变磋商文件中的最低需求标准、主要评审因素及其权重，磋商过程是否透露与磋商有关的技术资料、价格等信息，磋商过程是否形成书面文件且详细记录，磋商小组签字情况； 5. 调阅成交文件，查看成交供应商确定方式是否规范，成交公告时间、媒体、范围是否合规，公告内容是否完整规范，书面推荐供应商的是否公告推荐意见； 6. 调阅保证金相关账目，查看收取保证金和退还保证金手续是否规范，核实是否存在不予退还保证金情形。	√	
目标4 确认询价程序 规范	1. 调阅询价通知书，查看是否根据采购项目特点和实际需求编制，是否经采购人书面同意，采购需求是否超预算或超配置标准，是否指定供应商名称、货物品牌或特定供应商的技术服务条件，询价通知书内容是否完整规范； 2. 调阅供应商邀请文件，查看邀请供应商方式是否规范，是通过发布公告，还是随机抽取，或是书面推荐，供应商数量是否少于3家，书面推荐供应商的比例是否超过50%； 3. 调阅报价文件，查看响应文件是否在截止时间前送达，是否密封送达指定地点，响应文件补充修改和撤回手续是否合规； 4. 调阅询价小组档案，查看小组人员构成，专家抽取方式是否合规，小组人数是否符合规定，注意专家人数不得少于2/3；	√	

续表

审计目标	可供选择的审计程序和需要关注的审计要点	是否执行	索引号
目标4 确认询价程序 规范	5. 调阅评审过程记录，查看询价小组是否对响应文件的有效性、完整性和响应程度进行审查，是否书面要求供应商澄清，供应商澄清、说明或更正等是否合规，评审报告内容是否完整规范，询价小组签字情况； 6. 调阅成交文件，查看成交供应商确定方式是否规范，成交公告时间、媒体、范围是否合规，公告内容是否完整规范，书面推荐供应商的是否公告推荐意见； 7. 调阅保证金相关账目，查看收取保证金和退还保证金手续是否规范，核实是否存在不予退还保证金情形。	√	
目标5 确认单一来源 程序规范	1. 调阅单一来源公示文件，查看公示时间、媒体是否合规，公示内容是否完整规范； 2. 调阅协商记录文件，查看协商人员是否具备相关专业经验，协商记录是否完整规范，价格谈判情况，质量保证情况，相关知识产权、排他性资料等使用方法和条件，协商签字确认情况； 3. 调阅单一来源采购原因及说明，通过询问、查阅专业人员对相关供应商因专利、专有技术等原因具有唯一性的具体论证意见、抽查相关佐证资料、现场调研等方式，核实是否唯一性； 4. 调阅单一来源采购上级部门的批准文件，检查单一来源采购是否经过相关批准。	√	
目标6 确认框架协议 采购规范	1. 调阅框架协议采购需求文件，查看调查对象是否具有代表性，调查对象是否不少于3个，需求内容是否规范完整； 2. 调阅封闭式采购文件，查看征集公告内容是否完整规范，征集文件是否完整规范，是否满足采购需求，是否要求专供政府采购的产品，每个货物采购包是否仅有1个产品响应，服务采购包含货物的是否列明货物明细清单及质量标准；查看封闭式采购成交方法是价格优先法还是质量优先法，核实第一阶段供应商数量和淘汰比例； 3. 调阅开放式采购文件，查看征集公告内容是否完整规范，征集公告是否明确另行签订书面框架协议，查看第二阶段是否从第一阶段入围供应商直接选定。	√	

四、核心知识点

（一）招标采购定义

公开招标，是指采购人依法以招标公告的方式邀请非特定的供应商参加投标的采购方式。

邀请招标，是指采购人依法从符合相应资格条件的供应商中随机抽取3家以上供应商，并以投标邀请书的方式邀请其参加投标的采购方式。

（二）招标采购程序

1. 招标

采购人、采购代理机构应当编制招标文件。招标文件应当列明采购标的完整的需求标准，明确技术和商务要求，并结合项目实际明确必要的供应商履约能力等要求。

一是公开招标公告。应当包括以下主要内容：采购人及其委托的采购代理机构的名称、地址和联系方式；采购项目的名称、预算金额，设定最高限价的，还应当公开最高限价；采购人的采购需求；投标人的资格要求；获取招标文件的时间期限、地点、方式及招标文件售价；公告期限；投标截止时间、开标时间及地点；采购项目联系人姓名和电话（财政部令第87号）。

二是邀请招标邀请书。采购人或者采购代理机构应当通过以下方式产生符合资格条件的供应商名单，并从中随机抽取3家以上供应商向其发出投标邀请书：发布资格预审公告征集；从省级以上人民政府财政部门建立的供应商库中选取；采购人书面推荐。采用前款第一项方式产生符合资格条件供应商名单的，采购人或者采购代理机构应当按照资格预审文件载明的标准和方法，对潜在投标人进行资格预审。采用第一款第二项或者第三项方式产生符合资格条件供应商名单的，备选的符合资格条件供应商总数不得少于拟随机抽取供应商总数的两倍（财政部令第87号）。

三是公告要求。在招标公告、资格预审公告或者投标邀请书中载明是否接受联合体投标。如未载明，不得拒绝联合体投标。招标公告、资格预审公告的公告期限为5个工作日。公告内容应当以省级以上财政部门指定媒体发布的公告为准。公告期限自省级以上财政部门指定媒体最先发布公告之日起算。采购人或者采购代理机构可以对已发出的招标文件、资格预审文件、投标邀请书进行必要的澄清或者修改，但不得改变采购标的和资格条件。澄清或者修改应当在原公告发布媒体上发布澄清公告。澄清或者修改的内容为招标文件、资格预审文件、投标邀请书的组成部分（财政部令第87号）。

四是招标文件。应当包括以下主要内容：投标邀请；投标人须知（包括投标文件的密封、签署、盖章要求等）；投标人应当提交的资格、资信证明文件；为落实政府采购政策，采购标的需满足的要求，以及投标人须提供的证明材料；投标文件编制要求、投标报价要求和投标保证金交纳、退还方式以及不予退还投标保证金的情形；采购项目预算金额，设定最高限价的，还应当公开最高限价；采购项目的技术规格、数量、服务标准、验收等要求，包括附件、图纸等；拟签订的合同文本；货物、服务提供的时间、地点、方式；采购资金的支付方式、时间、条件；评标方法、评标标准和投标无效情形；投标有效期；投标截止时间、开标时间及地点；采购代理机构代理费用的收取标准和方式；投标人信用信息查询渠道及截止时点、信用信息查询记录和证据留存的具体方式、信用信息的使用规则等；省级以上财政部门规定的其他事项。对于不允许偏离的实质性要求和条件，采购人或者采购代理机构应当在招标文件中规定，并以醒目的方式标明。一般不得要求投标人提供样品，要求投标人提供样品的，应当在招标文件中明确规定样品制作的标准和要求、是否需要随样品提交相关检测报告、样品的评审方法以及评审标准。需要随样品提交检测报告的，还应当规定检测机构的要求、检测内容等。对于中标人提供的样品，应当按照招标文件的规定进行保管、封存，并作为履约验收的参考。组织现场考察或者召开答疑会的，应当在招标文件中载明，或者在招标文件提供期限截止后以书面形式通知所有获取招标文件的潜在投标人。非单一产品采购项目，采购人应当根据采购项目技术构成、产品价格比重等合理确定核心产品，并在招标文件中载明（财政部令第87号）。

五是资格预审文件。应当包括以下主要内容：资格预审邀请；申请人须知；申请人的资格要求；资格审核标准和方法；申请人应当提供的资格预审申请文件的内容和格式；提交资格预审申请文件的方式、截止时间、地点及资格审核日期;申请人信用信息查询渠道及截止时点、信用信息查询记录和证据留存的具体方式、信用信息的使用规则等内容;省级以上财政部门规定的其他事项。资格预审文件应当免费提供(财政部令第 87 号)。

2. 投标

供应商按照招标文件的要求编制投标文件,并按照招标文件确定的投标截止时间、地点和方式,将投标文件密封或者加密送达采购人、采购代理机构。

一是投标有效期。从提交投标文件的截止之日起算。投标文件中承诺的投标有效期应当不少于招标文件中载明的投标有效期。投标有效期内投标人撤销投标文件的,采购人或者采购代理机构可以不退还投标保证金。

二是投标文件方式。投标人应当在招标文件要求提交投标文件的截止时间前,将投标文件密封送达投标地点。采购人或者采购代理机构收到投标文件后,应当如实记载投标文件的送达时间和密封情况,签收保存,并向投标人出具签收回执。任何单位和个人不得在开标前开启投标文件。逾期送达或者未按照招标文件要求密封的投标文件,采购人、采购代理机构应当拒收。

三是投标文件编制。投标人应当按照招标文件的要求编制投标文件。投标文件应当对招标文件提出的要求和条件作出明确响应。投标人在投标截止时间前,可以对所递交的投标文件进行补充、修改或者撤回,并书面通知采购人或者采购代理机构。补充、修改的内容应当按照招标文件要求签署、盖章、密封后,作为投标文件的组成部分。拟在中标后将中标项目的非主体、非关键性工作分包的,应当在投标文件中载明分包承担主体,分包承担主体应当具备相应资质条件且不得再次分包。

四是投标方式。采用最低评标价法的采购项目,提供相同品牌产品的不同投标人参加同一合同项下投标的,以其中通过资格审查、符合性审查且报价最低的参加评标。使用综合评分法的采购项目,提供相同品牌产品且通过资格审查、符合性审查的不同投标人参加同一合同项下投标的,按一家投标人计算,评审后得分最高的同品牌投标人获得中标人推荐资格。

五是恶意串通投标。有下列情形之一的,视为投标人串通投标,其投标无效:(1)不同投标人的投标文件由同一单位或者个人编制;(2)不同投标人委托同一单位或者个人办理投标事宜；（3）不同投标人的投标文件载明的项目管理成员或者联系人员为同一人；（4）不同投标人的投标文件异常一致或者投标报价呈规律性差异；（5）不同投标人的投标文件相互混装；（6）不同投标人的投标保证金从同一单位或者个人的账户转出。

六是退还投标保证金。采购人或者采购代理机构应当自中标通知书发出之日起 5 个工作日内退还未中标人的投标保证金，自采购合同签订之日起 5 个工作日内退还中标人的投标保证金或者转为中标人的履约保证金。采购人或者采购代理机构逾期退还投标保证金的，除应当退还投标保证金本金外，还应当按中国人民银行同期贷款基准利率上浮 20% 后的利率支付超期资金占用费，但因投标人自身原因导致无法及时退还的除外。

七是投标无效情形。投标人存在下列情况之一的，投标无效：未按照招标文件的规定提交投标保证金的；投标文件未按招标文件要求签署、盖章的；不具备招标文件中规定的资格要求的；报价超过招标文件中规定的预算金额或者最高限价的；投标文件含有采购人不能接受的附加条件的；恶意串通投标；法律、法规和招标文件规定的其他无效情形。（财政部 87 号令）

3. 开标

一是开标时间、地点。采购人、采购代理机构在投标截止时间后立即开标。开标应当在招标文件确定的提交投标文件截止时间的同一时间进行。开标地点应当为招标文件中预先确定的地点。

二是全程录像。采购人或者采购代理机构应当对开标、评标现场活动进行全程录音录像。录音录像应当清晰可辨，音像资料作为采购文件一并存档。

三是开标宣读。采购人或者采购代理机构工作人员当众拆封，宣布投标人名称、投标价格和招标文件规定的需要宣布的其他内容。投标人未参加开标的，视同认可开标结果。

四是开标不足 3 家的处理。投标人不足 3 家的，不得开标。公开招标数额标准以上的采购项目，投标截止后投标人不足 3 家或者通过资格审查或符合性审查的投标人不足 3 家的，除采购任务取消情形外，按照以下方式处理：招标文件存在不合理条款或者招标程序不符合规定的，采购人、采购代理机构改正后依法重新招标；招标文件没有不合理条款、招标程序符合规定，需要采用其他采购方式采购的，采购人应当依法报财政部门批准（财政部令第87号）。

4. 评标

评标委员会按照招标文件规定对投标文件进行评审，并推荐中标候选人。

一是投标人数量。合格投标人不足3家的，不得评标。

二是采购人和代理机构职责。核对评审专家身份和采购人代表授权函，对评审专家在政府采购活动中的职责履行情况予以记录，并及时将有关违法违规行为向财政部门报告；宣布评标纪律；公布投标人名单，告知评审专家应当回避的情形；组织评标委员会推选评标组长，采购人代表不得担任组长；在评标期间采取必要的通讯管理措施，保证评标活动不受外界干扰；根据评标委员会的要求介绍政府采购相关政策法规、招标文件；维护评标秩序，监督评标委员会依照招标文件规定的评标程序、方法和标准进行独立评审，及时制止和纠正采购人代表、评审专家的倾向性言论或者违法违规行为；核对评标结果，有财政部令第87号第六十四条规定情形的，要求评标委员会复核或者书面说明理由，评标委员会拒绝的，应予记录并向本级财政部门报告；评审工作完成后，按照规定向评审专家支付劳务报酬和异地评审差旅费，不得向评审专家以外的其他人员支付评审劳务报酬；处理与评标有关的其他事项。采购人可以在评标前说明项目背景和采购需求，说明内容不得含有歧视性、倾向性意见，不得超出招标文件所述范围。说明应当提交书面材料，并随采购文件一并存档。

三是评审委员会构成。评标委员会由采购人代表和评审专家组成，成员人数应当为5人以上单数，其中评审专家不得少于成员总数的三分之二。采购项目符合下列情形之一的，评标委员会成员人数应当为7人以上单数：采购预算金额在1 000万元以上；技术复杂；社会影响较大。采购代理机构工作人员不得参加由本机构代理的政府采购项目的评标。采购人或者采购代理机构应当从省级以上财政部门设立的政府采购评审专家库中，通过随机方式抽取评审专家。对技术复杂、专业性强的采购项目，通过随机方式难以确定合适评审专家的，经主管预算单位同意，采购人可以自行选定相应专业领域的评审专家。

四是评审委员会职责。审查、评价投标文件是否符合招标文件的商务、技术等实质性要求；要求投标人对投标文件有关事项作出澄清或者说明；对投标文件进行比较和评价；确定中标候选人名单，以及根据采购人委托直接确定中标人；向采购人、采购代理机构或者有关部门报告评标中发现的违法行为。

五是澄清。对于投标文件中含义不明确、同类问题表述不一致或者有明显文字和计算错误的内容，评标委员会应当以书面形式要求投标人作出必要的澄清、说明或者补正。投标人的澄清、说明或者补正应当采用书面形式，并加盖公章，或者由法定代表人或其授权的代表签字。投标人的澄清、说明或者补正不得超出投标文件的范围或者改变投标文件的实质性内容。

六是评标方法。评标方法分为最低评标价法和综合评分法。

最低评标价法，是指投标文件满足招标文件全部实质性要求，且投标报价最低的投标人为中标候选人的评标方法。技术、服务等标准统一的货物服务项目，应当采用最低评标价法。

综合评分法，是指投标文件满足招标文件全部实质性要求，且按照评审因素的量化指标评审得分最高的投标人为中标候选人的评标方法。评审因素的设定应当与投标人所提供货物服务的质量相关，包括投标报价、技术或者服务水平、履约能力、售后服务等。资格条件不得作为评审因素。评审因素应当在招标文件中规定。评审因素应当细化和量化，且与相应的商务条件和采购需求对应。商务条件和采购需求指标有区间规定的，评审因素应当量化到相应区间，并设置各区间对应的不同分值。货物项目的价格分值占总分值的比重不得低于30%；服务项目的价格分值占总分值的比重不得低于10%。执行国家统一定价标准和采用固定价格采购的项目，其价格不列为评审因素。

七是评标报告。评标报告应当包括以下内容：招标公告刊登的媒体名称、开标日期和地点；投标人名单和评标委员会成员名单；评标方法和标准；开标记录和评标情况及说明，包括无效投标人名单及原因；评标结果、确定的中标候选人名单或者经采购人委托直接确定的中标人；其他需要说明的情况，包括评标过程中投标人根据评标委员会要求进行的澄清、说明或者补正，评标委员会成员的更换等。

八是投标文件报价出现前后不一致的。投标文件中开标一览表（报价表）内容与投标文件中相应内容不一致的，以开标一览表（报价表）为准；大写金额和小写金额不一致的，以大写金额为准；单价金额小数点或者百分比有明显错位的，以开标一览表的总价为准，并修改单价；总价金额与按单价汇总金额不一致的，以单价金额计算结果为准。同时出现两种以上不一致的，按照前款规定的顺序修正。修正后的报价按照财政部87号令第五十一条第二款的规定经投标人确认后产生约束力，投标人不确认的，其投标无效。

九是投标报价明显偏低。评标委员会认为投标人的报价明显低于其他通过符合性审查投标人的报价，有可能影响产品质量或者不能诚信履约的，应当要求其在评标现场合理的时间内提供书面说明，必要时提交相关证明材料；投标人不能证明其报价合理性的，评标委员会应当将其作为无效投标处理。

十是评标争议。评标委员会成员对需要共同认定的事项存在争议的，应当按照少数服从多数的原则作出结论。持不同意见的评标委员会成员应当在评标报告上签署不同意见及理由，否则视为同意评标报告。

十一是评标委员会禁止行为。确定参与评标至评标结束前私自接触投标人；接受投标人提出的与投标文件不一致的澄清或者说明，财政部令第87号第五十一条规定的情形除外；违反评标纪律发表倾向性意见或者征询采购人的倾向性意见；对需要专业判断的主观评审因素协商评分；在评标过程中擅离职守，影响评标程序正常进行的；记录、复制或者带走任何评标资料；其他不遵守评标纪律的行为。评标委员会成员有财政部令第87号第六十二条第一至五项行为之一的，其评审意见无效，并不得获取评审劳务报酬和报销异地评审差旅费。

十二是保密。除采购人代表、评标现场组织人员外，采购人的其他工作人员以及与评标工作无关的人员不得进入评标现场。有关人员对评标情况以及在评标过程中获悉的国家秘密、商业秘密负有保密责任。（财政部令第87号，上同）

5. 定标

采购人根据评审结果确定中标供应商，也可以授权评标委员会直接确定中标供应商。

一是代理采购的中标方式。采购代理机构应当在评标结束后 2 个工作日内将评标报告送采购人。采购人应当自收到评标报告之日起 5 个工作日内，在评标报告确定的中标候选人名单中按顺序确定中标人。中标候选人并列的，由采购人或者采购人委托评标委员会按照招标文件规定的方式确定中标人；招标文件未规定的，采取随机抽取的方式确定。（财政部令第 87 号）

二是自行采购的中标方式。采购人自行组织招标的，应当在评标结束后 5 个工作日内确定中标人。采购人在收到评标报告 5 个工作日内未按评标报告推荐的中标候选人顺序确定中标人，又不能说明合法理由的，视同按评标报告推荐的顺序确定排名第一的中标候选人为中标人（财政部令第 87 号）。

三是中标公告。采购人或者采购代理机构应当自中标人确定之日起 2 个工作日内，在省级以上财政部门指定的媒体上公告中标结果，招标文件应当随中标结果同时公告。中标结果公告内容应当包括采购人及其委托的采购代理机构的名称、地址、联系方式，项目名称和项目编号，中标人名称、地址和中标金额，主要中标标的的名称、规格型号、数量、单价、服务要求，中标公告期限以及评审专家名单。中标公告期限为 1 个工作日。邀请招标采购人采用书面推荐方式产生符合资格条件的潜在投标人的，还应当将所有被推荐供应商名单和推荐理由随中标结果同时公告（财政部令第 87 号）。

四是中标通知书。在公告中标结果的同时，采购人或者采购代理机构应当向中标人发出中标通知书；对未通过资格审查的投标人，应当告知其未通过的原因；采用综合评分法评审的，还应当告知未中标人本人的评审得分与排序。中标通知书发出后，采购人不得违法改变中标结果，中标人无正当理由不得放弃中标（财政部令第 87 号）。

（三）竞争性谈判程序

1. 成立谈判小组

一是人数。竞争性谈判小组由采购人代表和评审专家共 3 人以上单数组成，其中评审专家人数不得少于竞争性谈判小组或者询价小组成员总数的 2/3。达到公开招标数额标准的货物或者服务采购项目，或者达到招标规模标准的政府采购工程，竞争性谈判小组应当由 5 人以上单数组成（财政部令第 74 号）。

二是构成。采购人不得以评审专家身份参加本部门或本单位采购项目的评审。采购代理机构人员不得参加本机构代理的采购项目的评审。评审专家应当从政府采购评审专家库内相关专业的专家名单中随机抽取。技术复杂、专业性强的竞争性谈判采购项目，通过随机方式难以确定合适的评审专家的，经主管预算单位同意，可以自行选定评审专家。技术复杂、专业性强的竞争性谈判采购项目，评审专家中应当包含 1 名法律专家（财政部令第 74 号）。

2. 制定谈判文件

一是谈判文件应当明确以下内容：包括采购项目基本情况、采购需求、供应商资格条件、采购估算价值或者采购最高限价、合同文本或者合同草案条款、评审方法、等标期等；采购项目主要功能或者绩效目标、主要最低需求标准；主要评审因素和权重；谈判内容，包括已确定解决方案但是需要细化的指标和需要明确的评审、验收标准，或者供应商提供解决方案的各部分内容和相应的评审、验收标准等；减少供应商的规则和标准等（财政部令第 74 号）。

二是谈判文件不得要求的内容。谈判文件不得要求或者标明供应商名称或者特定货物的品牌，不得含有指向特定供应商的技术、服务等条件（财政部令第 74 号）。

3. 邀请供应商

采购人、采购代理机构邀请供应商参加谈判，并向其提供谈判文件。

一是邀请方式。采购人、采购代理机构应当通过发布公告，从省级以上财政部门建立的供应商库中随机抽取，采购人和评审专家分别书面推荐的方式邀请不少于 3 家符合相应资格条件的供应商参与竞争性谈判。采取采购人和评审专家书面推荐方式选择供应商的，采购人和评审专家应当各自出具书面推荐意见。采购人推荐供应商的比例不得高于推荐供应商总数的 50%（财政部令第 74 号）。

二是保证金。供应商在提交响应文件截止时间之前交纳保证金。保证金应当采用支票、汇票、本票、网上银行支付或者金融机构、担保机构出具的保函等非现金形式交纳。保证金数额应当不超过采购项目预算的 2%。供应商为联合体的，可以由联合体中的一方或者多方共同交纳保证金，其交纳的保证金对联合体各方均具有约束力（财政部令第 74 号）。

4. 谈判

谈判小组集中与单一供应商分别进行谈判。谈判中，谈判小组可以按照约定规则减少供应商数量。

一是响应文件。供应商应当在谈判文件要求的截止时间前，将响应文件密封送达指定地点。在截止时间后送达的响应文件为无效文件。供应商在提交询价响应文件截止时间前，可以对所提交的响应文件进行补充、修改或者撤回，并书面通知采购人、采购代理机构。谈判小组在对响应文件的有效性、完整性和响应程度进行审查时，可以要求供应商对响应文件中含义不明确、同类问题表述不一致或者有明显文字和计算错误的内容等作出必要的澄清、说明或者更正。供应商的澄清、说明或者更正不得超出响应文件的范围或者改变响应文件的实质性内容（财政部令第 74 号）。

二是谈判方式。分为单方案谈判和多方案谈判。按单方案谈判的，谈判小组根据谈判文件明确的主要内容和权重开展谈判，最终形成完整、细化、明确的采购需求与评审规则，并以书面形式通知所有尚在谈判的供应商。供应商按要求提交最终响应文件。谈判小组可以根据实际情况确定简化流程，确定谈判过程及时间安排、供应商响应时间等，但给予供应商的响应时间应当不少于 1 日。按多方案谈判的，谈判小组可以就需谈判的内容整体或者分部分开展谈判，明确供应商解决方案所有技术、商务和其他要求的指标，或者提出解决方案调整建议。谈判结束后，应当将最终确定的全部实质性要求以及细化的评审规则以书面形式通知所有尚在谈判的供应商。供应商按要求提交最终响应文件，给予供应商的响应时间应当不少于 3 日（财政部令第 74 号）。

三是谈判过程。谈判小组可以根据谈判文件和谈判情况变动采购需求中的技术、商务和其他要求,并相应调整合同草案条款,但不得改变谈判文件中的最低需求标准、主要评审因素及其权重。在谈判中,谈判的任何一方不得透露与谈判有关的其他供应商的技术资料、价格和其他信息。谈判小组应当客观清晰地记录谈判过程,形成书面文件,详细记载参与谈判的供应商提出的建议或者解决方案,讨论过程、采纳情况及其理由,供应商的淘汰理由,各轮谈判中采购需求变动情况等。

谈判小组成员拒绝在报告上签字又不书面说明其不同意见和理由的,视为同意评审报告(财政部令第74号)。

5. 确定成交供应商

一是确定供应商。谈判小组按照评审规则对响应文件进行统一评审,可以根据谈判文件规定对方案部分和报价部分采取两阶段评审。采购人根据谈判小组推荐的成交候选人确定成交供应商,也可以授权谈判小组直接确定成交供应商。

二是公告成交结果。采购人或者采购代理机构应当在成交供应商确定后2个工作日内,在省级以上财政部门指定的媒体上公告成交结果,同时向成交供应商发出成交通知书,并将竞争性谈判文件、询价通知书随成交结果同时公告。成交结果公告应当包括以下内容:采购人和采购代理机构的名称、地址和联系方式;项目名称和项目编号;成交供应商名称、地址和成交金额;主要成交标的的名称、规格型号、数量、单价、服务要求;谈判小组成员名单及单一来源采购人员名单。采用书面推荐供应商参加采购活动的,还应当公告采购人和评审专家的推荐意见(财政部令第74号)。

三是退还保证金。采购人或者采购代理机构应当在采购活动结束后及时退还供应商的保证金,但因供应商自身原因导致无法及时退还的除外。未成交供应商的保证金应当在成交通知书发出后5个工作日内退还,成交供应商的保证金应当在采购合同签订后5个工作日内退还。有下列情形之一的,保证金不予退还:供应商在提交响应文件截止时间后撤回响应文件的;供应商在响应文件中提供虚假材料的;除因不可抗力或谈判文件认可的情形以外,成交供应商不与采购人签订合同的;供应商与采购人、其他供应商或者采购代理机构恶意串通的;采购文件规定的其他情形。

(四) 竞争性磋商程序

1. 成立磋商小组

一是人数。竞争性磋商小组由采购人代表和评审专家共 3 人以上单数组成，其中评审专家人数不得少于竞争性磋商小组成员总数的 2/3（财库〔2014〕214 号）。

二是构成。采购人不得以评审专家身份参加本部门或本单位采购项目的评审。采购代理机构人员不得参加本机构代理的采购项目的评审。评审专家应当从政府采购评审专家库内相关专业的专家名单中随机抽取。符合市场竞争不充分的科研项目，需要扶持的科技成果转化项目，以及情况特殊、通过随机方式难以确定合适的评审专家的项目，经主管预算单位同意，可以自行选定评审专家。技术复杂、专业性强的竞争性磋商采购项目，评审专家中应当包含 1 名法律专家（财库〔2014〕214 号）。

2. 制定磋商文件

一是磋商文件应当明确以下内容：包括供应商资格条件、采购邀请、采购方式、采购预算、采购需求、政府采购政策要求、评审程序、评审方法、评审标准、价格构成或者报价要求、响应文件编制要求、保证金交纳数额和形式以及不予退还保证金的情形、磋商过程中可能实质性变动的内容、响应文件提交的截止时间、开启时间及地点以及合同草案条款等（财库〔2014〕214 号）。

二是磋商文件不得要求的内容：磋商文件不得要求或者标明供应商名称或者特定货物的品牌，不得含有指向特定供应商的技术、服务等条件（财库〔2014〕214 号）。

3. 邀请供应商

采购人、采购代理机构邀请供应商参加磋商，并向其提供磋商文件。

一是邀请方式。采购人、采购代理机构应当通过发布公告、从省级以上财政部门建立的供应商库中随机抽取或者采购人和评审专家分别书面推荐的方式邀请不少于 3 家符合相应资格条件的供应商参与竞争性磋商采购活动。采取采购人和评审专家书面推荐方式选择供应商的，采购人和评审专家应当各自出具书面推荐意见。采购人推荐供应商的比例不得高于推荐供应商总数的50%（财库〔2014〕214号）。

二是保证金。供应商在提交响应文件截止时间之前交纳磋商保证金。磋商保证金应当采用支票、汇票、本票或者金融机构、担保机构出具的保函等非现金形式交纳。保证金数额应当不超过采购项目预算的2%。供应商为联合体的，可以由联合体中的一方或者多方共同交纳保证金，其交纳的保证金对联合体各方均具有约束力（财库〔2014〕214号）。

4. 磋商

一是响应文件。供应商应当在磋商文件要求的截止时间前，将响应文件密封送达指定地点。在截止时间后送达的响应文件为无效文件。供应商在提交响应文件截止时间前，可以对所提交的响应文件进行补充、修改或者撤回，并书面通知采购人、采购代理机构。磋商小组在对响应文件的有效性、完整性和响应程度进行审查时，可以要求供应商对响应文件中含义不明确、同类问题表述不一致或者有明显文字和计算错误的内容等作出必要的澄清、说明或者更正。供应商的澄清、说明或者更正不得超出响应文件的范围或者改变响应文件的实质性内容（财库〔2014〕214号）。

二是磋商方式。磋商小组所有成员集中与单一供应商分别进行磋商，并给予所有参加磋商的供应商平等的磋商机会。

三是磋商过程。磋商小组可以根据磋商文件和磋商情况实质性变动采购需求中的技术、服务要求以及合同草案条款，但不得变动磋商文件中的其他内容。实质性变动的内容，须经采购人代表确认。对磋商文件作出的实质性变动是磋商文件的有效组成部分，磋商小组应当及时以书面形式同时通知所有参加磋商的供应商。供应商应当按照磋商文件的变动情况和磋商小组的要求重新提交响应文件，并由其法定代表人或授权代表签字或者加盖公章。由授权代表签字的，应当附法定代表人授权书。供应商为自然人的，应当由本人签字并附身份证明（财库〔2014〕214号）。

5. 确定成交供应商

一是确定供应商。经磋商确定最终采购需求和提交最后报价的供应商后，由磋商小组采用综合评分法对提交最后报价的供应商的响应文件和最后报价进行综合评分。磋商小组应当根据综合评分情况，按照评审得分由高到低顺序推荐 3 名（或者 2 名）以上成交候选供应商，并编写评审报告。评审得分相同的，按照最后报价由低到高的顺序推荐。评审得分且最后报价相同的，按照技术指标优劣顺序推荐。

要点提示：

> 综合评分法，是指响应文件满足磋商文件全部实质性要求且按评审因素的量化指标评审得分最高的供应商为成交候选供应商的评审方法。

二是公告成交结果。采购人或者采购代理机构应当在成交供应商确定后 2 个工作日内，在省级以上财政部门指定的媒体上公告成交结果，同时向成交供应商发出成交通知书，并将磋商文件随成交结果同时公告。成交结果公告应当包括以下内容：采购人和采购代理机构的名称、地址和联系方式；项目名称和项目编号；成交供应商名称、地址和成交金额；主要成交标的的名称、规格型号、数量、单价、服务要求；磋商小组成员名单。采用书面推荐供应商参加采购活动的，还应当公告采购人和评审专家的推荐意见（财库〔2014〕214 号）。

三是退还保证金。采购人或者采购代理机构应当在采购活动结束后及时退还供应商的磋商保证金，但因供应商自身原因导致无法及时退还的除外。未成交供应商的保证金应当在成交通知书发出后 5 个工作日内退还，成交供应商的保证金应当在采购合同签订后 5 个工作日内退还。有下列情形之一的，保证金不予退还：供应商在提交响应文件截止时间后撤回响应文件的；供应商在响应文件中提供虚假材料的；除因不可抗力或谈判文件认可的情形以外，成交供应商不与采购人签订合同的；供应商与采购人、其他供应商或者采购代理机构恶意串通的；磋商文件规定的其他情形。

（五）询价程序

1. 询价

采购人、采购代理机构依照《政府采购法》规定邀请供应商参加报价，并向其提供询价文件。

一是询价通知书。询价通知书应当根据采购项目的特点和采购人的实际需求制定，并经采购人书面同意。采购人应当以满足实际需求为原则，不得擅自提高经费预算和资产配置等采购标准。询价通知书不得要求或者标明供应商名称或者特定货物的品牌，不得含有指向特定供应商的技术、服务等条件。询价通知书应当包括供应商资格条件、采购邀请、采购方式、采购预算、采购需求、采购程序、价格构成或者报价要求、响应文件编制要求、提交响应文件截止时间及地点、保证金交纳数额和形式、评定成交的标准等。

二是选取供应商。采购人、采购代理机构应当通过发布公告、从省级以上财政部门建立的供应商库中随机抽取或者采购人和评审专家分别书面推荐的方式邀请不少于 3 家符合相应资格条件的供应商参与询价采购活动。采取采购人和评审专家书面推荐方式选择供应商的，采购人和评审专家应当各自出具书面推荐意见。采购人推荐供应商的比例不得高于推荐供应商总数的 50%（财政部令第 74 号）。

2. 报价

被询价的供应商在询价文件规定的等标期内进行报价。

一是保证金。采购人、采购代理机构可以要求供应商在提交响应文件截止时间之前交纳保证金。保证金应当采用支票、汇票、本票、网上银行支付或者金融机构、担保机构出具的保函等非现金形式交纳。保证金数额应当不超过采购项目预算的 2%。供应商为联合体的，可以由联合体中的一方或者多方共同交纳保证金，其交纳的保证金对联合体各方均具有约束力（财政部令第 74 号）。

二是报价。供应商应当在询价通知书要求的截止时间前，将响应文件密封送达指定地点。在截止时间后送达的响应文件为无效文件，采购人、采购代理机构或者询价小组应当拒收。供应商在提交询价响应文件截止时间前，可以对所提交的响应文件进行补充、修改或者撤回，并书面通知采购人、采购代理机构。补充、修改的内容作为响应文件的组成部分。补充、修改的内容与响应文件不一致的，以补充、修改的内容为准（财政部令第 74 号）。

3. 确定成交供应商

询价小组采用最低评审价法确定成交候选人。采购人根据询价小组推荐的成交候选人确定成交供应商，也可以授权询价小组直接确定成交供应商。询价可以采用电子反拍程序实施。

一是询价小组。由采购人代表和评审专家共3人以上单数组成，其中评审专家人数不得少于竞争性谈判小组或者询价小组成员总数的2/3。采购人不得以评审专家身份参加本部门或本单位采购项目的评审。采购代理机构人员不得参加本机构代理的采购项目的评审。询价方式采购的政府采购项目，评审专家应当从政府采购评审专家库内相关专业的专家名单中随机抽取。技术复杂、专业性强的竞争性谈判采购项目，通过随机方式难以确定合适的评审专家的，经主管预算单位同意，可以自行选定评审专家。技术复杂、专业性强的竞争性谈判采购项目，评审专家中应当包含1名法律专家（财政部令第74号）。

二是澄清。询价小组在对响应文件的有效性、完整性和响应程度进行审查时，可以要求供应商对响应文件中含义不明确、同类问题表述不一致或者有明显文字和计算错误的内容等作出必要的澄清、说明或者更正。供应商的澄清、说明或者更正不得超出响应文件的范围或者改变响应文件的实质性内容。询价小组要求供应商澄清、说明或者更正响应文件应当以书面形式作出。供应商的澄清、说明或者更正应当由法定代表人或其授权代表签字或者加盖公章。由授权代表签字的，应当附法定代表人授权书。供应商为自然人的，应当由本人签字并附身份证明（财政部令第74号）。

三是评审报告。询价小组应当根据评审记录和评审结果编写评审报告，其主要内容包括：邀请供应商参加采购活动的具体方式和相关情况，以及参加采购活动的供应商名单；评审日期和地点，谈判小组、询价小组成员名单；评审情况记录和说明，包括对供应商的资格审查情况、供应商响应文件评审情况、谈判情况、报价情况等；提出的成交候选人的名单及理由。评审报告应当由询价小组全体人员签字认可。询价小组成员拒绝在报告上签字又不书面说明其不同意见和理由的，视为同意评审报告（财政部令第74号）。

四是成交结果公告。采购人或者采购代理机构应当在成交供应商确定后2个工作日内，在省级以上财政部门指定的媒体上公告成交结果，同时向成交供应商发出成交通知书，并将询价通知书随成交结果同时公告。成交结果公告应当包括以下内容：采购人和采购代理机构的名称、地址和联系方式；项目名称和项目编号；成交供应商名称、地址和成交金额；主要成交标的的名称、规格型号、数量、单价、服务要求；谈判小组、询价小组成员名单及单一来源采购人员名单。采用书面推荐供应商参加采购活动的，还应当公告采购人和评审专家的推荐意见（财政部令第 74 号）。

五是退还保证金。采购人或者采购代理机构应当在采购活动结束后及时退还供应商的保证金，但因供应商自身原因导致无法及时退还的除外。未成交供应商的保证金应当在成交通知书发出后 5 个工作日内退还，成交供应商的保证金应当在采购合同签订后 5 个工作日内退还。有下列情形之一的，保证金不予退还：供应商在提交响应文件截止时间后撤回响应文件的；供应商在响应文件中提供虚假材料的；除因不可抗力或询价通知书认可的情形以外，成交供应商不与采购人签订合同的；供应商与采购人、其他供应商或者采购代理机构恶意串通的；采购文件规定的其他情形（财政部令第 74 号）。

（六）单一来源采购程序

采取单一来源方式采购的，采购人、采购代理机构与供应商应当遵循《政府采购法》规定的原则，协商确定采购项目质量、数量、成交价格，以及履约时间、地点和方式等合同条件。

1. 公示

拟采用单一来源采购方式的，采购人、采购代理机构在按照财政部令第 74 号文第四条报财政部门批准之前，应当在省级以上财政部门指定媒体上公示，并将公示情况一并报财政部门。公示期不得少于 5 个工作日，公示内容应当包括：采购人、采购项目名称和内容；拟采购的货物或者服务的说明；采用单一来源采购方式的原因及相关说明；拟定的唯一供应商名称、地址；专业人员对相关供应商因专利、专有技术等原因具有唯一性的具体论证意见，以及专业人员的姓名、工作单位和职称；公示的期限；采购人、采购代理机构、财政部门的联系地址、联系人和联系电话（财政部令第 74 号）。

2. 协商

采用单一来源采购方式采购的，采购人、采购代理机构应当组织具有相关经验的专业人员与供应商商定合理的成交价格并保证采购项目质量。单一来源采购人员应当编写协商情况记录,主要内容包括:依据财政部令第74号文第三十八条进行公示的,公示情况说明;协商日期和地点,采购人员名单;供应商提供的采购标的成本、同类项目合同价格以及相关专利、专有技术等情况说明;合同主要条款及价格商定情况。协商情况记录应当由采购全体人员签字认可。对记录有异议的采购人员,应当签署不同意见并说明理由。采购人员拒绝在记录上签字又不书面说明其不同意见和理由的,视为同意(财政部令第74号)。

(七)框架协议采购程序

1. 征集入围供应商

采购人、采购代理机构通过征集程序,确定第一阶段入围供应商并订立封闭式或者开放式框架协议。

一是不得采用供应商符合资格条件即入围的方法,应当有明确的采购标的和定价机制。封闭式框架协议采购不得增加协议供应商(财政部令第110号)。

二是公开征集程序。封闭式框架协议的公开征集程序,按照政府采购公开招标的规定执行。开放式框架协议的公开征集程序,按照财政部110号令执行(财政部令第110号)。

三是框架协议采购需求。应当选择具有代表性的调查对象,调查对象一般各不少于3个。框架协议采购需求应当符合以下规定:满足采购人和服务对象实际需要,符合市场供应状况和市场公允标准,在确保功能、性能和必要采购要求的情况下促进竞争;符合预算标准、资产配置标准等有关规定,厉行节约,不得超标准采购;按照《政府采购品目分类目录》,将采购标的细化到底级品目,并细分不同等次、规格或者标准的采购需求,合理设置采购包;货物项目应当明确货物的技术和商务要求,包括功能、性能、材料、结构、外观、安全、包装、交货期限、交货的地域范围、售后服务等;服务项目应当明确服务内容、服务标准、技术保障、服务人员组成、服务交付或者实施的地域范围,以及所涉及的货物的质量标准、服务工作量的计量方式等（财政部令第 110 号）。

四是最高限制单价。征集文件中可以明确量价关系折扣，即达到一定采购数量，价格应当按照征集文件中明确的折扣降低。在开放式框架协议中，付费标准即为最高限制单价。最高限制单价是供应商第一阶段响应报价的最高限价。入围供应商第一阶段响应报价（有量价关系折扣的，包括量价关系折扣，以下统称协议价格）是采购人或者服务对象确定第二阶段成交供应商的最高限价（财政部令第 110 号）。

五是封闭式采购征集公告。征集公告应当包括以下主要内容：征集人的名称、地址、联系人和联系方式；采购项目名称、编号，采购需求以及最高限制单价，适用框架协议的采购人或者服务对象范围，能预估采购数量的，还应当明确预估采购数量；供应商的资格条件；框架协议的期限；获取征集文件的时间、地点和方式；响应文件的提交方式、提交截止时间和地点，开启方式、时间和地点；公告期限；省级以上财政部门规定的其他事项（财政部令第 110 号）。

六是封闭式采购编制征集文件。供应商响应的货物和服务的技术、商务等条件不得低于采购需求，货物原则上应当是市场上已有销售的规格型号，不得是专供政府采购的产品。对货物项目每个采购包只能用一个产品进行响应，征集文件有要求的，应当同时对产品的选配件、耗材进行报价。服务项目包含货物的，响应文件中应当列明货物清单及质量标准（财政部令第 110 号）。

七是开放式征集公告。征集公告应当包括以下主要内容：征集人的名称、地址、联系人和联系方式；采购项目名称、编号，采购需求以及最高限制单价，适用框架协议的采购人或者服务对象范围，能预估采购数量的，还应当明确预估采购数量；供应商的资格条件；框架协议的期限；供应商应当提交的资格材料；资格审查方法和标准；入围产品升级换代规则；用户反馈和评价机制；入围供应商的清退和补充规则；供应商信用信息查询渠道及截止时点、信用信息查询记录和证据留存的具体方式、信用信息的使用规则等。订立开放式框架协议的邀请；供应商提交加入框架协议申请的方式、地点，以及对申请文件的要求；履行合同的地域范围、协议方的权利和义务、入围供应商的清退机制等框架协议内容；采购合同文本；付费标准、费用结算及支付方式；省级以上财政部门规定的其他事项。在征集公告中申明是否与供应商另行签订书面框架协议。申明不再签订书面框架协议的，发布入围结果公告，视为签订框架协议（财政部令第110号）。

2. 确定成交供应商

采购人或者服务对象根据框架协议约定，采用直接选定、轮候或者竞争的方式，从第一阶段入围供应商中选定第二阶段成交供应商并订立采购合同。

一是封闭式采购。确定第一阶段入围供应商的评审方法包括价格优先法和质量优先法。价格优先法是指对满足采购需求且响应报价不超过最高限制单价的货物、服务，按照响应报价从低到高排序，根据征集文件规定的淘汰率或者入围供应商数量上限，确定入围供应商的评审方法。质量优先法是指对满足采购需求且响应报价不超过最高限制单价的货物、服务进行质量综合评分，按照质量评分从高到低排序，根据征集文件规定的淘汰率或者入围供应商数量上限，确定入围供应商的评审方法。货物项目质量因素包括采购标的的技术水平、产品配置、售后服务等，服务项目质量因素包括服务内容、服务水平、供应商的履约能力、服务经验等。质量因素中的可量化指标应当划分等次，作为评分项；质量因素中的其他指标可以作为实质性要求，不得作为评分项。有政府定价、政府指导价的项目，以及对质量有特别要求的检测、实验等仪器设备，可以采用质量优先法，其他项目应当采用价格优先法。确定第一阶段入围供应商时，提交响应文件和符合资格条件、实质性要求的供应商应当均不少于2家，淘汰比例一般不得低于20%，且至少淘汰1家供应商。采用质量优先法的检测、实验等仪器设备采购，淘汰比例不得低于40%，且至少淘汰1家供应商（财政部令第110号）。

二是开放式采购。第二阶段成交供应商由采购人或者服务对象从第一阶段入围供应商中直接选定（财政部令第110号）。

五、具体案例

案例31：招标文件价格分设置不合理。

案例描述： A单位"计算机网络信息中心设备采购"项目委托

Z 招标公司组织公开招标。招标文件第三章"技术需求"写明采购标的是服务器、磁盘阵列、交换机等设备，同时卖方要承担设备的安装、调试及售后服务；属于货物类采购项目。招标文件第二章"评标原则"中规定，本次招标采用综合评分法，满分 100 分，其中价格分 20 分，商务分 20 分，技术分 30 分，服务分 30 分（安装、调试及售后服务各占 10 分）。评标方法是否存在问题？

审计认定：上述做法价格分低于30%，不符合《政府采购货物和服务招标投标管理办法》（财政部令第 87 号）"第五十五条 采用综合评分法的……货物项目的价格分值占总分值的比重不得低于30%；服务项目的价格分值占总分值的比重不得低于10%。执行国家统一定价标准和采用固定价格采购的项目，其价格不列为评审因素"的相关规定。

审计建议：A 单位招标文件违反政府采购相关规定，建议重新组织采购活动。

案例 32：公开招标实质性响应不足 3 家废标。

案例描述：A 医院公开招标货物类政府采购项目，预算 150 万元，投标单位 3 家，评标中 2 家单位因未响应招标文件相关条款，对其作废标处理，直接将第 3 家单位作为中标单位。

审计认定：上述做法不符合《政府采购法》"第三十六条 在招标采购中，出现下列情形之一的，应予废标：（一）符合专业条件的供应商或者对招标文件作实质响应的供应商不足三家的……"的规定。

审计建议：废标后，采购人应当将废标理由通知所有投标人。废标后，除采购任务取消情形外，应当重新组织招标。

案例 33：公开招标出现二次报价。

案例描述：G 单位组织货物类政府采购项目，采用公开招标采购方式，预算金额 150 万元，采用最低评标价法评标，6 家单位参与投标：A 公司报价为 131.80 万元；B 公司报价 130.60 万元；C 公司报价 129.52 万元；D 公司报价 133.17 万元；E 公司报价 131.18 万元；F 公司报价首次报价 133.15 万元，二次报价 129.50 万元。中标单位为 F 公司，公开招标出现二次报价的情况。

审计认定：公开招标不允许二次报价，如果是总价和单价金额不一致，可以进行价格修正。按照《政府采购货物和服务招标投标管理办法》（财政部令第 87 号）"第五十四条　采用最低评标价法评标时……除了算术修正和落实政府采购政策需进行的价格扣除外，不能对投标人的投标价格进行任何调整""第五十九条　投标文件报价出现前后不一致的，除招标文件另有规定外，按照下列规定修正……（四）总价金额与按单价汇总金额不一致的，以单价金额计算结果为准"。

审计建议：建议 G 单位严格执行政府采购公开招标相关规定，严格报价评审认定。

案例 34：招标文件应包括详细的评分标准和方法。

案例描述：M 医院服务器及存储备份设备委托集中采购机构进行公开招标。A、B、C、D 四家公司参与投标。这 4 家公司的投标报价分别为：A 公司 354 万元，B 公司 312 万元，C 公司 375 万元，D 公司 360.5 万元。经过评标委员会评审，C 公司中标。由于 C 公司投标报价高出 B 公司投标报价 63 万元，B 公司对评标结果不服，提出质疑。B 公司质疑称：此次采购的中标价格高于市场平均价，评标委员会没有严格按照招标文件规定的评分标准和各投标公司的投标文件响应情况进行比较打分。

政府采购中心答复称：本项目采用综合评分法进行评审，价格不是唯一的决定因素，C 公司因综合实力较强，故综合评分最高，评标委员会严格按照招标文件规定的评分标准和各投标公司的投标文件响应情况进行比较打分，C 公司中标完全合法合规。B 公司对政府采购中心的质疑答复不满意，又向财政部门提出了投诉。

财政部门调取了本项目招标文件、投标文件、评标材料和质疑材料等。调查发现：根据招标文件，此项目的采购采用综合评分法进行评审，技术、商务、价格所占的分值权重分别是 30%、30%、40%。其中技术分的评审因素包括指标响应程度、品牌数量、产品可靠性、品牌知名度及市场占有率。商务标的评审因素包括商务响应程度、投标人信誉度、投标人实力、售后服务。每项评标因素按优、良、一般三档分别设定了分值范围。但招标文件并没有规定上述各评审因素的评标标准,即没有明确的打分标准。在评标过程中,由于没有详细的评标标准,评标打分表中显示,各评委打分出入很大。财政部门通报本次采购评标结果无效,由采购人和代理机构完善招标文件后重新组织招标采购。

审计认定:上述招标文件不够清晰准确,尤其是评标标准规定模糊,不符合《政府采购货物和服务招标投标管理办法》(财政部令第87号)"第二十条 采购人或者采购代理机构应当根据采购项目的特点和采购需求编制招标文件。招标文件应当包括以下主要内容:……(十一)评标方法、评标标准和投标无效情形"的相关规定。

审计建议:M 医院及集中采购机构应规范招标文件编制,细化评分标准。

案例 35:未严格对投标人资格进行审查。

案例描述:A 医院某工程采购项目招标文件中列示采用综合评分法,但价格分未采用低价优先法计算。同时,招标文件中要求投标人按照货物采购清单中的品牌报价,指定特定品牌。中标企业 B 被参与同一项目的其他供应商举报称,企业 B 在近三年之内有被行政机关处罚的不良记录。A 医院未对投标人的资格评审内容严格审查。

审计认定:一是采用综合评分法的采购项目,价格分应采用低价优先法计算,上述事项不符合《政府采购货物和服务招标投标管理办法》(财政部令第 87 号)第五十五条第六款"价格分应当采用低价优先法计算"的规定。二是招标文件要求投标人按照货物采购清单中的品牌报价,指定特定品牌,属于《政府采购法实施条例》(国务院令 658 号)》"第二十条 采购人或者采购代理机构有下列情形之一的,属于以不合理的条件对供应商实行差别待遇或者歧视待遇:……(六)限定或者指定特定的专利、商标、品牌或者供应商"的情形。三是代理人或代理机构未对投标人的资格严格审查,不符合《政府采购法》"第二十三条 采购人可以要求参加政府采购的供应商提供有关资质证明文件和业绩情况，并根据本法规定的供应商条件和采购项目对供应商的特定要求，对供应商的资格进行审查"，以及《政府采购货物和服务招标投标管理办法》（财政部令第87号）"第四十四条 采购人或者采购代理机构应当依法对投标人的资格进行审查，评审专家不能对投标人资格进行审查"等相关规定。

审计建议：建议A医院及采购代理机构严格执行政府采购相关规定，规范进行供应商资格审核。

案例36：竞争性磋商只有2家供应商符合条件。

案例描述：A医院组织某项服务类竞争性磋商采购，符合资格条件的供应商只有2家，最后报价的供应商也只有2家。

审计认定：一是上述做法不符合《政府采购竞争性磋商采购方式管理暂行办法》（财库〔2014〕214号）"第二十一条 磋商文件能够详细列明采购标的的技术、服务要求的，磋商结束后，磋商小组应当要求所有实质性响应的供应商在规定时间内提交最后报价，提交最后报价的供应商不得少于3家……最后报价是供应商响应文件的有效组成部分。符合本办法第三条第四项情形的，提交最后报价的供应商可以为2家"的相关规定。二是财政部咨询留言板回复《关于政府采购竞争性磋商采购方式管理暂行办法有关问题的补充通知》（财库〔2015〕124号）"在采购过程中符合要求的供应商（社会资本）只有2家的，竞争性磋商采购活动可以继续进行"，是指磋商开始时符合资格条件的供应商有3家及以上，磋商过程中因供应商中途退出导致符合条件的供应商只有2家的情况下，采购活动可以继续进行。

审计建议：建议A医院严格执行竞争性磋商相关政府采购规定。

案例37：竞争性磋商最后报价时间。

案例描述：A事业单位科技展览布展项目，预算1 200万元，拟采用设计、施工一体化招标方式，即招标前无设计方案，要求投标人提供设计方案、施工方案投标。财政部门批复可以采用竞争性磋商方式采购。经初步评审确定统一的设计方案，要求供应商按照统一的设计方案进行二轮报价，实际情况是供应商需要好几天时间才能完成二轮报价，评审现场如何处理？

审计认定：一是上述情形可以在规定时间内提交最后报价，符合《政府采购竞争性磋商采购方式管理暂行办法》（财库〔2014〕214号）"磋商文件不能详细列明采购标的的技术、服务要求，需经磋商由供应商提供最终设计方案或解决方案的，磋商结束后，磋商小组应当按照少数服从多数的原则投票推荐3家以上供应商的设计方案或者解决方案，并要求其在规定时间内提交最后报价"的相关规定。二是财政部咨询留言板关于同类问题的答复"《政府采购竞争性磋商管理暂行办法》并未规定必须在当天提交最后报价，采购人、采购代理机构可以根据项目实际情况，合理确定项目流程安排"。

审计建议：建议A单位及其采购代理机构根据项目实际情况，给出规定时间，要求供应商在规定时间内提交最后报价。

第四节

政府采购合同审计

政府采购合同主要包括：合同管理制度、合同价格、合同签订、合同履行、合同变更、合同验收、合同付款、合同归档等。

一、审计目标

目标1：确认合同制度规范

目标2：确认合同定价规范

目标3：确认合同签订规范

目标 4：确认合同履行规范

目标 5：确认合同变更规范

目标 6：确认合同验收规范

目标 7：确认合同付款规范

目标 8：确认合同归档规范

二、审计依据

1. 中华人民共和国政府采购法

2. 中华人民共和国政府采购法实施条例（国务院令 658 号）

3. 财政部关于加强政府采购活动内部控制管理的指导意见（财库〔2016〕99 号）

4. 关于进一步提高政府采购透明度和采购效率相关事项的通知（财办库〔2023〕243 号）

5. 行政事业单位内部控制规范（试行）（财会〔2012〕21 号）

三、审计程序和要点

审计目标	可供选择的审计程序和需要关注的审计要点	是否执行	索引号
目标 1 确认合同制度规范	1. 调阅内部控制制度中的合同管理部分，查看是否明确合同管理岗位设置要求，是否明确合同授权审批和签署权限，是否明确合同章管理要求，是否明确不得以个人或部门代替单位对外签订合同，是否明确严禁情形，是否明确采购政策功能的要求，如预留中小企业合同份额、进口设备采购合同签订要求等； 2. 调阅合同台账，抽查合同管理具体落实情况，关注合同签署人、授权书、合同审批流程和权限、中小企业份额等，核实是否与合同管理制度要求相符； 3. 调阅合同管理办法，查看合同管理分工及职责权限，查看合同是否归口管理，归口管理是一个部门还是多个部门，是否存在交叉、重叠和遗漏；询问和查阅归口管理职责分工及权限设置的合理性和内控漏洞； 4. 检查合同管理系统（如有），查看是否按照制度设置系统内的审批流程，是否所有合同都纳入系统管理，是否进行了合同过程控制。	√	

续表

审计目标	可供选择的审计程序和需要关注的审计要点	是否执行	索引号
目标2 确认合同定价规范	1. 调阅固定价格合同，查看采购标的是否为通用货物、工程和服务采购，核实数量、成本是否可确定，是否设置价款调整条件和方法，合同定价是否合理； 2. 调阅成本补偿合同（如有），查看采购标的是否为创新采购合同、政府和社会资本合作合同，是否存在按照成本比例支付酬金； 3. 调阅绩效激励合同（如有），查看绩效激励目的，核实激励因素合理性、有效性。	√	
目标3 确认合同签订规范	1. 调阅合同签订文件，查看合同条款是否完整规范，合同形式是否为书面形式，是否在中标、成交通知书发出之日起30日内，按照采购文件确定的事项与中标、成交供应商签订政府采购合同，合同签订是否依据采购实质性要求和竞标文件，是否实质响应采购需求的全部内容，合同备案是否规范，合同签署前是否履行相应审批程序和会签程序，是否经律师审核，合同要素是否齐全，合同签订人是否为法人或法人授权人签署，合同用章是否规范； 2. 在政府采购合同中是否约定资金支付的方式、时间和条件，是否明确逾期支付资金的违约责任； 3. 对于有预付安排的合同，是否执行政府采购政策，将合同预付款比例提高到30%以上； 4. 调阅研发合同（如有），查看合同条款是否符合研发要求，包括项目研发以及购买创新产品的最高费用、成本补偿最高金额，最低质量和服务标准、交付时间，最终评审规则的主要内容和权重等基本内容，并明确知识产权的处理原则、研发中期谈判时间和供应商淘汰标准等。研发和创新产品试用等各项费用总和不得超过合同约定的研发最高费用；研发合同期限是否合规。	√	
目标4 确认合同履行规范	1. 调阅合同执行记录，查看是否存在转包和分包； 2. 调阅履约保证金、质量保证金等相关账目，查看履约保证金、质量保证金等缴纳和退还是否合规，履约保证金是否超过国家及属地规定的比例等，查看未提供履约保证金的处置程序是否规范，是否存在不予退还履约保证金情形； 3. 是否存在追加相同采购标的情形，核实原因，追加与合同标的相同的补充合同是否超过原合同采购金额的10%； 4. 合同履行过程是否实施有效监控，是否建立合同履行监督审查制度并开展审查。	√	

续表

审计目标	可供选择的审计程序和需要关注的审计要点	是否执行	索引号
目标5 确认合同变更规范	1. 调阅合同变更记录，核实变更、终止和解除合同原因是否正常，合同变更是否存在实质性改变合同主体内容的情况，是否履行相关论证或审批手续，是否损害国家利益和公共利益； 2. 调阅合同赔偿资料，查看合同变更赔偿责任，核实划分是否合理。	√	
目标6 确认合同验收规范	1. 调阅合同验收资料，查看采购人是否组织验收，验收时间是否按照合同条款执行，有质量标准的是否委托国家认可的质量检测机构检验，验收结果是否与付款挂钩； 2. 调阅验收小组情况，查看验收小组构成是否符合不相容岗位分离要求，对于采购人与使用人、服务对象分离的采购项目，是否邀请实际使用人、服务对象参与验收； 3. 调阅验收报告，查看验收意见是否规范，是否按照合同规定的验收标准出具验收意见，专家及验收小组人员签字是否齐全。	√	
目标7 确认合同付款规范	1. 调阅合同付款凭证，查看是否依据合同付款条件、时限等办理付款，付款凭证是否包含验收报告等相关佐证资料； 2. 调阅合同付款账目，查看是否根据合同履行情况和会计准则制度进行账务处理，核对预收预付和应收应付等往来款账目，核对银行未达账项，关注长期挂账情况，核实原因有无异常。	√	
目标8 确认合同归档规范	1. 调阅合同台账，查看是否定期对合同进行统计、分类和归档，是否详细登记合同订立、履行和变更的全过程情况。查看合同台账登记是否规范、要素是否齐全； 2. 调阅会计账目和凭证，抽查预收账款、预付账款、应收账款、应付账款等，与相关合同台账比对，核实是否衔接一致；抽查履约保证金、质保金台账等，与合同台账比对，核实是否衔接一致；抽查合同台账中补充协议，与相关支出、采购档案等比对，核实是否衔接一致。抽查时注意合同编号是否规范且连续； 3. 调阅合同台账和涉密工作管理办法，查看涉密合同管理登记情况；调阅相关凭证，查看涉密合同履行情况，核实与涉密管理要求是否一致。	√	

四、核心知识点

（一）合同的法律适用

政府采购合同适用《民法典》。

（二）合同定价方式

1. 固定价格

固定价格，是指合同订立时已经确定合同价格，非由法定或约定事由不得变更的定价方式。对于采购时可以准确估算采购成本的情形，采购人应当选择固定价格的合同定价方式。合同订立时采购数量能够确定的，应当采用固定总价的定价方式；合同订立时采购数量无法确定的，应当采用固定单价的定价方式。合同履行中因国家政策变化、物价调整等情形可能导致合同价格发生重大变化，不进行调整显失公平的，应当在合同订立时约定合同价款调整的条件和方法。合同当事人不得通过调整合同价格规避竞争。

2. 成本补偿

成本补偿，是指合同订立时无法确定价款，需合同履行完毕后才能够确定的定价方式。对于合同履行中存在不确定性而无法准确估算采购成本，且无法适用任何固定价格的情形时，合同当事人可以按照固定酬金加供应商合同履行过程中产生的可列支成本确定合同价格，但不得超过合同规定的最高限价。合同当事人不得约定按照成本比例支付酬金。

3. 绩效激励

有技术创新、节约资源和提前交付能够更好实现经济社会效益等情形的，采购人可以在合同中约定绩效激励条款，依据供应商提供的货物、工程和服务质量、满意度或者资金节约率等支付合同价款。

要点提示：

一般情况下，采购活动中常见的通用货物、工程和服务采购，都采用固定价格定价方式，后两种方式目前较少，财政部后续在修订的制度中会具体进行规范。

（三）合同签订

1. 合同条款

政府采购合同应符合《民法典》（合同编）规定的合同主要条款的内容要求，应当包括当事人名称或者姓名、标的和数量等一般条款，并根据采购需求和内容设置具体条款。法律、法规和国家有关规定对合同条款有特殊规定的，从其规定。

在政府采购合同中约定资金支付的方式、时间和条件，明确逾期支付资金的违约责任。对于有预付安排的合同，鼓励采购人将合同预付款比例提高到30%以上（财办库〔2023〕243号）。

2. 合同形式

政府采购合同应当采用书面形式。

3. 签订时间

采购人与中标、成交、入围供应商应当在中标、成交、入围通知书发出之日起30日内签订政府采购合同或者框架协议。中标、成交、入围通知书对采购人和中标、成交、入围供应商均具有法律效力。中标、成交、入围通知书发出后，采购人违法改变中标、成交、入围结果的，或者中标、成交、入围供应商无正当理由放弃中标、成交、入围项目的，应当依法承担法律责任。

采购人因不可抗力原因迟延签订合同的，应当自不可抗力事由消除之日起7日内完成合同签订事宜。鼓励采购人通过完善内部流程进一步缩短合同签订期限。

4. 签订依据

采购人与中标、成交供应商应当按照采购文件确定的事项签订政府采购合同。

5. 合同备案

采购人应当自政府采购合同签订之日起7个工作日内，将合同副本报同级政府采购监督管理部门和有关部门备案。

6. 合同订立内控要求

采购人应当加强对合同订立的管理，明确合同订立的范围和条件。对于影响重大、涉及较高专业技术或法律关系复杂的合同，应当组织法律、技术、财会等工作人员参与谈判，必要时可聘请外部专家参与相关工作。谈判过程中的重要事项和参与谈判人员的主要意见，应当予以记录并妥善保管（财会〔2012〕21号）。

（四）合同履约

1. 合同分包

经采购人同意，中标、成交供应商可以依法采取分包方式履行合同。政府采购合同分包履行的，中标、成交供应商就采购项目和分包项目向采购人负责，分包供应商就分包项目承担责任。

2. 履约保证金

采购文件要求中标或者成交供应商提交履约保证金的，供应商应当以支票、汇票、本票或者金融机构、担保机构出具的保函等非现金形式提交。履约保证金的数额不得超过政府采购合同金额的10%。合同履行后，采购人应当按照合同约定及时退还履约保证金。

3. 追加相同采购标的

政府采购合同履行中，采购人需追加与合同标的相同的货物、工程或者服务的，在不改变合同其他条款的前提下，可以与供应商协商签订补充合同，但所有补充合同的采购总额不得超过原合同采购金额的10%。

4. 合同执行内控要求

采购人应当对合同履行情况实施有效监控。合同履行过程中，因对方或单位自身原因导致可能无法按时履行的，应当及时采取应对措施。采购人应当建立合同履行监督审查制度。对合同履行中签订补充合同，或变更、解除合同等应当按照国家有关规定进行审查（财会〔2012〕21号）。

（五）合同变更

1. 不得擅自变更

政府采购合同的双方当事人不得擅自变更、中止或者解除合同。

2. 国家和公共利益

政府采购合同的双方当事人不得擅自变更、中止或者终止合同。政府采购合同继续履行将损害国家利益和社会公共利益的，双方当事人应当变更、中止或者终止合同。

3. 责任

政府采购合同变更或者解除的，有过错的一方应当承担赔偿责任，双方都有过错的，各自承担相应的责任。

（六）合同验收

1. 验收主体

采购人应当组织对供应商履约的验收，根据采购合同确定的验收标准进行验收。法律、行政法规规定应当进行质量检验的，采购人应当委托国家认可的质量检测机构检验。政府和社会资本合作项目，应当就项目运营情况开展年度审计，并根据验收方案中的分期考核要求分期验收。

2. 验收小组

验收应当按照政府采购内部控制要求组成验收小组，验收人员与采购人员应当分开。对于采购人与使用人、服务对象分离的采购项目，应当邀请实际使用人、服务对象参与验收。

3. 验收报告

验收结束后，验收人员应当出具验收报告并签字，验收报告应当列明各项标准的验收情况及项目总体评价等事项。

（七）合同结算

1. 资金支付

验收合格的项目，采购人应当按照政府采购合同约定，及时向供应商支付采购资金。

2. 账务处理

财会部门应当根据合同履行情况办理价款结算和进行账务处理。与单位经济活动相关的合同应当同时提交财会部门作为账务处理的依据（财会〔2012〕21号）。

（八）合同归档

1. 归档

合同归口管理部门应当加强对合同登记的管理，定期对合同进行统计、分类和归档，详细登记合同的订立、履行和变更情况，实行对合同的全过程管理。

2. 保密

采购人应当加强合同信息安全保密工作，未经批准，不得以任何形式泄露合同订立与履行过程中涉及的国家秘密、工作秘密或商业秘密（财会〔2012〕21号）。

（九）合同内控制度

采购人应当建立健全合同内部管理制度，合理设置岗位，明确合同的授权审批和签署权限，妥善保管和使用合同专用章，严禁未经授权擅自以单位名义对外签订合同，严禁违规签订担保、投资和借贷合同。采购人应当对合同实施归口管理，建立财会部门与合同归口管理部门的沟通协调机制，实现合同管理与预算管理、收支管理相结合。

五、具体案例

案例 38：未在规定期限内签订政府采购合同。

案例描述： A 单位采购实验室设备，经公开招标，供应商 B 公司中标，2021 年 5 月 15 日向 B 公司发出中标、成交通知书，2021 年 7 月 2 日双方签订政府采购合同，合同价款 260 万元。采购人 A 与供应商 B 没有按规定在 1 个月内签订合同，而是在 1 个月之后采购签订合同的，那么请问，这次超过 1 个月签订的合同是否有效？

审计认定： 上述做法不符合《政府采购法》"第四十六条　采购人与中标、成交供应商应当在中标、成交通知书发出之日起三十日内，按照采购文件确定的事项签订政府采购合同"的相关规定。财政部咨询留言板同类问题答复"没有在三十天内签订政府采购合同，属于不规范行为，可向当地财政部门反映"。

审计建议： 建议严格执行政府采购相关规定，在规定期限内签订政府采购合同。

案例 39：政府采购合同变更。

案例描述： A 医院与 E 供货商签订某设备政府采购合同，合同金额 135 万元。E 供货商以厂家停产为理由请求变更合同，变更为同一型号的低配版（一项技术参数降低），是否可以？如果 A 医院希望变更为另一型号（一项参数降低，但整体参数提高且市场价格要高于中标产品），是否可以？

审计认定： 上述做法不符合《政府采购法》"第五十条　政府采购合同的双方当事人不得擅自变更、中止或者终止合同。政府采购合同继续履行将损害国家利益和社会公共利益的，双方当事人应当变更、中止或终止合同。有过错的一方应当承担赔偿责任，双方都有过错的，各自承担相应的责任"的规定。财政部咨询留言板亦有同类问题回复。

审计建议：建议 A 医院严格执行政府采购相关规定，规范办理政府采购合同变更事项。

案例40：服务类政府采购合同一签三年。

案例描述：A 医院拟与出租方 D 国有企业签订 3 年的租用办公用房合同，每年租金 3 000 万元，询问是否需要相关财政部门出具相关三年资金来源证明文件才能进行采购？如果没有相关证明文件是否就不能按一招三年进行采购？是否需要在采购公告中公布三年的采购预算并明确一招三年？如果只公布一年采购预算但是在文件中明确一招三年是否可以？合同是一签三年还是可以一年一签？如果在合同履行第二年供应商发生重大变故或者未能按合同约定履约，第三年是否可以终止？

审计认定：《财政部关于推进和完善服务项目政府采购有关问题的通知》中规定"采购需求具有相对固定性、延续性且价格变化幅度小的服务项目，在年度预算能保障的前提下，采购人可以签订不超过三年履行期限的政府采购合同"。

财政部咨询留言板关于同类问题的答复"对于一签三年的服务类政府采购项目，采购人应当事先在采购文件和合同中明确，在采购需求相对固定、价格变化幅度较小，且年度预算能够保障的前提下，采购人可以和供应商续签不超过 2 年履行期限的政府采购合同，而非一次性签订三年履行期限的政府采购合同。对于此类项目，应当依据当年的预算开展采购活动，并在合同中明确续签合同的条件和不再续签的情形，如果合同履行第二年供应商发生重大变故或者未能按合同约定履约，第三年可以终止采购合同"。

审计建议：建议严格按照政府采购相关规定，规范签订服务类采购合同。

第五节

政府采购信息公开审计

政府采购信息公开主要包括：信息公开管理制度、信息公开渠道、信息公开内容、采购意向公开、采购公告、采购预算公开、采购结果公开、采购更正信息公开、采购合同公开、单一来源采购方式公开、终止采购公告、政府购买公共服务公开等。

一、审计目标

目标1：确认政府采购信息公开制度规范性

目标2：确认政府采购信息公开渠道符合要求

目标3：确认政府采购信息公开内容完整规范

目标4：确认采购意向公开规范

目标5：确认采购公告规范

目标6：确认采购预算公开规范

目标7：确认采购结果公开规范

目标8：确认采购更正事项公开规范

目标9：确认采购合同公开规范

目标10：确认单一来源方式公开规范

目标11：确认终止采购公告规范

目标12：确认政府购买公共服务公开规范

二、审计依据

1. 中华人民共和国政府采购法
2. 政府采购信息发布管理办法（财政部令第101号）

3. 关于开展政府采购意向公开工作的通知（财库〔2020〕10号）

4. 财政部关于进一步做好政府采购信息公开工作有关事项的通知（财库〔2017〕86号）

5. 关于做好政府采购信息公开工作的通知（财库〔2015〕135号）

6. 关于进一步提高政府采购透明度和采购效率相关事项的通知（财办库〔2023〕243号）

三、审计程序和要点

审计目标	可供选择的审计程序和需要关注的审计要点	是否执行	索引号
目标1 确认采购信息公开制度	1. 是否制定采购信息公开内部管理制度，是否明确职责分工、公开内容和公开程序； 2. 抽查采购信息公开制度规定是否符合国家有关法律法规要求，是否及时更新修订。	√	
目标2 确认采购信息公开渠道符合要求	调阅政府采购信息公开文件，检查中央预算单位政府采购信息是否在中国政府采购网发布，地方预算单位政府采购信息是否在所在行政区域的中国政府采购网省级分网发布。	√	
目标3 确认采购信息公开内容完整规范	调阅政府采购信息公开文件，检查政府采购项目信息内容是否完整，格式是否符合制度要求，是否包含应予公开的公开招标公告、资格预审公告、单一来源采购公示、中标（成交）结果公告、政府采购合同公告等政府采购项目信息，以及投诉处理结果、监督检查处理结果、集中采购机构考核结果等政府采购监管信息。	√	
目标4 确认采购意向公开规范	1. 询问采购意向公开工作管理和开展情况，调阅相关制度和档案； 2. 查看被审计采购项目是否属于应公开采购意向的情况。采购意向是否按采购项目公开。除以协议供货、定点采购方式实施的小额零星采购和由集中采购机构统一组织的批量集中采购外，按项目实施的集中采购目录以内或者采购限额标准以上的货物、工程、服务采购是否按照规定公开了采购意向； 3. 核实采购意向公开渠道是否规范。中央预算单位的采购意向是否在中国政府采购网（www.ccgp.gov.cn）中央主网公开，地方预算单位的采购意向是否在中国政府采购网地方分网公开，采购意向是否在省级以上财政部门指定的其他媒体同步公开；	√	

续表

审计目标	可供选择的审计程序和需要关注的审计要点	是否执行	索引号
目标4 确认采购意向 公开规范	4. 核实采购意向公开内容是否全面。是否包括采购项目名称、采购需求概况、预算金额、预计采购时间等。其中，采购需求概况应当包括采购标的名称，采购标的需实现的主要功能或者目标，采购标的数量，以及采购标的需满足的质量、服务、安全、时限等要求； 5. 核实采购意向公开的依据是否规范。部门预算批复前公开的采购意向，是否以部门预算"二上"内容为依据。部门预算批复后公开的采购意向，是否以部门预算为依据； 6. 核实采购意向公开的时间是否准确。是否于采购活动开始前30日公开采购意向。预算执行中新增采购项目是否及时公开采购意向。不可预见原因急需开展的采购项目可不公开采购意向，是否提供不可预见的原因急需开展的采购项目的审批文件和其他证明。	√	
目标5 确认采购公告 规范	1. 查阅公开招标公告，检查公告内容是否包括采购人和采购代理机构的名称、地址和联系方式，采购项目的名称、数量、简要规格描述或项目基本概况介绍，采购项目预算金额，采购项目需要落实的政府采购政策，投标人的资格要求，获取招标文件的时间、地点、方式及招标文件售价，投标截止时间、开标时间及地点，采购项目联系人姓名和电话。公告期限是否满足5个工作日； 2. 查阅公开招标和邀请招标文件，核查资格预审公告是否包含招标公告内容外，还包含审查标准、方法，投标人应当提供的资格预审申请文件的组成和格式。公告期限是否满足5个工作日； 3. 查阅竞争性谈判、竞争性磋商和询价公告，公告内容是否完整（与上述1一致），公告期限是否满足3个工作日。	√	
目标6 确认采购预算 公开规范	1. 查阅采购公告是否同时公开了采购预算； 2. 对照政府采购预算，与采购公告中的预算金额，对于部门预算已列明具体采购项目的，是否保持一致。部门预算未列明采购项目的，是否根据工作实际对部门预算进行分解，按照分解后的具体采购项目进行预算金额公开； 3. 调阅项目库预算文本，核查采购公告中的预算金额，对于部门预算分年度安排但不宜按年度拆分的采购项目，是否公开采购项目的采购年限、概算总金额和当年安排数。	√	

续表

审计目标	可供选择的审计程序和需要关注的审计要点	是否执行	索引号
目标7 确认采购结果 公开规范	1. 检查中标、成交结果公告内容是否完整； 2. 采用书面推荐供应商参加采购活动的，是否公告采购人和评审专家的推荐意见； 3. 发布时间是否在中标、成交供应商确定之日起2个工作日内，公告期限是否为1个工作日； 4. 项目采购采用最低评标（审）价法的，公告中标、成交结果时是否同时公告因落实政府采购政策等原因进行价格扣除后中标、成交供应商的评审报价； 5. 项目采购采用综合评分法的，公告中标、成交结果时是否同时公告中标、成交供应商的评审总得分。	√	
目标8 确认采购更正 信息公开规范	1. 检查采购更正公告与原公告是否在同一个发布媒体上发布； 2. 检查是否以书面形式通知所有获取采购文件的潜在供应商； 3. 查看采购信息更正公告的内容是否包括采购人和采购代理机构名称、地址、联系方式，原公告的采购项目名称及首次公告日期，更正事项、内容及日期，采购项目联系人和电话等内容； 4. 根据采购信息变更的内容是否影响投标文件编制的情况，是否在投标截止时间至少15日前、提交资格预审申请文件截止时间至少3日前，或者提交首次响应文件截止之日3个工作日前预留时间；不足上述时间的，是否进行顺延。	√	
目标9 确认采购合同 公开规范	1. 核查政府采购合同公开信息内容是否完整，合同标的名称、规格型号、单价及合同金额等内容是否公示； 2. 重点查看公示时间是否自合同签订之日起2个工作日内； 3. 依照《政府采购法》变更政府采购合同内容的，是否自合同变更之日起2个工作日内发布政府采购合同变更公告。	√	
目标10 确认单一来源 采购方式公开 规范	单一来源公示内容是否完整包括采购人、采购项目名称；拟采购的货物或者服务的说明、拟采购的货物或者服务的预算金额；采用单一来源方式的原因及相关说明；拟定的唯一供应商名称、地址；专业人员对相关供应商因专利、专有技术等原因具有唯一性的具体论证意见，以及专业人员的姓名、工作单位和职称；公示的期限；采购人、采购代理机构、财政部门的联系地址、联系人和联系电话。公示时间是否不少于5个工作日。	√	

续表

审计目标	可供选择的审计程序和需要关注的审计要点	是否执行	索引号
目标11 确认终止采购公告规范	查阅终止公告信息是否包括原因说明。	√	
目标12 确认政府购买公共服务公开规范	1. 查看政府购买服务信息公开内容和时间是否符合规定；(内容同目标4－目标11) 2. 对于政府向社会公众提供的公共服务项目，是否就采购需求在指定媒体上征求社会公众的意见，并将验收结果于验收结束之日起2个工作日内向社会公告。	√	

四、核心知识点

（一）政府采购信息定义

政府采购信息包括采购意向、采购公告、采购文件、采购结果和监督处罚信息等，政府采购的信息应当在政府采购监督管理部门指定的媒体上及时向社会公开发布，但涉及商业秘密的除外。

（二）公开范围及主体

财政部门、采购人和其委托的采购代理机构，统称发布主体。采购意向由预算单位负责公开；采购项目信息，包括采购项目公告、采购文件、采购项目预算金额、采购结果等信息，由采购人或者其委托的采购代理机构负责公开；监管处罚信息，包括财政部门作出的投诉、监督检查等处理决定，对集中采购机构的考核结果，以及违法失信行为记录等信息，由财政部门负责公开；法律、法规和规章规定应当公开的其他政府采购信息，由相关主体依法公开（财库〔2015〕135号）。

（三）公开渠道

中央预算单位政府采购信息应当在中国政府采购网发布，地方预算单位政府采购信息应当在所在行政区域的中国政府采购网省级分网发布（财政部令第101号，财库〔2015〕135号）采购意向公开事项主管预算单位可汇总本部门、本系统所属预算单位的采购意向集中公开，有条件的部门可在其部门门户网站同步公开本部门、本系统的采购意向（财库〔2020〕10 号）。

政府采购违法失信行为信息记录应当在中国政府采购网中央主网发布。

（四）公开要求

1. 总体要求

发布主体发布政府采购信息不得有虚假和误导性陈述，不得遗漏依法必须公开的事项。政府采购信息应当按照财政部规定的格式编制（财政部令第 101 号）。

2. 采购意向的公开

按项目实施的集中采购目录以内或者采购限额标准以上的货物、工程、服务采购均应当公开采购意向。公开的内容应当包括采购项目名称、采购需求概况、预算金额、预计采购时间等。其中，采购需求概况应当包括采购标的名称，采购标的需实现的主要功能或者目标，采购标的数量，以及采购标的需满足的质量、服务、安全、时限等要求。时间要求：采购意向由预算单位定期或者不定期公开。采购意向公开时间应当尽量提前，原则上不得晚于采购活动开始前 30 日公开采购意向。因预算单位不可预见的原因急需开展的采购项目，可不公开采购意向（财库〔2020〕10 号）。

3. 采购公告

采购公告包括招标公告、资格预审公告、竞争性谈判公告、竞争性磋商公告和询价公告。招标公告的内容应当包括采购人和采购代理机构的名称、地址和联系方法，采购项目的名称、数量、简要规格描述或项目基本概况介绍，采购项目预算金额，采购项目需要落实的政府采购政策，投标人的资格要求，获取招标文件的时间、地点、方式及招标文件售价，投标截止时间、开标时间及地点，采购项目联系人姓名和电话。资格预审公告的内容应当包括采购人和采购代理机构的名称、地址和联系方法；采购项目名称、数量、简要规格描述或项目基本概况介绍；采购项目预算金额；

采购项目需要落实的政府采购政策；投标人的资格要求，以及审查标准、方法；获取资格预审文件的时间、地点、方式；投标人应当提供的资格预审申请文件的组成和格式；提交资格预审申请文件的截止时间及资格审查日期、地点；采购项目联系人姓名和电话。招标公告、资格预审公告的公告期限为 5 个工作日。竞争性谈判公告、竞争性磋商公告和询价公告的内容应当包括采购人和采购代理机构的名称、地址和联系方法，采购项目的名称、数量、简要规格描述或项目基本概况介绍，采购项目预算金额，采购项目需要落实的政府采购政策，对供应商的资格要求，获取谈判、磋商、询价文件的时间、地点、方式及文件售价，响应文件提交的截止时间、开启时间及地点，采购项目联系人姓名和电话。竞争性谈判公告、竞争性磋商公告和询价公告的公告期限为 3 个工作日（财库〔2015〕135 号）。

4. 采购文件公开

招标文件、竞争性谈判文件、竞争性磋商文件和询价通知书应当随中标、成交结果同时公告。中标、成交结果公告前采购文件已公告的，不再重复公告。

5. 采购预算公开

预算金额应当在招标公告、资格预审公告、竞争性谈判公告、竞争性磋商公告和询价公告等采购公告，以及招标文件、谈判文件、磋商文件、询价通知书等采购文件中公开。采购项目的预算金额以财政部门批复的部门预算中的政府采购预算为依据；对于部门预算批复前进行采购的项目，以预算"二上数"中的政府采购预算为依据。对于部门预算已列明具体采购项目的，按照部门预算中具体采购项目的预算金额公开；部门预算未列明采购项目的，应当根据工作实际对部门预算进行分解，按照分解后的具体采购项目预算金额公开。对于部门预算分年度安排但不宜按年度拆分的采购项目，应当公开采购项目的采购年限、概算总金额和当年安排数。

6. 采购结果公开

中标、成交结果公告的内容应当包括采购人和采购代理机构名称、地址、联系方式；项目名称和项目编号；中标或者成交供应商名称、地址和中标或者成交金额；主要中标或者成交标的的名称、规格型号、数量、单价、服务要求或者标的的基本概况；评审专家名单。协议供货、定点采购项目还应当公告入围价格、价格调整规则和优惠条件。采用书面推荐供应商参加采购活动的，还应当公告采购人和评审专家的推荐意见。中标、成交结果应当自中标、成交供应商确定之日起 2 个工作日内公告，公告期限为 1 个工作日。

采购人、采购代理机构公开中标、成交结果时，项目采购采用最低评标（审）价法的，公告中标、成交结果时应当同时公告因落实政府采购政策等原因进行价格扣除后中标、成交供应商的评审报价；项目采购采用综合评分法的，公告中标、成交结果时应当同时公告中标、成交供应商的评审总得分（财办库〔2023〕243 号）。

7. 更正事项公开

采购人或者采购代理机构对已发出的招标文件、资格预审文件，以及采用公告方式邀请供应商参与的竞争性谈判文件、竞争性磋商文件进行必要的澄清或者修改的，应当在原公告发布媒体上发布更正公告，并以书面形式通知所有获取采购文件的潜在供应商。采购信息更正公告的内容应当包括采购人和采购代理机构名称、地址、联系方式，原公告的采购项目名称及首次公告日期，更正事项、内容及日期，采购项目联系人和电话。澄清或者修改的内容可能影响投标文件、资格预审申请文件、响应文件编制的，采购人或者采购代理机构发布澄清公告并以书面形式通知潜在供应商的时间，应当在投标截止时间至少 15 日前、提交资格预审申请文件截止时间至少 3 日前，或者提交首次响应文件截止之日 3 个工作日前；不足上述时间的，应当顺延提交投标文件、资格预审申请文件或响应文件的截止时间。

8. 采购合同公开

批量集中采购项目应当公告框架协议。政府采购合同中涉及国家秘密、商业秘密的部分可以不公告，但其他内容应当公告。政府采购合同涉及国家秘密的内容，由采购人依据《保守国家秘密法》等法律制度规定确定。采购合同中涉及商业秘密的内容，由采购人依据《反不正当竞争法》《最高人民法院关于适用〈中华人民共和国民事诉讼法〉若干问题的意见》

（法发〔1992〕22号）等法律制度的规定，与供应商在合同中约定。其中，合同标的名称、规格型号、单价及合同金额等内容不得作为商业秘密。合同中涉及个人隐私的姓名、联系方式等内容，除征得权利人同意外，不得对外公告。政府采购合同应当自合同签订之日起2个工作日内公告。

政府采购合同的双方当事人不得擅自变更合同，依照《政府采购法》确需变更政府采购合同内容的，采购人应当自合同变更之日起2个工作日内在省级以上财政部门指定的媒体上发布政府采购合同变更公告，但涉及国家秘密、商业秘密的信息和其他依法不得公开的信息除外。政府采购合同变更公告应当包括原合同编号、名称和文本，原合同变更的条款号，变更后作为原合同组成部分的补充合同文本，合同变更时间，变更公告日期等（财办库〔2023〕243号）。

9. 单一来源公开

达到公开招标数额标准，符合《政府采购法》第三十一条第一项规定情形，只能从唯一供应商处采购的，采购人、采购代理机构应当在省级以上财政部门指定媒体上进行公示。公示内容应当包括采购人、采购项目名称；拟采购的货物或者服务的说明、拟采购的货物或者服务的预算金额；采用单一来源方式的原因及相关说明；拟定的唯一供应商名称、地址；专业人员对相关供应商因专利、专有技术等原因具有唯一性的具体论证意见，以及专业人员的姓名、工作单位和职称；公示的期限；采购人、采购代理机构、财政部门的联系地址、联系人和联系电话。公示期限不得少于5个工作日。

10. 终止公告

依法需要终止招标、竞争性谈判、竞争性磋商、询价、单一来源采购活动的，采购人或者采购代理机构应当发布项目终止公告并说明原因。

11. 政府购买公共服务公开

对于政府向社会公众提供的公共服务项目，除按有关规定公开相关采购信息外，采购人还应当就确定采购需求在指定媒体上征求社会公众的意见，并将验收结果于验收结束之日起2个工作日内向社会公告。

五、具体案例

案例 41：未提供免费电子采购文件。

案例描述：H 医院委托采购代理机构发布的《牙周电子压力探针系统等采购项目公开招标公告》，但未提供采购文件。投标供应商咨询医院和采购代理机构，被告知需要购买支付后才能看见招标文件。

审计认定：一是上述做法不符合《政府采购货物和服务招标投标管理办法》（财政部令第 87 号）"第十三条　公开招标公告应当包括获取招标文件的时间期限、地点、方式及招标文件售价……第二十四条　招标文件售价应当按照弥补制作、邮寄成本的原则确定，不得以营利为目的，不得以招标采购金额作为确定招标文件售价的依据"。二是不符合《关于促进政府采购公平竞争优化营商环境的通知》（财库〔2019〕38 号）"实现电子化采购的，采购人、采购代理机构应当向供应商免费提供电子采购文件"的规定。

审计建议：建议 H 医院落实政府采购相关规定，实现电子化采购的，应当向供应商免费提供电子采购文件。

案例 42：采购结果公开范围和程度。

案例描述：A 医院委托 B 公司代理政府采购项目，咨询如下问题：一是评标委签字的给投标人的评分表、评分汇总表和评审报告是否属于依法不能公开的事项？二是在采购结果公告环节，哪些属于法定的必须公开的采购结果事项？三是其他未中标的供应商落标原因是否可以不公开或不予以答复？

审计认定：一是政府采购法律制度未要求公开评分表、评分汇总表和评审报告。二是中标、成交结果公告的内容应当包括采购人和采购代理机构的名称、地址、联系方式；项目名称和项目编号；中标或者成交供应商的名称、地址和中标或者成交金额；主要中标或者成交标的的名称、规格型号、数量、单价、服务要求或者标的的基本概况；评审专家名单。协议供货和定点采购项目还应当公告入围价格、价格调整规则和优惠条件。采用书面推荐供应商参加采购活动的，还应当公告采购人和评审专家的推荐意见。三是按照《政府采购货物和服务招标投标管理办法》（财政部令第87号）有关规定，对未通过资格审查的投标人，采购人或者采购代理机构应当告知其未通过的原因；采用综合评分法评审的，还应当告知未中标人本人的评审得分及排序。财政部咨询留言板有同类问题答复。

审计建议：建议规范公开政府采购结果相关信息。

案例43：政府采购合同公告时间少于2个工作日。

案例描述：A医院委托采购代理机构开展实验室建设招标采购项目，B公司中标，双方于2021年6月30日签订政府采购合同，2021年7月8日，A医院公告上述政府采购合同。

审计认定：政府采购合同公告日期超过2个工作日，上述做法不符合《政府采购法实施条例》"第五十条　采购人应当自政府采购合同签订之日起2个工作日内，将政府采购合同在省级以上人民政府财政部门指定的媒体上公告，但政府采购合同中涉及国家秘密、商业秘密的内容除外"的规定。

审计建议：严格按照公开要求的时间执行信息公开。

案例44：未在规定媒介发布招标公告。

案例描述：S单位2012年"某规范化实验室建设的修缮工程"预算金额930.00万元，2014年"某科研用房修缮工程"预算金额380.00万元，以上两个项目在北京市建设工程信息网发布了公开招标公告，北京市建设工程信息网为非指定的发布媒介；2014年"某仪器设备采购"中标金额120万元和"某液相色谱系统"中标金额350万元，项目中标结果未在财政部门指定的政府采购信息发布媒体上公告，仅在内部网站进行公示。

审计认定：上述做法不符合《政府采购货物和服务招标投标管理办法》（财政部令第87号）"第六十九条　采购人或者采购代理机构应当自中标人确定之日起2个工作日内，在省级以上财政部门指定的媒体上公告中标结果，招标文件应当随中标结果同时公告"的规定。

审计建议：建议 S 单位严格按照政府采购相关规定，做好采购公告和采购结果公开等采购信息公开工作。

第六节

政府采购验收审计

政府采购验收主要包括：采购验收管理制度、验收组织、验收方案、验收方式、验收过程、验收报告、验收责任等。

一、审计目标

目标 1：确认采购验收管理制度规范

目标 2：确认采购验收组织规范

目标 3：确认采购验收方案规范

目标 4：确认采购验收方式规范

目标 5：确认采购验收过程规范

目标 6：确认采购验收报告规范

目标 7：确认采购验收责任明确

二、审计依据

1. 中华人民共和国政府采购法
2. 财政部关于加强政府采购活动内部控制管理的指导意见（财库〔2016〕99 号）
3. 政府采购货物和服务招标投标管理办法（财政部令第 87 号）
4. 财政部关于进一步加强政府采购需求和履约验收管理的指导意见

（财库〔2016〕205 号）

5. 中央国家机关政府采购中心批量集中采购履约管理办法（试行）（国机采字〔2016〕7 号）

三、审计程序和要点

审计目标	可供选择的审计程序和需要关注的审计要点	是否执行	索引号
目标 1 确认采购验收管理制度规范	1. 是否制定采购验收管理内部制度，是否明确职责分工、细化验收程序和权限；是否建立验收管理内部工作机制； 2. 验收内部管理规定是否与现行财政规定保持一致，是否及时更新。	√	
目标 2 确认采购验收组织规范	1. 查阅采购支出凭证和采购档案，检查是否自行组织项目验收或者委托采购代理机构验收； 2. 检查委托采购代理机构履约验收的，是否对验收结果书面确认； 3. 检查是否按要求组建验收小组，是否符合不相容岗位分离要求。	√	
目标 3 确认采购验收方案规范	1. 查阅采购支出凭证和采购档案，查看采购人是否根据项目特点和类型制定完善的验收方案； 2. 验收方案是否明确履约验收的时间、方式、程序等内容； 3. 技术复杂、社会影响较大的货物类项目，是否根据需要设置出厂检验、到货检验、安装调试检验、配套服务检验等多重验收环节； 4. 服务类项目，是否根据项目特点对服务期内的服务实施情况进行分期考核，结合考核情况和服务效果进行验收； 5. 工程类项目，是否按照行业管理部门规定的标准、方法和内容进行验收。	√	
目标 4 确认采购验收方式规范	1. 是否由 2 人以上共同办理履约验收；采购人和使用人分离的采购项目，是否邀请实际使用人参与验收； 2. 邀请其他供应商或第三方专业机构参与验收的，是否将相关验收意见作为验收书的参考资料； 3. 政府向社会公众提供的公共服务项目，验收时是否邀请服务对象参与并出具意见，验收结果是否向社会公告。	√	

续表

审计目标	可供选择的审计程序和需要关注的审计要点	是否执行	索引号
目标5 确认采购验收 过程规范	1. 调阅采购人的政府采购文件、采购合同、验收方案、验收报告，查看是否按采购合同约定对每一项技术、服务、安全标准的履约情况进行确认； 2. 询问中标供应商，政府采购合同签署后是否配合中标（成交）供应商送货及安装。	√	
目标6 确认采购验收 报告规范	1. 检查验收结束后是否出具验收书，列明各项标准的验收情况及项目总体评价，是否由验收双方共同签署； 2. 检查验收结果是否与采购合同约定的资金支付及履约保证金返还条件挂钩； 3. 履约验收的各项资料是否存档备查。	√	
目标7 确认采购验收 责任明确	1. 调阅采购人的采购合同、验收报告、抽查采购付款凭证，查看采购人是否按照合同约定对验收合格的项目及时支付采购资金或退还履约保证金； 2. 对验收不合格的项目是否依法及时处理； 3. 对发现的供应商违法违规情形，是否及时上报本级财政部门。	√	

四、核心知识点

（一）验收组织

采购人或者其委托的采购代理机构应当组织对供应商履约的验收。大型或者复杂的政府采购项目，应当邀请国家认可的质量检测机构参加验收工作。对于批量集中采购项目，由采购人负责组织对批量集中采购项目的履约验收工作。采购人委托采购代理机构进行履约验收的，应当对验收结果进行书面确认（《政府采购法》）。

（二）验收方案

采购人或其委托的采购代理机构应当根据项目特点制定验收方案，明确履约验收的时间、方式、程序等内容。第一，对于技术复杂、社会影响较大的货物类项目，可以根据需要设置出厂检验、到货检验、安装调试检验、配套服务检验等多重验收环节。第二，对于服务类项目，可根据项目特点对服务期内的服务实施情况进行分期考核，结合考核情况和服务效果进行验收。第三，对于工程类项目应当按照行业管理部门规定的标准、方法和内容进行验收（财库〔2016〕205号）。

（三）验收方式

采购人应根据项目特点，建立完善验收方式。第一，对于采购人和使用人分离的采购项目，应当邀请实际使用人参与验收。第二，采购人、采购代理机构可以邀请参加本项目的其他供应商或第三方专业机构及专家参与验收，相关验收意见作为验收书的参考资料。第三，政府向社会公众提供的公共服务项目，验收时应当邀请服务对象参与并出具意见，验收结果应当向社会公告（财库〔2016〕205号）。

（四）验收开展

采购人或者采购代理机构应当成立验收小组，按照采购合同的约定对供应商履约情况进行验收。验收时，应当严格按照采购合同开展履约验收。应当按照采购合同的约定对每一项技术、服务、安全标准的履约情况进行确认。采购人应积极主动配合中标（成交）供应商送货及安装。

验收结束后，验收人员应当出具验收报告并签字，验收方成员应当在验收书上签字，并承担相应的法律责任。验收报告应当列明各项标准的验收情况及项目总体评价等事项。验收结果应当与采购合同约定的资金支付及履约保证金返还条件挂钩。履约验收的各项资料应当存档备查。

（五）验收责任

验收合格的项目，采购人应当根据采购合同的约定及时向供应商支付采购资金、退还履约保证金。验收不合格的项目，采购人应当依法及时处理。采购合同的履行、违约责任和解决争议的方式等适用《中华人民共和国民法典》。供应商在履约过程中有政府采购法律法规规定的违法违规情形，采购人应当及时报告本级财政部门（财库〔2016〕205号）。批量集中采购的履约责任，采购人在规定时间内对中标（成交）供应商履约情况做出评价（国机采字〔2016〕7号）。

第七节
政府采购付款审计

政府采购付款主要包括：采购付款管理制度、付款时间、付款条件、付款金额、付款票据、付款审批程序及权限等。

一、审计目标

目标1：确认政府采购付款管理制度规范

目标2：确认采购付款时间规范

目标3：确认采购付款条件满足

目标4：确认采购付款金额准确

目标5：确认采购付款方式

目标6：确认采购付款票据规范

目标7：确认采购付款审批规范

二、审计依据

1. 内部审计实务指南第2号——物资采购审计

3. 行政事业单位内部控制规范（试行）（财会〔2012〕21号）

3. 政府会计准则制度

4. 关于进一步提高政府采购透明度和采购效率相关事项的通知（财办库〔2023〕243号）

5. 中央财政预算管理一体化资金支付管理办法（试行）》（财库

〔2022〕5号）

6. 中央预算单位公务卡强制结算目录（财库〔2011〕160号）

7. 中央预算单位公务卡管理暂行办法（财库〔2007〕63号）

三、审计程序和要点

审计目标	可供选择的审计程序和需要关注的审计要点	是否执行	索引号
目标1 确认采购付款管理制度规范	1. 是否制定采购付款管理内部制度，是否明确职责分工、细化验收程序和权限； 2. 检查采购付款内部管理规定是否与现行财政规定保持一致，是否及时更新； 3. 采购付款岗位设置是否符合不相容岗位分离要求。	√	
目标2 确认采购付款时间规范	1. 查阅采购支出凭证和采购合同，检查付款时间是否符合合同关于付款时限要求；是否存在提前或滞后付款，原因是否合理； 2. 对于满足合同约定支付条件的，是否自收到发票后10个工作日内将资金支付到合同约定的供应商账户； 3. 办理分期付款时，是否查询前面付款情况，避免重复付款，分期付款是否与合同要求的工作进度保持一致。	√	
目标3 确认采购付款条件满足	1. 查阅采购支出凭证和采购合同，检查付款手续是否符合合同关于付款条件要求；合同原件等付款资料是否齐全，涉及合同调整是否根据补充合同付款；如验收合格后支付尾款，是否提供验收报告等验收证明；如提交发票后支付进度款，检查是否提供等额发票，并核实发票真伪； 2. 存在合同事项调整时，应根据补充协议重新审核付款条件。	√	
目标4 确认采购付款金额准确	1. 查阅采购支出凭证和采购合同，检查付款金额是否符合合同金额约定； 2. 根据政府会计准则制度要求，相应办理应付账款、预付账款、银行存款等核算，核实付款金额与账面金额、票据金额一致性。	√	
目标5 确认采购付款方式	1. 查阅采购支出凭证和采购合同，检查付款方式是否符合合同约定和现行财政规定，低于1 000元可以现金结算，高于1 000元应采用银行转账方式结算，包括银行转账支票、公务卡、网银汇款等方式； 2. 是否符合预算一体化资金支付；符合公务卡强制结算目录规定的支出，需采用公务卡结算付款； 3. 履约保证金和质量保证金是否按原渠道退回。	√	

续表

审计目标	可供选择的审计程序和需要关注的审计要点	是否执行	索引号
目标6 确认采购付款票据规范	1. 查阅采购支出凭证和采购合同，检查付款票据是否符合合同约定和相关财政支出规定； 2. 注意区分是否符合资金往来票据、税务发票和银行回单的相关出具规定。	√	
目标7 确认采购付款审批规范	1. 查阅采购支出凭证和采购合同，检查付款审批程序是否规范，有无超越权限审批支出事项；有无超范围支出事项； 2. 差旅费、会议费、培训费、咨询费支出审批手续应符合国家有关管理规定。	√	

四、具体案例

案例45：工程结算不规范。

案例描述：A单位2019年6月第126号凭证，支付××拆除工程合同价款共190.62万元，未附工程验收和结算审核意见。审计组对项目资料进行审核，发现大量工作联系单，联系单中无论工程内容增减、涉及金额大小，只有该单位基建部门某一管理人员签字，没有其他部门以及分管领导的签字，且均未盖章。经核查相关资料发现，签字时间与实际施工时间差异较大；部分联系单签订金额无依据；施工内容减少未出具联系单；编号混乱等现象。

审计认定：一是上述事项不符合《财政部关于进一步加强政府采购需求和履约验收管理的指导意见》（财库〔2016〕205号）"严格按照采购合同开展履约验收。采购人或者采购代理机构应当成立验收小组，按照采购合同的约定对供应商履约情况进行验收……验收结果应当与采购合同约定的资金支付及履约保证金返还条件挂钩"。二是不符合《行政事业单位内部控制规范（试行）》（财会〔2012〕21号）"第五十七条　财会部门应当根据合同履行情况办理价款结算和进行账务处理。未按照合同条款履约的，财会部门应当在付款之前向单位有关负责人报告"。三是不符合《基本建设财务规则》（财政部令第81号）第二十八条规定"项目建设单位应当严格按照合同约定和工程价款结算程序支付工程款"的规定。

审计建议：建议A单位按照政府采购、基本建设相关规定和采购合同约定，办理工程价款结算。

案例46：未按合同约定办理采购付款。

案例描述：A单位与某建设工程有限公司签订的"1号楼装修修缮改造施工项目合同"，合同约定合同价款310.92万元，该项目的结算审定价为310.14万元。按照合同约定，支付工程尾款前，施工单位应向发包人支付审定金额3%即9.30万元的工程质量保证金。经查阅凭证，A单位在未预留工程质量保证金的情况下，与施工单位结清了全部修缮项目价款。

审计认定：上述事项不符合《财政部关于进一步加强政府采购需求和履约验收管理的指导意见》（财库〔2016〕205号）"严格按照采购合同开展履约验收。采购人或者采购代理机构应当成立验收小组，按照采购合同的约定对供应商履约情况进行验收……验收结果应当与采购合同约定的资金支付及履约保证金返还条件挂钩"、《行政事业单位内部控制规范（试行）》（财会〔2012〕21号）"第五十七条 财会部门应当根据合同履行情况办理价款结算和进行账务处理。未按照合同条款履约的，财会部门应当在付款之前向单位有关负责人报告"和《民法典》"第五百零九条 当事人应当按照约定全面履行自己的义务"等相关规定。

审计建议：建议严格执行政府采购合同约定，根据合同履行情况办理价款结算。

第五章 政府采购监督管理审计

政府采购监督管理主要包括采购争议处理、采购内外监督、采购政策功能、专项采购管理审计等内容。

第一节
政府采购争议处理审计

政府采购争议主要包括：政府采购质疑投诉管理制度、供应商质疑处理、供应商投诉处理等审计内容。

一、审计目标

目标1：确认政府采购争议处理制度规范

目标2：确认供应商询问处理规范

目标3：确认供应商质疑处理规范

目标4：确认供应商投诉处理规范

目标5：确认举报及时处理

二、审计依据

1. 中华人民共和国政府采购法
2. 政府采购质疑和投诉办法（财政部令第94号）

三、审计程序和要点

审计目标	可供选择的审计程序和需要关注的审计要点	是否执行	索引号
目标1 确认采购争议处理制度规范	1. 查阅是否制定采购争议处理内部管理制度，是否明确职责分工、细化工作流程与权限； 2. 抽查采购争议处理规定是否符合国家有关法律法规要求，是否及时更新修订。	√	

续表

审计目标	可供选择的审计程序和需要关注的审计要点	是否执行	索引号
目标 2 确认供应商 询问处理规范	1. 检查供应商对政府采购活动事项有疑问的,并向采购人或者采购代理机构提出询问的,采购人或者采购代理机构是否在 3 个工作日内对供应商依法提出的询问作出答复; 2. 检查供应商提出的询问或者质疑超出采购人对采购代理机构委托授权范围的,采购代理机构是否告知供应商向采购人提出; 3. 检查政府采购评审专家是否配合采购人或者采购代理机构答复供应商的询问和质疑; 4. 检查答复的内容是否未涉及商业秘密。	√	
目标 3 确认供应商 质疑处理规范	1. 检查供应商是否在知道其权益受到损害之日起 7 个工作日内,以书面形式对采购人或委托代理机构提出质疑; 2. 检查采购人或采购代理机构是否在收到供应商书面质疑后 7 个工作日内做出答复,并以书面形式通知质疑供应商和其他有关供应商,关注答复内容不得涉及商业秘密; 3. 供应商对评审过程、中标或者成交结果提出质疑的,查看评标委员会、竞争性谈判小组、询价小组或者竞争性磋商小组是否协助答复质疑; 4. 查看质疑答复文件是否规范完整。	√	
目标 4 确认供应商 投诉处理规范	1. 查看质疑供应商是否在质疑事项答复期满后 15 个工作日向采购人同级政府采购监督管理部门投诉; 2. 查看政府采购监督管理部门是否在收到投诉后 30 个工作日内,对投诉事项进行处理决定,并以书面形式通知投诉人及有关政府采购参加人; 3. 查看投诉人书面申请撤诉的,政府采购监督管理部门是否终止投诉处理程序; 4. 查看投诉处理期间,采购人是否按照政府监督管理部门书面通知意见暂停采购活动,暂停时间不得超过 30 个工作日。	√	
目标 5 确认举报及时 处理	向采购人纪检部门(或纪检员)了解,是否有单位和个人对政府采购活动中的违法行为进行控告和检举,纪检部门(或纪检员)是否受理并依照职责及时处理。	√	

四、核心知识点

(一) 质疑的提出和答复

1. 供应商质疑

供应商认为采购文件、采购过程、中标或者成交结果使自己的权益受到损害的，可以在知道或者应知其权益受到损害之日起 7 个工作日内，以书面形式向采购人、采购代理机构提出质疑。提出质疑的供应商（以下简称质疑供应商）应当是参与所质疑项目采购活动的供应商。潜在供应商已依法获取其可质疑的采购文件的，可以对该文件提出质疑。对采购文件提出质疑的，应当在获取采购文件或者采购文件公告期限届满之日起 7 个工作日内提出（财政部令第 94 号）。

2. 供应商质疑函和必要的证明材料

质疑函应当包括：供应商的姓名或者名称、地址、邮编、联系人及联系电话，质疑项目的名称、编号，具体、明确的质疑事项和与质疑事项相关的请求，事实依据，必要的法律依据，提出质疑的日期。供应商为自然人的，应当由本人签字；供应商为法人或者其他组织的，应当由法定代表人、主要负责人，或者其授权代表签字或者盖章，并加盖公章。

3. 质疑答复

采购人、采购代理机构不得拒收质疑供应商在法定质疑期内发出的质疑函，应当在收到质疑函后 7 个工作日内作出答复，并以书面形式通知质疑供应商和其他有关供应商。质疑答复的内容不得涉及商业秘密。供应商对评审过程、中标或者成交结果提出质疑的，采购人、采购代理机构可以组织原评标委员会、竞争性谈判小组、询价小组或者竞争性磋商小组协助答复质疑。

质疑答复应当包括：质疑供应商的姓名或者名称，收到质疑函的日期、质疑项目名称及编号，质疑事项、质疑答复的具体内容、事实依据和法律依据，告知质疑供应商依法投诉的权利，质疑答复人名称，答复质疑的日期。

4. 质疑答复结果

采购人、采购代理机构认为供应商质疑不成立，或者成立但未对中标、成交结果构成影响的，继续开展采购活动；认为供应商质疑成立且影响或者可能影响中标、成交结果的，按照下列情况处理：一是对采购文件提出的质疑，依法通过澄清或者修改可以继续开展采购活动的，澄清或者修改采购文件后继续开展采购活动；否则应当修改采购文件后重新开展采购活动；二是对采购过程、中标或者成交结果提出的质疑，合格供应商符合法定数量时，可以从合格的中标或者成交候选人中另行确定中标、成交供应商的，应当依法另行确定中标、成交供应商；否则应当重新开展采购活动；三是质疑答复导致中标、成交结果改变的，采购人或者采购代理机构应当将有关情况书面报告本级财政部门。

（二）投诉的提起和处理

1. 供应商投诉

质疑供应商对采购人、采购代理机构的答复不满意，或者采购人、采购代理机构未在规定时间内作出答复的，可以在答复期满后15个工作日内向同级财政部门提起投诉（财政部令第94号）。

2. 投诉书内容

投诉人投诉时，应当提交投诉书和必要的证明材料，并按照被投诉采购人、采购代理机构（以下简称被投诉人）和与投诉事项有关的供应商数量提供投诉书的副本。投诉书应当包括下列内容：投诉人和被投诉人的姓名或者名称、通讯地址、邮编、联系人及联系电话，质疑和质疑答复情况说明及相关证明材料，具体、明确的投诉事项和与投诉事项相关的投诉请求，事实依据，法律依据，提起投诉的日期。投诉人为自然人的，应当由本人签字；投诉人为法人或者其他组织的，应当由法定代表人、主要负责人，或者其授权代表签字或者盖章，并加盖公章。

3. 投诉人提起投诉应当符合的条件

一是提起投诉前已依法进行质疑，二是投诉书内容符合本办法的规定，三是在投诉有效期限内提起投诉，四是同一投诉事项未经财政部门投诉处理，五是财政部规定的其他条件。供应商投诉的事项不得超出已质疑事项的范围，但基于质疑答复内容提出的投诉事项除外。

4. 投诉处理

县级以上各级人民政府财政部门（以下简称财政部门）负责依法处理供应商投诉。政府采购监督管理部门应当在收到投诉后 30 个工作日内，对投诉事项作出处理决定，并以书面形式通知投诉人和与投诉事项有关的政府采购参加人。需要检验、检测、鉴定、专家评审、向有关单位调取证据以及需要有关政府采购参加人补正材料的，所需时间不计算在投诉处理期限内。

5. 投诉处理级次

供应商投诉按照采购人所属预算级次，由本级财政部门处理。跨区域联合采购项目的投诉，采购人所属预算级次相同的，由采购文件事先约定的财政部门负责处理，事先未约定的，由最先收到投诉的财政部门负责处理；采购人所属预算级次不同的，由预算级次最高的财政部门负责处理。

6. 被投诉人和其他当事人职责

被投诉人和其他与投诉事项有关的当事人应当在收到投诉答复通知书及投诉书副本之日起 5 个工作日内，以书面形式向财政部门作出说明，并提交相关证据、依据和其他有关材料。财政部门依法进行调查取证时，投诉人、被投诉人以及与投诉事项有关的单位及人员应当如实反映情况，并提供财政部门所需要的相关材料。应当由投诉人承担举证责任的投诉事项，投诉人未提供相关证据、依据和其他有关材料的，视为该投诉事项不成立；被投诉人未按照投诉答复通知书要求提交相关证据、依据和其他有关材料的，视同其放弃说明权利，依法承担不利后果。

7. 投诉人书面撤回投诉

政府采购监督管理部门受理投诉后，投诉人书面申请撤回投诉的，政府采购监督管理部门应当终止投诉处理程序。

8. 暂停采购活动

政府采购监督管理部门在处理投诉事项期间，可以视具体情况书面通知采购人暂停采购活动，但暂停时间最长不得超过30个工作日。采购人和采购代理机构收到暂停采购活动通知后应当立即中止采购活动，在法定的暂停期限结束前或者财政部门发出恢复采购活动通知前，不得进行该项采购活动。

9. 投诉结果的使用

投诉人对采购文件提起的投诉事项，财政部门经查证属实的，应当认定投诉事项成立。经认定成立的投诉事项不影响采购结果的，继续开展采购活动；影响或者可能影响采购结果的，财政部门按照下列情况处理：一是未确定中标或者成交供应商的，责令重新开展采购活动；二是已确定中标或者成交供应商但尚未签订政府采购合同的，认定中标或者成交结果无效，责令重新开展采购活动；三是政府采购合同已经签订但尚未履行的，撤销合同，责令重新开展采购活动；四是政府采购合同已经履行，给他人造成损失的，相关当事人可依法提起诉讼，由责任人承担赔偿责任。

投诉人对废标行为提起的投诉事项成立的，财政部门应当认定废标行为无效。

五、具体案例

案例47：质疑招标文件未说明采购国产产品。

案例描述： 20××年6月，N单位委托J招标公司就"电子识别系统"进行公开招标。6月2日，J招标公司在中国政府采购网发布招标公告，同时开始发售招标文件。标书发售期间，共有8家供应商购买了招标文件。最终，A公司为中标人。6月24日，投标人B公司向J招标公司提出质疑：本项目招标文件中并未标明采购的产品必须为本国产品，B公司因所投产品中包含进口产品被认定为无效投标。B公司认为此次评标过程存在不公正现象，评标委员会没有按照招标文件进行评标，影响了中标结果，要求重新评标。

J招标公司回复质疑：进口产品供应商不能参与此项目的评标。根据财政部《关于政府采购进口产品管理有关问题的通知》（财办库〔2008〕248号）第五条的规定，此项目视为拒绝进口产品参加。B公司对 J 招标公司质疑答复不满，向财政部门提起投诉。

财政部门调取了本项目的招标文件、投标文件、评标报告及评标录像等材料。调查发现：本项目招标文件中只是列明了拟采购产品的名称、数量、详细技术参数及考核标准，并未规定产品必须为本国产品，也没有明确规定不允许进口产品参加投标。评标录像显示，在评标过程中，评标委员会发现 B 公司的投标产品中包含大量的进口产品，在公证人员的监督下，评标委员会经评议认定，本项目只能采购本国产品，原产地为国外的投标产品均不符合本项目采购需求，因此，在评标报告的"评标结果"中认定 B 公司投标文件为无效投标。

审计认定：《关于政府采购进口产品管理有关问题的通知》（财办库〔2008〕248 号）规定："采购人采购进口产品时，必须在采购活动开始前向财政部门提出申请并获得财政部门审核同意后，才能开展采购活动。在采购活动开始前没有获得财政部门同意而开展采购活动的，视同为拒绝采购进口产品，应当在采购文件中明确作出不允许进口产品参加的规定。未在采购文件中明确规定不允许进口产品参加的，也视为拒绝进口产品参加"。一是投标人 B 公司投标准备不认真，没有了解政府采购法律规定中最起码的原则。政府采购的一项重要原则就是采购本国产品。除非出现法律规定的特殊情况，一般情况下，必须采购本国货物、工程和服务。招标文件没有标明投标产品必须为本国产品，并不意味着可以用进口产品进行投标，允许进口产品投标须在招标文件中进行明示。本案中 B 公司对政府采购相关规定不熟悉，造成其盲目选用进口产品投标，导致其投标被认定为无效投标，失去了中标的机会。二是 J 招标公司和采购人 N 单位编制招标文件不够严谨。招标文件是供应商准备投标、编制投标文件的依据，必须十分清楚、明确，易于理解，这样才能使投标供应商准确领会采购人的需求，并根据自己的实际情况最大程度地提出适于采购需求的投标方案。本项目中，招标公司和采购人没有在招标文件中明示是否允许进口产品参加，虽然这样的做法并不违法，但给投标供应商造成了可以用进口产品投标的误解，导致 B 公司投标无效，某种程度上削弱了本项目的投标竞争，于采购效果无益。

财政部门认为：财政部《关于印发政府采购进口产品管理办法的通知》（财库〔2007〕119号）第四条规定："政府采购应当采购本国产品，确需采购进口产品的，实行审核管理。"财政部《关于政府采购进口产品管理有关问题的通知》（财办库〔2008〕248号）第五条规定："采购人采购进口产品时，必须在采购活动开始前向财政部门提出申请并获得财政部门审核同意后，才能开展采购活动。在采购活动开始前没有获得财政部门同意而开展采购活动的，视同为拒绝采购进口产品，应当在采购文件中明确作出不允许进口产品参加的规定。未在采购文件中明确规定不允许进口产品参加的，也视为拒绝进口产品参加。"本项目中，采购文件中没有明确规定不允许进口产品参加，应当视为拒绝进口产品参加。本案中，B公司所投产品中包括进口产品，应当作为无效投标处理，评标委员会的评审并无错误。综上，财政部门驳回了B公司的投诉。

审计建议：建议N单位今后规范编制采购文件，明确规定不允许进口产品参加。同时，遇到采购质疑时，积极配合财政部门，及时回复相关意见。

第二节

政府采购监督审计

政府采购监督主要包括：政府采购内部监督制度、监督机制、监督内容、监督措施、监督整改等。

一、审计目标

目标1：确认政府采购内部监督制度规范
目标2：确认政府采购内部监督机制健全

目标 3：确认政府采购内部监督内容合理

目标 4：确认政府采购内部监督措施有效

目标 5：确认政府采购内部监督整改到位

二、审计依据

1. 中华人民共和国政府采购法

2. 财政部关于加强政府采购活动内部控制管理的指导意见（财库〔2016〕99 号）

3. 国家卫生健康委关于进一步规范和加强政府采购管理工作的通知（国卫财务函〔2020〕250 号）

三、审计程序和要点

审计目标	可供选择的审计程序和需要关注的审计要点	是否执行	索引号
目标 1 确认政府采购内部监督制度规范	1. 查阅是否制定政府采购内部监督管理制度，是否明确职责分工、细化工作程序和权限； 2. 查看政府采购内部监督管理规定是否符合国家有关法律法规要求，是否及时更新修订。	√	
目标 2 确认政府采购内部监督机制健全	1. 采购人员是否具备相关职业素质和专业技能，是否符合专业岗位任职需求；是否建立定期培训和考核制度； 2. 是否建立审计、纪检共同参与的内部监督机制；是否建立采购管理考核机制，并公布考核结果。	√	
目标 3 确认政府采购内部监督内容合理	1. 监督内容是否完整规范；是否对政府采购制度执行情况、履约守信情况、采购效率、采购质量等进行内部监督； 2. 是否对重大投资项目或政府与社会资本合作项目的采购绩效情况进行监督检查。	√	
目标 4 确认政府采购内部监督措施有效	1. 核实纪检部门电话是否公开，是否畅通问题反馈和受理渠道，是否充分发挥了纪检部门作用； 2. 是否配合各类采购监督检查，如实反映情况，按要求提供有关材料。	√	
目标 5 确认政府采购内部监督整改到位	1. 查看对既往内外部监督检查提出的采购管理问题，是否整改到位；是否重复发生类似问题； 2. 是否修订相关采购内部管理制度，建立长效机制。	√	

四、核心知识点

（一）内部监督的目标

以"分事行权、分岗设权、分级授权"为主线，通过制定制度、健全机制、完善措施、规范流程，逐步形成依法合规、运转高效、风险可控、问责严格的政府采购内部运转和管控制度，做到约束机制健全、权力运行规范、风险控制有力、监督问责到位，实现对政府采购活动内部权力运行的有效制约（财库〔2016〕99号）。

要将政府采购管理作为本单位内部控制管理重要内容，建立权责清晰、岗位分离、相互制衡的内控体系（国卫财务函〔2020〕250号）。

（二）主要措施

1. 归口管理

采购人应当做好政府采购业务的内部归口管理和所属单位管理，明确内部工作机制，重点加强对采购需求、政策落实、信息公开、履约验收、结果评价等的管理。归口管理部门应当牵头建立本单位政府采购内部控制制度，明确本单位相关部门在政府采购工作中的职责与分工，建立政府采购与预算、财务（资金）、资产、使用等业务机构或岗位之间沟通协调的工作机制，共同做好编制政府采购预算和实施计划、确定采购需求、组织采购活动、履约验收、答复询问质疑、配合投诉处理及监督检查等工作。

2. 明确委托代理权利义务

委托采购代理机构采购的，采购人应当和采购代理机构依法签订政府采购委托代理协议，明确代理采购的范围、权限和期限等具体事项。采购代理机构应当严格按照委托代理协议开展采购活动，不得超越代理权限。

3. 强化内部监督

采购人应当发挥内部审计、纪检监察等机构的监督作用，加强对采购执行和监管工作的常规审计和专项审计。畅通问题反馈和受理渠道，通过检查、考核、设置监督电话或信箱等多种途径查找和发现问题，有效分析、预判、管理、处置风险事项。

4. 具体内控措施

一是合理设置岗位，明确岗位职责、权限和责任主体，细化各流程、各环节的工作要求和执行标准。二是建立岗位间的制衡机制，采购需求制定与内部审核、采购文件编制与复核、合同签订与验收等岗位原则上应当分开设置。三是采购人对于评审现场组织、单一来源采购项目议价、合同签订、履约验收等相关业务，原则上应当由 2 人以上共同办理，并明确主要负责人员。四是采购人应当按规定建立轮岗交流制度，按照政府采购岗位风险等级设定轮岗周期，风险等级高的岗位原则上应当缩短轮岗年限。不具备轮岗条件的应当定期采取专项审计等控制措施。建立健全政府采购在岗监督、离岗审查和项目责任追溯制度。五是明确不同级别的决策权限和责任归属，按照分级授权的决策模式，建立与组织机构、采购业务相适应的内部授权管理体系。六是加强对采购活动的流程控制，突出重点环节，确保政府采购项目规范运行（财库〔2016〕99 号）。

第三节

政府采购政策功能审计

政府采购政策功能主要包括：正版软件、进口产品、节能、环保产品、信息安全产品、中小企业、脱贫地区农副产品、绿色建材产品等。

一、正版软件采购管理审计

（一）审计目标

目标 1：确认正版软件采购内部管理制度规范
目标 2：确认正版软件采购过程规范

目标 3：确认正版软件采购后续管理规范

（二）审计依据

1. 国务院办公厅关于印发政府机关使用正版软件管理办法的通知（国办发〔2013〕88 号）

2. 财政部关于进一步规范和加强政府机关软件资产管理的意见（财行〔2011〕7 号）

（三）审计程序和要点

审计目标	可供选择的审计程序和需要关注的审计要点	是否执行	索引号
目标 1 确认正版软件采购制度规范	1. 查看是否制定正版软件采购管理制度，是否明确职责分工、细化工作流程和权限；是否建立考核评议制度和责任追究制度； 2. 查看正版软件采购管理规定是否符合国家有关法律法规要求，是否及时更新修订。	√	
目标 2 确认正版软件采购过程规范	1. 检查正版软件采购是否编制政府采购计划和政府采购预算；购置计算机办公设备时，应当采购预装正版操作系统软件的计算机产品，对需要购置的办公软件和杀毒软件一并作出购置计划； 2. 调阅采购档案和采购支出凭证，对需要购置的纳入政府集中采购目录的软件，检查是否依法实行政府采购； 3. 检查所有计算机办公设备及系统是否使用正版软件。	√	
目标 3 确认正版软件采购后续管理规范	1. 检查正版软件是否作为国有资产，纳入本单位无形资产统一管理； 2. 检查是否明确需采购软件的兼容性、授权方式、信息安全、使用年限、技术支持与软件升级等售后服务要求； 3. 是否将使用正版软件工作纳入年度考核；是否定期对使用正版软件工作进行考核、评议。	√	

（四）核心知识点

1. 软件的范围

软件包括计算机操作系统软件、办公软件和杀毒软件三类通用软件。

2. 总体要求

各级政府机关的计算机办公设备及系统必须使用正版软件，禁止使用未经授权和未经软件产业主管部门登记备案的软件。各级政府机关工作人员不得随意在计算机办公设备及系统中安装或卸载软件。

3. 软件采购

各级政府机关采购软件应当严格执行《政府采购法》的有关规定，严格遵守国家软件产品管理制度，采购软件产业主管部门登记备案的软件产品。一是规范政府采购软件行为，建立健全相关工作机制，准确核实拟采购软件的知识产权状况，防止侵权盗版软件产品进入政府采购渠道。二是应当明确需采购软件的兼容性、授权方式、信息安全、使用年限、技术支持与软件升级等售后服务要求，对需要购置的纳入政府集中采购目录的软件，依法实行政府采购。三是购置计算机办公设备时，应当采购预装正版操作系统软件的计算机产品，对需要购置的办公软件和杀毒软件一并作出购置计划。

4. 资产管理

各级政府机关通过各种方式形成的软件资产均属于国有资产，应当按照《固定资产分类与代码》（GB/T 14885—2010）等有关国家标准和规定纳入部门资产管理体系，软件配置、使用、处置等应当严格执行国有资产管理相关制度，防止因机构调整、系统或软件版本升级、系统或设备更新和损毁等造成软件资产流失或非正常贬值。各级政府机关应当根据不同软件资产的特点，坚持制度手段、技术手段并重，有针对性地实施软件资产日常管理和维护。

5. 监督管理

各级政府应当将使用正版软件工作纳入年度考核，建立考核评议制度和责任追究制度，定期对使用正版软件工作进行考核、评议。对未按要求完成软件摸查、采购、安装验收、资产管理、年度报告、长效机制建设等工作的，由本级政府或上级政府有关部门依法依规对相关责任人进行诫勉谈话或给予处分。

6. 适用范围

政府机关以外的其他国家机关、事业单位、人民团体和免予登记的社会团体使用正版软件工作，参照执行。

（五）具体案例

案例48：正版软件采购计划、履约验收、资产管理不合规。

案例描述： 审计组对某政府部门开展正版软件采购专项审计。通过现场审计，发现采购人在编制计算机办公设备（包括台式计算机和便携式计算机）政府采购实施计划时，未将预装的正版操作系统软件和需要购置的办公软件、杀毒软件经费一并列入。审计组提出查看正版软件采购履约验收记录和资产台账，发现部分计算机操作系统无正版序列号对应，正版软件未作为国有资产，纳入单位资产台账。

审计认定： 上述事项不符合《国务院办公厅关于印发政府机关使用正版软件管理办法的通知》（国办发〔2013〕88号）"第六条……各级政府机关购置计算机办公设备时，应当采购预装正版操作系统软件的计算机产品，对需要购置的办公软件和杀毒软件一并作出购置计划。第七条 各级政府机关通过各种方式形成的软件资产均属于国有资产，应当按照《固定资产分类与代码》（GB/T 14885－2010）等有关国家标准和规定纳入部门资产管理体系，软件配置、使用、处置等应当严格执行国有资产管理相关制度，防止因机构调整、系统或软件版本升级、系统或设备更新和损毁等造成软件资产流失或非正常贬值。各级政府机关应当根据不同软件资产的特点，坚持制度手段、技术手段并重，有针对性地实施软件资产日常管理和维护。各级政府机关应当完善有关标准和管理工作程序，实现软件资产管理与预算管理、政府采购、财务管理、信息技术管理相结合。"

审计建议： 一是预装的正版操作系统软件和需要购置的办公软件、杀毒软件经费应纳入采购计划，其中，预装到计算机办公设备中的操作系统软件并入计算机办公设备硬件经费预算内，办公软件和杀毒软件单独列示。软件价格要符合财政部发布的《政府机关通用办公软件资产配置标准（试行）》的要求。二是采购人要加强对计算机软硬件采购的履约验收并出具验收书，重点验收新购计算机预装操作系统是否符合政府机关使用要求、有无正版序列号与之对应、预装标签是否齐全，办公软件和杀毒软件是否有合法授权。各部门、各单位要将采购的正版软件作为国有资产，纳入本单位自查管理体系，通过建立配置、使用、处置等制度实施长效管理。

二、进口产品采购管理审计

（一）审计目标

目标1：确认进口产品采购内部管理制度规范

目标2：确认进口产品采购资料规范

目标3：确认进口产品采购程序规范

（二）审计依据

1. 中华人民共和国政府采购法
2. 财政部关于印发《政府采购进口产品管理办法》的通知（财库〔2007〕119号）
3. 关于政府采购进口产品管理有关问题的通知（财办库〔2008〕248号）
4. 关于简化优化中央预算单位变更政府采购方式和采购进口产品审批审核有关事宜的通知（财办库〔2016〕416号）
5. 财政部关于完善中央单位政府采购预算管理和中央高校、科研院所科研仪器设备采购管理有关事项的通知（财库〔2016〕194号）

（三）审计程序和要点

审计目标	可供选择的审计程序和需要关注的审计要点	是否执行	索引号
目标1 确认进口产品采购管理制度规范	1. 查看是否制定进口产品采购内部管理制度，是否明确职责分工、细化工作流程和权限； 2. 查看进口产品采购内部管理规定是否符合国家有关法律法规要求，是否及时更新修订。	√	

续表

审计目标	可供选择的审计程序和需要关注的审计要点	是否执行	索引号
目标2 确认进口产品 采购资料规范	1. 拟采购进口产品，报财政部门审核的资料包括：①政府采购进口产品申请表；②关于鼓励进口产品的国家法律法规政策文件复印件；③进口产品所属行业的设区的市、自治州以上主管部门出具的《政府采购进口产品所属行业主管部门意见》；④专家组出具的《政府采购进口产品专家论证意见》； 2. 拟采购的进口产品属于国家法律法规政策明确规定鼓励进口产品的，在报财政部门审核时，应当出具第①、②项材料； 3. 拟采购的进口产品属于国家法律法规政策明确规定限制进口产品的，在报财政部门审核时，应当出具第①、③、④项材料。	√	
目标3 确认进口产品 采购程序规范	1. 政府采购进口产品是否采取公开招标方式。因特殊情况需要采用公开招标以外的采购方式的，是否按照政府采购有关规定执行； 2. 进口产品在采购活动开始前，是否向财政部门提出申请并获得财政部门审核同意；采购活动组织开始后才报经财政部门审核同意的采购活动，属于违规行为； 3. 注意核实未在采购文件中明确规定不允许进口产品参加的，也视为拒绝进口产品参加； 4. 检查中央高校、科研院所是否通过采购计划系统对采购进口科研仪器设备进行备案，可单次或分次批量在采购计划系统"中央高校、科研院所科研仪器设备进口"模块中编报采购计划； 5. 因产品的一致性或者服务配套要求，需要继续从原供应商处添购原有采购项目的，不需要重新审核，但添购资金总额不超过原合同采购金额的10%，注意审计把握核实； 6. 政府采购进口产品合同履行中，采购人确需追加与合同标的相同的产品，在不改变合同其他条款的前提下，且所有补充合同的采购金额不超过原合同采购金额的10%，可以与供应商协商签订补充合同，不需要重新审核，注意审计把握核实。	√	

（四）核心知识点

1. 政府采购支持本国产业政策

除在中国境内无法获取或者无法以合理的商业条件获取外，政府采购应当采购本国货物、工程和服务。中国境内生产产品达到规定的附加值比例等条件的，应当在政府采购活动中享受评审优惠。本国货物、工程和服务的界定，依照国务院有关规定执行。

2. 进口产品定义及采购管理

进口产品是指通过中国海关报关验放进入中国境内且产自关境外的产品。政府采购应当采购本国产品，确需采购进口产品的，实行审核管理。采购人采购进口产品时，应当坚持有利于本国企业自主创新或消化吸收核心技术的原则，优先购买向我方转让技术、提供培训服务及其他补偿贸易措施的产品。

3. 适用范围

各级国家机关、事业单位和团体组织使用财政性资金采购省级以上人民政府公布的政府集中采购目录以内或者采购限额标准以上的进口产品，适用进口产品管理办法。

第一，采购进口产品实行集中论证和统一报批。主管预算单位应按年度汇总所属预算单位的采购进口产品申请，组织专家集中论证后向财政部（国库司）申报，财政部（国库司）统一批复。时间紧急或临时增加的采购项目可单独申报和批复。

第二，采购人报财政部门审核时，应当出具的材料包括：①政府采购进口产品申请表；②关于鼓励进口产品的国家法律法规政策文件复印件；③进口产品所属行业的设区的市、自治州以上主管部门出具的《政府采购进口产品所属行业主管部门意见》；④专家组出具的《政府采购进口产品专家论证意见》。

采购人拟采购的进口产品属于国家法律法规政策明确规定鼓励进口产品的，在报财政部门审核时，应当出具第①、②项材料。

采购人拟采购的进口产品属于国家法律法规政策明确规定限制进口产品的，在报财政部门审核时，应当出具第①、③、④项材料。

采购人拟采购其他进口产品的，在报财政部门审核时，应当出具第①项材料，并同时出具第③项或者第④项材料。

第三，专家组应当由五人以上的单数组成，其中，必须包括一名法律专家，产品技术专家应当为非本单位并熟悉该产品的专家。采购人代表不得作为专家组成员参与论证。参与论证的专家不得作为采购评审专家参与同一项目的采购评审工作。

要点提示：

  中央高校、科研院所采购进口科研仪器设备，报批流程优于一般进口产品采购，按规定做好专家论证工作，参与论证的专家可自行选定，专家论证意见随采购文件存档备查。中央高校、科研院所通过采购计划系统对采购进口科研仪器设备进行备案，可单次或分次批量在采购计划系统"中央高校、科研院所科研仪器设备进口"模块中编报采购计划。

4. 采购管理

政府采购进口产品应当以公开招标为主要方式。因特殊情况需要采用公开招标以外的采购方式的，按照政府采购有关规定执行。采购人及其委托的采购代理机构在采购进口产品的采购文件中应当载明优先采购向我国企业转让技术、与我国企业签订消化吸收再创新方案的供应商的进口产品。

采购人采购进口产品时，必须在采购活动开始前向财政部门提出申请并获得财政部门审核同意后，才能开展采购活动。在采购活动开始前没有获得财政部门同意而开展采购活动的，视同为拒绝采购进口产品，应当在采购文件中明确作出不允许进口产品参加的规定。未在采购文件中明确规定不允许进口产品参加的，也视为拒绝进口产品参加。采购活动组织开始后才报经财政部门审核同意的采购活动，属于违规行为。

财政部门审核同意购买进口产品的，应当在采购文件中明确规定可以采购进口产品，但如果因信息不对称等原因，仍有满足需求的国内产品要求参与采购竞争的，采购人及其委托的采购代理机构不得对其加以限制，应当按照公平竞争原则实施采购。

采购人因产品的一致性或者服务配套要求，需要继续从原供应商处添购原有采购项目的，不需要重新审核，但添购资金总额不超过原合同采购金额的10%。

5. 进口产品合同签订和履约

政府采购进口产品合同应当将维护国家利益和社会公共利益作为必备条款。合同履行过程中出现危害国家利益和社会公共利益问题的，采购人应当立即终止合同。

（五）具体案例

案例49：进口产品采购对投标人实行差别待遇。

案例描述： W医院通过竞争性谈判采购进口设备，在采购文件中规定只接受进口产品。

审计认定： 上述做法不符合《关于政府采购进口产品管理有关问题的通知》（财办库〔2008〕248号）第五条"财政部门审核同意购买进口产品的，应当在采购文件中明确规定可以采购进口产品，但如果因信息不对称等原因，仍有满足需求的国内产品要求参与采购竞争的，采购人及其委托的采购代理机构不得对其加以限制，应当按照公平竞争原则实施采购。"

审计建议： 财政部核准的进口产品采购项目，也应当按照公平竞争原则实施采购，不能拒绝国内产品投标、响应，不能在评审中歧视国内产品，也不能排斥国内产品中标、成交。

三、节能、环保产品采购管理审计

（一）审计目标

目标1：确认节能、环保产品采购管理制度规范
目标2：确认采购货物属于节能、环保产品
目标3：确认节能、环保产品采购程序规范

（二）审计依据

1. 财政部 发展改革委 生态环境部 市场监管总局关于调整优化节能产品、环境标志产品政府采购执行机制的通知（财库〔2019〕9号）

2. 关于印发节能产品政府采购品目清单的通知（财库〔2019〕19 号）

3. 关于印发环境标志产品政府采购品目清单的通知（财库〔2019〕18 号）

4. 国务院办公厅关于建立政府强制采购节能产品制度的通知（国办发〔2007〕51 号）

（三）审计程序和要点

审计目标	可供选择的审计程序和需要关注的审计要点	是否执行	索引号
目标 1 确认节能、环保产品采购管理制度规范	1. 查看是否制定节能、环保产品采购内部管理制度，是否明确职责分工、细化工作流程和权限； 2. 查看节能、环保产品采购内部管理规定是否符合国家有关法律法规要求，是否及时更新修订。	√	
目标 2 确认属于节能、环保产品	1. 检查采购的产品是否属于品目清单范围； 2. 是否对获得国家确定的认证机构出具的、处于有效期之内的节能产品、环境标志产品认证证书的产品实施政府优先采购； 3. 是否对以"★"标注的产品强制采购。	√	
目标 3 确认节能、环保产品采购程序规范	1. 检查招标文件中是否明确载明对产品的节能、环保要求、对节能、环保产品的优惠幅度，以及评审标准和方法等，以体现优先采购的导向； 2. 拟采购产品属于节能、环保产品政府采购清单规定必须强制采购的，是否在招标文件中明确载明，并在评审标准中予以充分体现； 3. 采购招标文件是否未指定特定的节能、环保产品或供应商，未含有倾向性或者排斥潜在供应商的内容，以达到充分竞争、择优采购的目的。	√	

（四）核心知识点

1. 总体要求

各级政府机构使用财政性资金进行政府采购活动时，在技术、服务等指标满足采购需求的前提下，要优先采购节能产品，对部分节能效果、性能等达到要求的产品，实行强制采购，以促进节约能源，保护环境，降低政府机构能源费用开支（国办发〔2007〕51 号）。

2. 实施品目清单管理

财政部、发展改革委、生态环境部等部门根据产品节能环保性能、技术水平和市场成熟程度等因素,确定实施政府优先采购和强制采购的产品类别及所依据的相关标准规范,以品目清单的形式发布并适时调整。

采购人拟采购的产品属于品目清单范围的,采购人及其委托的采购代理机构应当依据国家确定的认证机构出具的、处于有效期之内的节能产品、环境标志产品认证证书,对获得证书的产品实施政府优先采购或强制采购(以"★"标注的为政府强制采购产品)。对于已列入品目清单的产品类别,采购人可在采购需求中提出更高的节约资源和保护环境要求,对符合条件的获证产品给予优先待遇。对于未列入品目清单的产品类别,鼓励采购人综合考虑节能、节水、环保、循环、低碳、再生、有机等因素,参考相关国家标准、行业标准或团体标准,在采购需求中提出相关绿色采购要求,促进绿色产品推广应用(财库〔2019〕9号)。

3. 采购文件的要求

采购单位应在政府采购招标文件(含谈判文件、询价文件)中载明对产品的节能、环保要求、对节能、环保产品的优惠幅度,以及评审标准和方法等,以体现优先采购的导向。拟采购产品属于节能、环保产品政府采购清单规定必须强制采购的,应当在招标文件中明确载明,并在评审标准中予以充分体现。同时,采购招标文件不得指定特定的节能产品或供应商,不得含有倾向性或者排斥潜在供应商的内容,以达到充分竞争、择优采购的目的。

4. 监督检查

各级财政部门要切实加强对政府采购节能、环保产品的监督检查,加大对违规采购行为的处罚力度。对未按强制采购规定采购节能、环保产品的单位,财政部门要及时采取有效措施责令其改正。拒不改正的,属于采购单位责任的,财政部门要给予通报批评,并不得拨付采购资金;属于政府采购代理机构责任的,财政部门要依法追究相关单位和责任人员的责任。

（五）具体案例

案例 50：强制节能产品提供资料不符合要求导致投标无效。

案例描述：A 单位会议系统政府采购项目，预算 360 万元，项目中采购的计算机设备和投影仪，属于节能产品，但 A 单位和 B 代理机构未在招标文件中明确载明，未在评审标准中予以充分体现。

审计认定：《关于印发节能产品政府采购品目清单的通知》（财库〔2019〕19 号）包含"计算机设备、输入输出设备、投影仪、多功能一体机、泵、制冷空调设备、电机、变压器、镇流器、生活用电器、照明设备、电视设备、视频设备、饮食炊事机械、便器、水嘴、便器冲洗阀、淋浴器"。上述做法不符合《国务院办公厅关于建立政府强制采购节能产品制度的通知》（国办发〔2007〕51 号）"拟采购产品属于节能产品政府采购清单规定必须强制采购的，应当在招标文件中明确载明，并在评审标准中予以充分体现。同时，采购招标文件不得指定特定的节能产品或供应商，不得含有倾向性或者排斥潜在供应商的内容，以达到充分竞争、择优采购的目的"的规定。

审计建议：建议 A 单位采购内容包含政府强制采购节能产品时，在招标文件和评审标准中予以充分体现，并要求投标人提供依据国家确定的、认证机构出具的、处于有效期之内的节能产品认证证书。

四、信息安全产品采购管理审计

（一）审计目标

目标 1：确认信息安全产品采购内部管理制度规范

目标 2：确认采购信息安全产品经具备资格的机构安全认证合格或者符合安全检测要求

目标 3：确认云计算服务采购符合安全要求

(二) 审计依据

1. 中华人民共和国网络安全法
2. 关于调整《网络关键设备和网络安全专用产品目录》的公告（2023 年第 2 号）
3. 国家认监委 工业和信息化部 公安部 国家互联网信息办公室关于发布承担网络关键设备和网络安全专用产品安全认证和安全检测任务机构名录（第一批）的公告（2018 年第 12 号）
4. 关于统一发布网络关键设备和网络安全专用产品安全认证和安全检测结果的公告（2022 年第 1 号）
5. 关于调整网络安全专用产品安全管理有关事项的公告（2023 年第 1 号）
6. 国家互联网信息办公室有关负责人就《关于调整网络安全专用产品安全管理有关事项的公告》答记者问
7. 关于加强党政部门云计算服务网络安全管理的意见（中网办发文〔2014〕14 号）
8. 关于信息安全产品实施政府采购的通知（财库〔2010〕48 号，于 2023 年 7 月 1 日起停止执行）

(三) 审计程序和要点

审计目标	可供选择的审计程序和需要关注的审计要点	是否执行	索引号
目标 1 确认信息安全产品采购管理制度规范	1. 查看是否制定信息安全产品采购内部管理制度，是否明确职责分工、细化工作流程和权限； 2. 查看信息安全产品采购内部管理规定是否符合国家有关法律法规要求，是否及时更新修订。	√	
目标 2 确认采购信息安全产品经具备资格的机构安全认证合格或者符合安全检测要求	1. 2023 年 7 月 1 日（含）后采购信息安全产品，是否按照《网络关键设备和网络安全专用产品目录》采购经具备资格的机构认证或检测的信息安全产品； 2. 2023 年 7 月 1 日前采购信息安全产品，是否在政府采购招标文件（包括谈判文件、询价文件）中载明对产品获得信息安全认证的要求，是否要求产品供应商提供由中国信息安全认证中心按国家标准认证颁发的有效认证证书。	√	

续表

审计目标	可供选择的审计程序和需要关注的审计要点	是否执行	索引号
目标3 确认云计算服务采购符合安全要求	调阅采购人"三重一大"会议纪要、信息系统管理制度、网络安全管理制度、云计算服务采购文件、云计算服务采购合同，检查采购人是否在云计算服务中执行网络安全管理的基本要求： 1. 是否在制度中明确采购人是网络安全的最终责任人； 2. 是否明确数据归属权。采购人提供给服务商的数据、设备等资源，以及云计算平台上党政业务系统运行过程中收集、产生、存储的数据和文档等资源属采购人所有； 3. 是否要求服务商应遵守党政信息系统的网络安全政策规定、信息安全等级保护要求、技术标准，落实安全管理和防护措施，接受采购人和网络安全主管部门的网络安全监管； 4. 是否落实敏感信息不出境，为采购人提供服务的云计算服务平台、数据中心等要设在境内； 5. 是否合理确定采用云计算服务的数据和业务范围； 6. 是否明确合同双方的网络安全责任义务，是否要求直接参与业务系统运行管理的服务商人员签订安全保密协议。	√	

（四）核心知识点

1. 信息安全产品强制性要求

网络产品、服务应当符合相关国家标准的强制性要求。网络关键设备和网络安全专用产品应当按照相关国家标准的强制性要求，由具备资格的机构安全认证合格或者安全检测符合要求后，方可销售或者提供。国家网信部门会同国务院有关部门制定、公布网络关键设备和网络安全专用产品目录，并推动安全认证和安全检测结果互认，避免重复认证、检测（中华人民共和国网络安全法）。

2. 信息安全产品目录

2017年，国家网信办会同相关部门发布了《网络关键设备和网络安全专用产品目录（第一批）》。2023年，发布了《关于调整〈网络关键设备和网络安全专用产品目录〉的公告》，对网络安全产品包含的范围进行拓展。其中，网络关键设备包括路由器、交换机、服务器（机架式）和可编程逻辑控制器（PLC设备）4类；网络安全产品由第一批的11类拓展到

34类，包括数据备份与恢复产品、防火墙、入侵检测系统、入侵防御系统、网络和终端隔离产品、反垃圾邮件产品、网络安全审计产品、网络脆弱性扫描产品、安全数据库系统、网站数据恢复产品等。产品目录通过性能指标界定了范围。列入这个目录且在性能指标要求范围内的网络安全专用产品，需要按照《关于调整网络安全专用产品安全管理有关事项的公告》（2023年第1号）要求进行安全认证或安全检测（2023年第2号）。

3. 承担安全认证和安全检测任务的机构

2018年国家认监委联合四部门发布了承担网络关键设备和网络安全专用产品安全认证和安全检测任务的机构名录（第一批），共16家，其中中国信息安全认证中心承担网络关键设备和网络安全专用产品安全认证，中国信息通信研究院/中国泰尔实验室等11家单位承担网络关键设备安全检测，公安部计算机信息系统安全产品质量监督检验中心等4家单位承担网络安全专用产品安全检测（2018年第12号）。

4. 安全认证和安全检测结果的发布

国家网信办会同四部门统一发布网络关键设备和网络安全专用产品安全认证和安全检测结果（以下简称认证和检测结果），对经具备资格的机构安全认证或检测，符合相关国家标准强制性要求的产品予以公布。认证和检测结果通过中国网信网、工业和信息化部网站、公安部网站和认监委网站同步公布和更新（2022年第1号）。

5. 采购云计算服务网络的安全要求

党政部门在采购使用云计算服务过程中应遵守党政部门云计算服务网络安全管理的基本要求，并通过合同等手段要求为党政部门提供云计算服务的服务商遵守以下要求：

一是安全管理责任不变。网络安全管理责任不随服务外包而外包，无论党政部门数据和业务是位于内部信息系统还是服务商云计算平台上，党政部门始终是网络安全的最终责任人，应加强安全管理，通过签订合同、持续监督等方式要求服务商严格履行安全责任和义务，确保党政部门数据和业务的机密性、完整性、可用性，以及互操作性、可移植性。

二是数据归属关系不变。党政部门提供给服务商的数据、设备等资源,以及云计算平台上党政业务系统运行过程中收集、产生、存储的数据和文档等资源属党政部门所有。服务商应保障党政部门对这些资源的访问、利用、支配,未经党政部门授权,不得访问、修改、披露、利用、转让、销毁党政部门数据;在服务合同终止时,应按要求做好数据、文档等资源的移交和清除工作。

三是安全管理标准不变。承载党政部门数据和业务的云计算平台要参照党政信息系统进行网络安全管理,服务商应遵守党政信息系统的网络安全政策规定、信息安全等级保护要求、技术标准,落实安全管理和防护措施,接受党政部门和网络安全主管部门的网络安全监管。

四是敏感信息不出境。为党政部门提供服务的云计算服务平台、数据中心等要设在境内。敏感信息未经批准不得在境外传输、处理、存储(中网办发文〔2014〕14号)。

6. 采用云计算服务的数据和业务范围

党政部门要参照《信息安全技术云计算服务安全指南》等国家标准,对数据的敏感程度、业务的重要性进行分类,全面分析、综合平衡采用云计算服务后的安全风险和效益,科学规划和确定采用云计算服务的数据、业务范围和进度安排。对于涉及国家秘密、工作秘密的业务,不得采用社会化云计算服务。对于包含大量敏感信息和公民隐私信息、直接影响党政机关运转和公众生活工作的关键业务,应在确保安全的前提下再考虑向云计算平台迁移。对于保护等级四级以上的信息系统,以及一旦出现问题可能造成重大经济损失,甚至危害国家安全的业务不宜采用社会化云计算服务(中网办发文〔2014〕14号)。

7. 加强云计算服务过程的持续指导和监督

党政部门应按照合同管理等有关要求,参考相关技术标准和指南,同服务商签订服务合同、协议。合同和协议要充分体现网络安全管理要求,明确合同双方的网络安全责任义务。直接参与党政业务系统运行管理的服务商人员应签订安全保密协议,必要时要对其进行背景调查(中网办发文〔2014〕14号)。

要点提示:

依据《中华人民共和国网络安全法》和《关于调整网络安全专用

产品安全管理有关事项的公告》（2023年第1号）相关规定，为推动安全认证和安全检测结果互认，避免重复认证、检测，自2023年7月1日起，在政府采购活动中采购网络安全产品的，不需产品提供国家信息安全产品认证证书。2023年7月1日前，各级国家机关、事业单位和团体组织（以下统称采购人）使用财政性资金采购信息安全产品（按照《网络关键设备和网络安全专用产品目录》执行）的，依据财库〔2010〕48号（该文于2023年7月1日起停止执行），应当采购经国家认证的信息安全产品。在政府采购招标文件（包括谈判文件、询价文件）中应当载明对产品获得信息安全认证的要求，并要求产品供应商提供由中国信息安全认证中心按国家标准认证颁发的有效认证证书。

（五）具体案例

案例51：供应商未提供信息安全设备认证。

案例描述：2022年A事业单位采购信息安全产品（防火墙、智能卡COS、安全路由器、网络脆弱性扫描、入侵检测IDS等），其中信息中心58万元（负责本单位网络信息系统管理）、监测部95万元（负责运行全国某领域2个监测直报网络）、考评部77万元（负责运行全国某领域考核系统），总金额为230万元，全部在同一履职运行项目支出，未按照公开招标方式采购，由各部门分别采购。经查，部分信息安全产品不属于中国信息安全认证中心依法进行认证的产品。

审计认定：根据《关于调整网络安全专用产品安全管理有关事项的公告》（2023年第1号）文件规定，2023年7月1日之前，在政府采购活动中采购网络安全产品的，仍然执行原规定，即国家信息安全产品认证在《政府采购法》规定的范围内强制实施，各级国家机关、事业单位和团体组织使用财政性资金采购信息安全产品的，应当采购经国家认证的信息安全产品。

2023年7月1日起，在政府采购活动中采购网络安全产品的，不需产品提供国家信息安全产品认证证书。政府采购活动中不得要求或者采取加分等措施变相要求投标产品同时满足安全认证合格和安全检测符合要求。

审计建议：该项信息安全产品采购时间是 2022 年，因此应为中国信息安全认证中心依法进行认证的产品，且对于同一采购项目下的不同品目的产品，能够合并采购的，采购人原则上应当合并采购，不宜拆分。

五、中小企业采购政策审计

（一）审计目标

目标 1：确认中小企业采购政策落实管理制度

目标 2：确认供应商是否属于中小企业

目标 3：确认中小企业采购政策落实情况

（二）审计依据

1. 中华人民共和国中小企业促进法（2017 年修订）
2. 国务院关于进一步促进中小企业发展的若干意见（国发〔2009〕36 号）
3. 政府采购促进中小企业发展管理办法（财库〔2020〕46 号）
4. 《政府采购促进中小企业发展政策问答》
5. 财政部关于进一步加大政府采购支持中小企业力度的通知（财库〔2022〕19 号）
6. 关于促进残疾人就业政府采购政策的通知（财库〔2017〕141 号）
7. 财政部 司法部关于政府采购支持监狱企业发展有关问题的通知（财库〔2014〕68 号）
8. 关于印发中小企业划型标准规定的通知（工信部联企业〔2011〕300 号）

（三）审计程序和要点

审计目标	可供选择的审计程序和需要关注的审计要点	是否执行	索引号
目标 1 确认中小企业采购政策落实管理制度	1. 查看是否制定中小企业采购政策内部管理制度，是否明确职责分工、细化工作流程和权限；是否提高中小企业在政府采购中的份额；		

续表

审计目标	可供选择的审计程序和需要关注的审计要点	是否执行	索引号
目标1 确认中小企业采购政策落实管理制度	2. 查看中小企业采购政策内部管理规定是否符合国家有关法律法规要求，是否及时更新修订。	√	
目标2 确认供应商是否属于中小企业	1. 查看中小企业参加政府采购活动，是否出具《中小企业声明函》； 2. 查看在货物采购项目中，货物是否由中小企业制造，是指货物由中小企业生产且使用该中小企业商号或者注册商标； 3. 在工程采购项目中，工程是否由中小企业承建，是指工程施工单位为中小企业； 4. 在服务采购项目中，服务是否由中小企业承接，是指提供服务的人员为中小企业依照《中华人民共和国劳动合同法》订立劳动合同的从业人员； 5. 查看符合条件的残疾人福利性单位参加政府采购活动，是否出具《残疾人福利性单位声明函》； 6. 查看监狱企业参加政府采购活动时，是否提供由省级以上监狱管理局、戒毒管理局（含新疆生产建设兵团）出具的属于监狱企业的证明文件。	√	
目标3 确认是否落实中小企业采购政策	1. 检查采购人在规范需求管理，在资格条件设置中是否对中小企业实行差别待遇或者歧视待遇：在政府采购活动中是否合理确定采购项目的采购需求；不得以企业注册资本、资产总额、营业收入、从业人员、利润、纳税额等规模条件和财务指标作为供应商的资格要求或者评审因素；不得在企业股权结构、经营年限等方面对中小企业实行差别待遇或者歧视待遇。是否规范资格条件设置，降低中小企业参与门槛，灵活采取项目整体预留、合理预留采购包、要求大企业与中小企业组成联合体、要求大企业向中小企业分包等形式，确保中小企业合同份额； 2. 在政府采购预算中对适宜由中小企业提供的采购项目和采购包，是否按规定比例预留中小企业采购份额； 3. 检查在未预留采购份额的政府采购项目中，是否按规定比例执行价格评审优惠； 4. 政府采购文件涉及中小企业是否明确以下内容：预留份额的采购项目或者采购包，是否明确该项目或相关采购包专门面向中小企业采购，以及相关标的及预算金额；要求以联合体形式参加或者合同包的，是否明确联合协议或者分包意向协议中中小企业合同金额	√	

续表

审计目标	可供选择的审计程序和需要关注的审计要点	是否执行	索引号
目标3 确认是否落实中小企业采购政策	应当达到的比例，并作为供应商资格条件；非预留份额的采购项目或者采购包，是否明确有关价格扣除比例或者价格分加分比例；是否规定依据本办法规定享受扶持政策获得政府采购合同的，小微企业不得将合同分包给大中型企业，中型企业不得将合同分包给大型企业；明确采购标的对应的中小企业划分标准所属行业；明确中小企业参加政府采购活动，应当出具《中小企业声明函》，否则不得享受相关中小企业扶持政策； 5. 是否对监狱企业、残疾人福利性单位落实视同小型、微型企业，享受预留份额、评审中价格扣除等政府采购促进中小企业发展的政府采购政策。	√	

（四）核心知识点

1. 中小企业定义

中小企业是指在中华人民共和国境内依法设立，依据国务院批准的中小企业划分标准——《关于印发中小企业划型标准规定的通知》（工信部联企业〔2011〕300号）——确定的中型企业、小型企业和微型企业，但与大企业的负责人为同一人，或者与大企业存在直接控股、管理关系的除外。符合中小企业划分标准的个体工商户，在政府采购活动中视同中小企业。

中小企业参加政府采购活动，应当出具《中小企业声明函》，否则不得享受相关中小企业扶持政策。任何单位和个人不得要求供应商提供《中小企业声明函》之外的中小企业身份证明文件。

符合条件的残疾人福利性单位在参加政府采购活动时，应当提供本通知规定的《残疾人福利性单位声明函》。任何单位或者个人在政府采购活动中均不得要求残疾人福利性单位提供其他证明声明函内容的材料。监狱企业参加政府采购活动时，应当提供由省级以上监狱管理局、戒毒管理局（含新疆生产建设兵团）出具的属于监狱企业的证明文件。

2. 中小企业政府采购政策

政府采购应当促进中小企业发展，提高中小企业在政府采购中的合同份额。残疾人福利性单位、退役军人企业等按规定需要扶持的供应商，可以视同小微企业享受政府采购支持政策。在政府采购活动中，监狱企业视同小型、微型企业，享受预留份额、评审中价格扣除等政府采购促进中小企业发展的政府采购政策。向监狱企业采购的金额，计入面向中小企业采购的统计数据。

3. 合理确定采购需求

采购人在政府采购活动中应当合理确定采购项目的采购需求，不得以企业注册资本、资产总额、营业收入、从业人员、利润、纳税额等规模条件和财务指标作为供应商的资格要求或者评审因素，不得在企业股权结构、经营年限等方面对中小企业实行差别待遇或者歧视待遇。

4. 规范资格条件设置

降低中小企业参与门槛，灵活采取项目整体预留、合理预留采购包、要求大企业与中小企业组成联合体、要求大企业向中小企业分包等形式，确保中小企业合同份额。要通过提高预付款比例、引入信用担保、支持中小企业开展合同融资、免费提供电子采购文件等方式，为中小企业参与采购活动提供便利。要严格按规定及时支付采购资金，不得收取没有法律法规依据的保证金，有效减轻中小企业资金压力。

5. 预留采购份额

主管预算单位应当组织评估本部门及所属单位政府采购项目，统筹制定面向中小企业预留采购份额的具体方案，对适宜由中小企业提供的采购项目和采购包，预留采购份额专门面向中小企业采购，并在政府采购预算中单独列示。

一是采购限额标准以上，200万元以下的货物和服务采购项目、400万元以下的工程采购项目，适宜由中小企业提供的，采购人应当专门面向中小企业采购。

二是超过200万元的货物和服务采购项目、超过400万元的工程采购项目中适宜由中小企业提供的，预留该部分采购项目预算总额的30%以上专门面向中小企业采购，其中预留给小微企业的比例不低于60%。预留份额通过下列措施进行：①将采购项目整体或者设置采购包专门面向中小企业采购；②要求供应商以联合体形式参加采购活动，且联合体中中小企业承担的部分达到一定比例；③要求获得采购合同的供应商将采购项目中的一定比例分包给一家或者多家中小企业。组成联合体或者接受分包合同的中小企业与联合体内其他企业、分包企业之间不得存在直接控股、管理关系。

三是超过 400 万元的工程采购项目中适宜由中小企业提供的，在坚持公开公正、公平竞争原则和统一质量标准的前提下，2022 年下半年开始面向中小企业的预留份额由 30% 以上阶段性提高至 40% 以上（财库〔2022〕19 号）。

四是有制服采购项目的部门，应加强对政府采购预算和计划编制工作的统筹，预留本部门制服采购项目预算总额的 30% 以上，专门面向监狱企业采购。省级以上政府部门组织的公务员考试、招生考试、等级考试、资格考试的试卷印刷项目原则上应当在符合有关资质的监狱企业范围内采购。各地在免费教科书政府采购工作中，应当根据符合教科书印制资质的监狱企业情况，提出由监狱企业印刷的比例要求。

6. 价格评审优惠

对于经主管预算单位统筹后未预留份额专门面向中小企业采购的采购项目，以及预留份额项目中的非预留部分采购包，采购人、采购代理机构应当对符合本办法规定的小微企业报价给予 6%—10%（工程项目为 3%—5%）的扣除，用扣除后的价格参加评审。适用《招标投标法》的政府采购工程建设项目，采用综合评估法但未采用低价优先法计算价格分的，评标时应当在采用原报价进行评分的基础上增加其价格得分的 3%—5% 作为其价格分。

接受大中型企业与小微企业组成联合体或者允许大中型企业向一家或者多家小微企业分包的采购项目，对于联合协议或者分包意向协议约定小微企业的合同份额占到合同总金额 30% 以上的，采购人、采购代理机构应当对联合体或者大中型企业的报价给予 2%—3%（工程项目为 1%—2%）的扣除，用扣除后的价格参加评审。适用《招标投标法》的政府采购工程建设项目，采用综合评估法但未采用低价优先法计算价格分的，评标时应当在采用原报价进行评分的基础上增加其价格得分的 1%—2% 作为其价格分。组成联合体或者接受分包的小微企业与联合体内其他企业、分包企业之间存在直接控股、管理关系的，不享受价格扣除优惠政策。

价格扣除比例或者价格分加分比例对小型企业和微型企业同等对待，不作区分。具体采购项目的价格扣除比例或者价格分加分比例，由采购人根据采购标的相关行业平均利润率、市场竞争状况等，在本办法规定的幅度内确定。

自2022年7月1日起，货物服务采购项目给予小微企业的价格扣除优惠，由财库〔2020〕46号文件规定的6%—10%提高至10%—20%。大中型企业与小微企业组成联合体或者大中型企业向小微企业分包的，评审优惠幅度由2%—3%提高至4%—6%（财库〔2022〕19号）。

7. 涉及中小企业采购文件必须包含的内容

一是预留份额的采购项目或者采购包，明确该项目或相关采购包专门面向中小企业采购，以及相关标的及预算金额；二是要求以联合体形式参加或者合同包的，明确联合协议或者分包意向协议中中小企业合同金额应当达到的比例，并作为供应商资格条件；三是非预留份额的采购项目或者采购包，明确有关价格扣除比例或者价格分加分比例；四是依据《政府采购促进中小企业发展管理办法》，享受扶持政策获得政府采购合同的，小微企业不得将合同分包给大中型企业，中型企业不得将合同分包给大型企业；五是采购人认为具备相关条件的，明确对中小企业在资金支付期限、预付款比例等方面的优惠措施；六是明确采购标的对应的中小企业划分标准所属行业；七是法律法规和省级以上人民政府财政部门规定的其他事项（财库〔2020〕46号）。

（五）具体案例

案例52：与中小企业签订的合同内容不符合规定。

案例描述：某单位（甲方）2021年度与河南某生物技术开发有限公司等21家小微企业（乙方）签订的医用耗材采购合同总计322.96万元，其中合同规定"甲乙双方每个月办理一次货款计算，每月前10日内乙方向甲方提交上1个月的货款书面结算申请，甲乙双方审核金额无误后，甲方在90日内将该期双方确认的货款支付给乙方。"

付款期限超 60 天。

审计认定：上述事项不符合《保障中小企业款项支付条例》（国令第 728 号）第八条"机关、事业单位从中小企业采购货物、工程、服务，应当自货物、工程、服务交付之日起 30 日内支付款项；合同另有约定的，付款期限最长不得超过 60 日"的规定。

审计建议：建议加强识别中小企业，同步更新中小企业的采购合同模板，将付款周期调整为 30 日或 60 日。

案例 53：对中小企业歧视待遇。

案例描述：20××年 10 月，T 单位委托 H 招标公司进行"证书制作"服务项目采购工作。招标公告及招标文件中对于投标人的资格要求存在如下内容：投标人"注册资金不低于 2 000 万元"、"投标前 3 年每年度营业收入不低于 2 000 万元"、投标人正式员工"不得低于 100 人"等。

审计认定：一是上述做法不符合《政府采购法》第二十二条第二款规定，"采购人可以根据采购项目的特殊要求，规定供应商的特定条件，但不得以不合理的条件对供应商实行差别待遇或者歧视待遇。"二是不符合《政府采购促进中小企业发展管理办法》（财库〔2020〕46 号）第五条规定"采购人在政府采购活动中应当合理确定采购项目的采购需求，不得以企业注册资本、资产总额、营业收入、从业人员、利润、纳税额等规模条件和财务指标作为供应商的资格要求或者评审因素，不得在企业股权结构、经营年限等方面对中小企业实行差别待遇或者歧视待遇。"

审计建议：一是招标文件中不得存在歧视投标人的条款，例如不得要求或者标明特定的投标人或者产品、不得设置地域限制或者规模限制；二是在评标时要按照统一明确的标准进行评审，不得对投标人区别对待，有所倾向。此外，政府采购有一项基本政策是促进中小企业发展，其要求中即包括"政府采购活动不得以注册资本金、资产总额、营业收入、从业人员、利润、纳税额等供应商的规模条件对中小企业实行差别待遇或者歧视待遇"的内容，这也与《政府采购法》所要求的"不得以不合理的条件对供应商实行差别待遇或者歧视待遇"的原则相呼应。

案例 54：对中小企业资格审查不到位。

案例描述：A 单位开展实验室教学设备采购，专门面向中小企业采购，同类实验室包含了上百种货物（如棉签、酒精灯、pH 试纸等），在采购过程中，上述所有的货物生产制造商既有中小企业，也存在某些货物制造商不能满足中小企业要求的。

审计认定：上述做法不符合《政府采购促进中小企业发展管理办法》（财库〔2020〕46 号）"在专门面向中小企业采购的货物采购项目中，货物应当由中小企业制造，如果一个采购项目或采购包含有多个采购标的的，则每个采购标的均应由中小企业制造"的规定。

审计建议：对面向中小企业的采购活动，应按照政府采购规定规范进行资格审查。

六、脱贫地区农副产品采购管理审计

（一）审计目标

目标 1：确认落实政府采购脱贫地区农副产品预留份额
目标 2：确认预算当年执行预留份额采购

（二）审计依据

1. 关于运用政府采购政策支持乡村产业振兴的通知（财库〔2021〕19 号）
2. 关于印发《关于深入开展政府采购脱贫地区农副产品工作推进乡村产业振兴的实施意见》的通知（财库〔2021〕20 号）
3. 财政部办公厅关于组织中央预算单位做好 2022 年政府采购脱贫地区农副产品工作的通知（财办库〔2022〕49 号）

（三）审计程序和要点

审计目标	可供选择的审计程序和需要关注的审计要点	是否执行	索引号
目标1：确认落实政府采购脱贫地区农副产品预留份额	1. 检查预算单位上报上级预算部门的文件，在"832"平台申报的预留份额记录，确认有食堂的单位按照要求填报了政府采购脱贫地区农副产品预留份额，预留比例是否达到食堂年度采购食材金额的10%； 2. 食堂外包的单位，是否按照规定比例预留份额； 3. 对共用食堂的预算单位，相关单位是否共同确定一个单位作为代表填报预留份额，其余单位是否在系统中注明相关情况。	√	
目标2：确认预算当年执行预留份额采购	1. 检查预算单位食堂采购记录、账簿、凭证、"832平台"采购记录，确认是否按照预留份额在"832平台"执行采购，是否在线及时支付付款，是否开展履约评价； 2. 检查预算单位工会采购福利品、慰问品会议记录、工会账簿，确认预算单位工会是否组织通过"832平台"采购工会福利、慰问品。	√	

（四）核心知识点

1. 政府采购政策支持乡村产业振兴

运用政府采购政策，组织预算单位采购脱贫地区农副产品，通过稳定的采购需求持续激发脱贫地区发展生产的内生动力，促进乡村产业振兴，是贯彻落实党中央、国务院关于调整优化政府采购政策支持脱贫地区产业发展工作部署，构建以国内大循环为主体新发展格局的具体举措，有助于推动脱贫地区实现更宽领域、更高层次的发展。各级财政、农业农村、乡村振兴部门及各级预算单位要充分认识运用政府采购政策支持乡村产业振兴的重要意义，以高度的责任感、使命感、紧迫感投身到政府采购脱贫地区农副产品工作中，确保政策取得实效。

2. 政府采购脱贫地区农副产品预留份额

各级预算单位应当按照不低于10%的比例预留年度食堂食材采购份额，通过脱贫地区农副产品网络销售平台（原贫困地区农副产品网络销售平台）采购人管理系统（cg.fupin832.com）填报当年政府采购脱贫地区农副产品预留份额。对食堂外包的预算单位，应要求其按规定预留份额。

3. 通过"832平台"采购农副产品

遵循质优价廉、竞争择优的原则，通过"832平台"在全国832个脱贫县范围内采购农副产品，开展履约评价工作，及时在线支付货款，不得拖欠。

鼓励各级预算单位工会组织通过"832平台"采购工会福利、慰问品等，有关采购金额计入本单位年度采购总额。

七、绿色建材产品采购管理审计

（一）审计目标

目标1：确认属于绿色建材政策实施范围
目标2：确认是否落实政府采购要求
目标3：确认价款结算比例

（二）审计依据

1. 关于扩大政府采购支持绿色建材促进建筑品质提升政策实施范围的通知（财库〔2022〕35号）

2. 关于印发《政府采购支持绿色建材促进建筑品质提升政策项目实施指南》的通知（财办库〔2023〕52号）

（三）审计程序和要点

审计目标	可供选择的审计程序和需要关注的审计要点	是否执行	索引号
目标1：确认属于绿色建材政策实施范围	查看单位所在城市、政府采购工程项目等资料，确认是否属于北京市朝阳区等48个市（市辖区），项目是否为纳入政策实施范围的医院、学校、办公楼、综合体、展览馆、会展中心、体育馆、保障房等政府采购工程。	√	

续表

审计目标	可供选择的审计程序和需要关注的审计要点	是否执行	索引号
目标2： 确认是否落实政府采购要求	1. 查看项目相关文件，项目立项阶段，是否将《需求标准》有关要求嵌入项目建议书和可行性研究报告中； 2. 招标采购阶段，是否将《需求标准》有关要求作为工程招标文件或采购文件以及合同文本的实质性要求，是否要求承包单位按合同约定进行设计、施工，并采购或使用符合要求的绿色建材； 3. 施工阶段，是否强化施工现场监管，确保施工单位落实绿色建筑要求，是否使用符合《需求标准》的绿色建材； 4. 履约验收阶段，是否根据《需求标准》制定相应的履约验收标准，并与现行验收程序有效融合。	√	
目标3： 确认价款结算比例	1. 查看纳入政策实施范围的工程结算材料和账簿，工程进度款支付比例是否不低于已完工程价款的80%； 2. 经双方确认的过程结算文件是否作为竣工结算文件的组成部分，竣工后原则上不再重复审核。	√	

（四）核心知识点

1. 实施范围

自2022年11月起，在北京市朝阳区等48个市（市辖区）实施政府采购支持绿色建材促进建筑品质提升政策。纳入政策实施范围的项目包括医院、学校、办公楼、综合体、展览馆、会展中心、体育馆、保障房等政府采购工程项目，含适用《招标投标法》的政府采购工程项目。各有关城市可选择部分项目先行实施，在总结经验的基础上逐步扩大范围，到2025年实现政府采购工程项目政策实施的全覆盖。

2. 落实政府采购政策要求

各有关城市要严格执行财政部、住房城乡建设部、工业和信息化部制定的《绿色建筑和绿色建材政府采购需求标准》（以下简称《需求标准》）。项目立项阶段，要将《需求标准》有关要求嵌入项目建议书和可行性研究报告中；招标采购阶段，要将《需求标准》有关要求作为工程招标文件或采购文件以及合同文本的实质性要求，要求承包单位按合同约定进行设计、施工，并采购或使用符合要求的绿色建材；施工阶段，要强化施工现场监管，确保施工单位落实绿色建筑要求，使用符合《需求标准》的绿色建材；履约验收阶段，要根据《需求标准》制定相应的履约验收标准，并与现行验收程序有效融合。鼓励通过验收的项目申报绿色建筑标识，充分发挥政府采购工程项目的示范作用。

3. 加强绿色建材采购管理

纳入政策实施范围的政府采购工程涉及使用《需求标准》中的绿色建材的，应当全部采购和使用符合相关标准的建材。各有关城市要探索实施对通用类绿色建材的批量集中采购，由政府集中采购机构或部门集中采购机构定期归集采购人的绿色建材采购计划，开展集中带量采购。绿色建材供应商在供货时应当出具所提供建材产品符合需求标准的证明性文件，包括国家统一推行的绿色建材产品认证证书，或符合需求标准的有效检测报告等。

4. 优先开展工程价款结算

纳入政策实施范围的工程，要提高工程价款结算比例，工程进度款支付比例不低于已完工程价款的80%。推行施工过程结算，发承包双方通过合同约定，将施工过程按时间或进度节点划分施工周期，对周期内已完成且无争议的工程进行价款计算、确认和支付。经双方确认的过程结算文件作为竣工结算文件的组成部分，竣工后原则上不再重复审核。

第四节

政府采购专项审计

政府采购专项主要包括：公务机票采购、政府购买服务、会议定点采购、疫情便利采购、医用高值耗材采购、药品集中采购、大型医用设备采购等。

一、公务机票采购

(一) 审计目标

目标 1：确认公务机票采购管理制度规范

目标 2：确认公务机票采购适用对象

目标 3：确认航空公司选择规范

目标 4：确认公务机票采购付款规范

目标 5：确认公务机票非政府采购情形合理

(二) 审计依据

1. 关于加强公务机票购买管理有关事项的通知（财库〔2014〕33 号）

2. 关于加强公务机票购买管理有关事项的补充通知（财库〔2014〕180 号）

(三) 审计程序和要点

审计目标	可供选择的审计程序和需关注的审计要点	是否执行	索引号
目标 1 确认公务机票采购管理制度规范	1. 查看是否制定本单位公务机票采购管理制度；是否明确职责分工、细化工作程序和权限； 2. 查看公务机票管理规定是否符合国家有关法律法规要求，是否及时更新修订。	√	
目标 2 确认公务机票采购适用情形	查阅差旅费支出凭证，查看是否属于公务机票管理范围，即国家机关、事业单位和团体组织工作人员采购机票，以及使用财政性资金购买公务机票的其他人员。（一是单位性质，二是资金性质，符合其一即需要遵守公务机票管理的相关规定）	√	
目标 3 确认航空公司选择规范	1. 检查国内出差公务机票是否选择国内航空公司； 2. 检查出国公务机票航空公司选择是否符合规定或经过审批： (1) 因公临时出国时，购票人是否选择直达目的地国家（地区）的国内航空公司航班出入境； (2) 没有直达航班的，是否选择国内航空公司航班到达的最邻近目的地国家（地区）进行中转；	√	

续表

审计目标	可供选择的审计程序和需关注的审计要点	是否执行	索引号
目标3 确认航空公司选择规范	（3）因中转1次以上（不含1次）等特殊原因确需选择非国内航空公司航班，以及因最临近目的地国家（地区）中转需办理过境签证而选择其他邻近中转地的，是否事先报经单位外事部门和财务部门审批同意； 3. 是否按程序确定公务机票代理公司，查看是否收取代理费，是否签订代理协议；是否涉及优惠返还。	√	
目标4 确认公务机票采购付款规范	1. 调阅差旅费报销单据、差旅费预算、检查机票行程单是否标注有政府采购机票查验号码的《航空运输电子客票行程单》； 2. 检查是否通过公务卡或者银行转账方式结算公务机票采购款； 3. 报销政府采购机票销售渠道购买的机票退票手续费时，是否以各航空公司或机票销售代理机构出具的退款单据作为报销凭证； 4. 核验电子客票行程单真伪，检查机票验证码是和行程单印刷序号后4位是否一致。	√	
目标5 确认公务机票非政府采购情形合理	1. 购买市场上公务机票销售渠道外低于政府采购优惠票价的国内航空公司航班机票，检查采购人是否贯彻落实厉行节约，按照低价购票原则采购公务机票； 2. 购票时是否保留从各航空公司官方网站或者政府采购机票管理网站下载的出行日期机票市场价格截图等证明其低于购票时点政府采购优惠票价的材料； 3. 购买非国内航空公司航班机票的，是否事前经单位外事部门和财务部门出具审核意见。	√	

（四）核心知识点

1. 适用情况

各级国家机关、事业单位和团体组织工作人员，以及使用财政性资金购买公务机票的其他人员（以下简称购票人），国内出差、因公临时出国购买机票，应当按照厉行节约和支持本国航空公司发展的原则，优先购买通过政府采购方式确定的我国航空公司（以下简称国内航空公司）航班优惠机票。

2. 航班班次选择和审批

因公临时出国时，购票人应当选择直达目的地国家（地区）的国内航空公司航班出入境，没有直达航班的，应当选择国内航空公司航班到达的最邻近目的地国家（地区）进行中转。因中转1次以上（不含1次）等特殊原因确需选择非国内航空公司航班，以及因最临近目的地国家（地区）中转需办理过境签证而选择其他邻近中转地的，应当填写《乘坐非国内航空公司航班和改变中转地审批表》，事先报经单位外事部门和财务部门审批同意。

3. 公务机票价格

购票人应当做好公务出行计划安排，尽可能选择低价机票，原则上不得购买全价机票。对于各航空公司提供的低于政府采购优惠票价的团队价格或促销价格机票，购票人可选择购买，但不再享受政府采购优惠。购票人需要退改签机票的，按照各航空公司的退改签规定办理。

4. 公务机票非政府采购的情况

为进一步贯彻落实厉行节约和支持本国航空公司发展的要求，国内出差、因公临时出国购买机票，购票人可以购买市场上公务机票销售渠道外低于政府采购优惠票价的国内航空公司航班机票，购票时应当保留从各航空公司官方网站或者政府采购机票管理网站下载的出行日期机票市场价格截图等证明其低于购票时点政府采购优惠票价的材料。

5. 公务机票付款

购票人可直接使用公务卡在政府采购机票管理网站购买机票，也可通过具备中国民航机票销售资质的各航空公司直销机构或机票销售代理机构，使用公务卡或银行转账方式购买机票。使用公务卡购票的，应当提前在政府采购机票管理网站进行公务卡注册或通过电话方式注册。使用银行转账方式购票的，需要在支票、汇款等票据上标注资金用途为"公务机票购票款"，填写的单位名称应与系统记录的单位名称一致。

6. 公务机票报销要求

各部门各单位要严格公务机票报销管理，购买国内航空公司航班机票的，应当以标注有政府采购机票查验号码的《航空运输电子客票行程单》作为报销凭证；购买非国内航空公司航班机票的，应当以相关有效票据作为报销凭证，并附经单位外事部门和财务部门出具审核意见的审批表。单位财务人员如需对购票单位、购票时间及购票价格等信息进行核实的，可登录政府采购机票管理网站按查验号码查询。

购票人报销政府采购机票销售渠道购买的机票退票手续费时，可以各航空公司或机票销售代理机构出具的退款单据作为报销凭证。报销购买市场低价机票的费用时，应当提供低于政府采购优惠票价的证明材料。

（五）具体案例

案例55：机票未按政府采购要求方式购买；未与政采价格进行比价。

案例描述：2019年6月，某单位报销长沙差旅费9 775.00元，其中，购买2人天津至成都往返机票，金额4 000.00元；2019年6月，报销乐山差旅费6 604.12元，其中，购买2人天津至成都往返机票，金额4 940.00元；2019年9月，报销重庆差旅费89 551.00元；2019年11月，报销成都差旅费16 780.00元。上述机票未按政府采购要求方式购买，未与政采价格进行比价。

审计认定：一是上述事项不符合《关于加强公务机票购买管理有关事项的通知》（财库〔2014〕33号）"…国内出差、因公临时出国购买机票，…优先购买通过政府采购方式确定的我国航空公司航班优惠机票"的规定。二是不符合《关于加强公务机票购买管理有关事项的补充通知》（财库〔2014〕180号）"报销购买市场低价机票的费用时，应当提供低于政府采购优惠票价的证明材料"的规定。

审计建议：国内出差、因公临时出国购买机票应优先通过政府采购方式购买。

二、政府购买服务审计

（一）审计目标

目标1：确认政府购买服务主体的合法性

目标 2：确认政府购买服务承接主体的合规性

目标 3：确认政府购买服务范围的合理性

目标 4：确认政府购买服务购买程序的合规性

目标 5：确认政府购买服务绩效管理情况

（二）审计依据

1. 国家卫生健康委办公厅关于印发委机关政府购买服务和委托办事经费管理办法的通知（国卫办财务发〔2022〕13 号）

2. 政府购买服务管理办法（财政部令第 102 号，2020 年 3 月 1 日起施行）

3. 关于印发中央本级政府购买服务指导性目录的通知（财综〔2020〕57 号）

4. 关于做好事业单位政府购买服务改革工作的意见（财综〔2016〕53 号）

5. 财政部关于做好行业协会商会承接政府购买服务工作有关问题的通知（试行）（财综〔2015〕73 号）

6. 国办转发三部委关于在公共服务领域推广政府和社会资本合作模式指导意见的通知（国办发〔2015〕42 号）

7. 关于政府购买服务有关预算管理问题的通知（财预〔2014〕13 号）

8. 国务院办公厅关于政府向社会力量购买服务的指导意见（国办发〔2013〕96 号）

9. 民政部 财政部关于政府购买社会工作服务的指导意见（民发〔2012〕196 号）

（三）审计程序和要点

审计目标	可供选择的审计程序和需要关注的审计要点	是否执行	索引号
目标 1 确认政府购买服务主体的合法性	调阅购买主体法人证书，检查单位性质。	√	

续表

审计目标	可供选择的审计程序和需要关注的审计要点	是否执行	索引号
目标2 确认政府购买服务承接主体的合规性	1. 调阅承接主体法人证书或个人资质，检查是否符合承接主体范围； 2. 查阅购买服务项目的特殊规定真实性，核实特殊规定是否符合政府采购法律、行政法规规定的条件； 3. 是否以不合理的条件对承接主体实行差别待遇或者歧视待遇。	√	
目标3 确认政府购买服务范围的合理性	1. 查阅购买服务项目合同，检查是否符合政府购买服务范围： （1）是否不属于政府职责范围的服务事项； （2）是否应当由政府直接履职的事项； （3）是否为政府采购法律、行政法规规定的货物和工程，以及将工程和服务打包的项目； （4）是否为融资行为； （5）是否为购买主体的人员招、聘用，以劳务派遣方式用工，以及设置公益性岗位等事项； （6）是否为法律、行政法规以及国务院规定的其他不得作为政府购买服务内容的事项。 2. 审查购买服务项目是否按权限进行立项审批。重大购买服务事项，是否有相应的审查环节，是否有相关行业主管部门的审批意见或者决策程序。	√	
目标4 确认政府购买服务购买程序的合规性	1. 调阅购买服务主体部门预算，检查是否编制政府购买服务预算、政府购买服务预算是否细化、是否遵循以事定费原则、通过行业主管部门评估合理确定购买金额； 2. 调阅购买服务采购程序相关材料，检查购买程序是否公开透明；是否按照政府采购法的适用条件，分别采用公开招标、邀标、竞争性谈判、询价、单一来源等方式确定承接主体； 3. 调阅限额标准以下服务项目采购相关材料，审查是否有拆分包行为，是否可以统一集中购买服务等； 4. 调阅购买服务项目合同，检查是否严格执行合同履约。	√	
目标5 确认政府购买服务绩效管理情况	1. 审查是否构建政府购买服务全过程绩效管理机制； 2. 审查是否设置政府购买服务绩效指标体系； 3. 审查是否建立评价结果定期向社会公开的机制；对于政府向社会购买的服务，是否做到"花钱必问效、无效必问责"，无绩效不支出。	√	

（四）核心知识点

1. 政府购买服务的定义

政府购买服务是指各级国家机关将属于自身职责范围且适合通过市场化方式提供的服务事项，按照政府采购方式和程序，交由符合条件的服务供应商承担，并根据服务数量和质量等因素向其支付费用的行为。政府购买服务应当遵循预算约束、以事定费、公开择优、诚实信用、讲求绩效原则。

2. 购买主体

各级国家机关是政府购买服务的购买主体。

3. 承接主体

依法成立的企业、社会组织（不含由财政拨款保障的群团组织），公益二类和从事生产经营活动的事业单位，农村集体经济组织，基层群众性自治组织，以及具备条件的个人可以作为政府购买服务的承接主体。

购买主体应当根据购买内容及市场状况、相关供应商服务能力和信用状况等因素，通过公平竞争择优确定承接主体。购买主体向个人购买服务，应当限于确实适宜实施政府购买服务并且由个人承接的情形，不得以政府购买服务名义变相用工。

实施政府购买服务项目，购买主体应当按照《政府采购法》及其实施条例等有关规定，采用公开招标、邀请招标、竞争性谈判、竞争性磋商、单一来源采购等方式确定承接主体，相关采购限额标准、公开招标数额标准、采购方式变更、采购计划编报等按照政府采购相关法律制度规定执行。其中，属于政府采购限额标准以下且集中采购目录以外的政府购买服务项目，由购买主体按照公平、效率原则自行确定项目的承接主体。

要点提示：

公益一类事业单位、使用事业编制且由财政拨款保障的群团组织，不作为政府购买服务的购买主体和承接主体。

4. 政府购买服务范围

政府购买服务的内容包括政府向社会公众提供的公共服务以及政府履

职所需的辅助性服务。政府购买服务应当突出公共性和公益性，重点考虑、优先安排与改善民生密切相关，有利于转变政府职能、提高财政资金绩效的项目。政府购买的基本公共服务项目的服务内容、水平、流程等标准要素，应当符合国家基本公共服务标准相关要求。

可实行政府购买服务事项范围涉及公共服务和政府履职辅助性服务两大类121项具体事项。其中：公共服务类项目包括公共安全服务，教育公共服务，就业公共服务，社会保障服务，卫生健康公共服务，生态保护和环境治理服务，科技公共服务，文化公共服务，体育公共服务，社会治理服务，城乡维护服务，农业、林业和水利公共服务，交通运输公共服务，灾害防治及应急管理服务，公共信息与宣传服务，行业管理服务，技术性公共服务以及其他公共服务共18种，涉及公共安全隐患排查治理服务、就业指导服务、传染病防控服务等89项具体事项。政府履职辅助性服务类服务项目包括法律服务，课题研究和社会调查服务，会计审计服务，会议服务，监督检查辅助服务，工程服务，评审、评估和评价服务，咨询服务，机关工作人员培训服务，信息化服务，后勤服务以及其他辅助性服务共12种，涉及法律咨询服务、会议服务、工程监理服务等32项具体事项。

以下各项不得纳入政府购买服务范围：①不属于政府职责范围的服务事项；②应当由政府直接履职的事项；③政府采购法律、行政法规规定的货物和工程，以及将工程和服务打包的项目；④融资行为；⑤购买主体的人员招、聘用，以劳务派遣方式用工，以及设置公益性岗位等事项；⑥法律、行政法规以及国务院规定的其他不得作为政府购买服务内容的事项。

政府购买服务的具体范围和内容实行指导性目录管理，指导性目录依法予以公开。政府购买服务指导性目录在中央和省两级实行分级管理，财政部和省级财政部门分别制定本级政府购买服务指导性目录，各部门在本级指导性目录范围内编制本部门政府购买服务指导性目录。

5. 政府购买服务预算管理

购买主体应当做好购买服务支出与年度预算、中期财政规划的衔接，确定购买服务项目时，应当确认涉及的财政支出已在年度预算和中期财政规划中安排，未列入预算的项目不得实施；购买主体应当充分发挥行业主管部门、行业组织和专业咨询评估机构、专家等专业优势，综合考虑财政保障能力以及物价、工资、税费等因素，合理测算安排政府购买服务支出；购买主体在编报年度部门预算时，应当反映政府购买服务支出预算，需要履行政府采购规定程序的项目，应当同时编报政府采购预算。对纳入《中央本级政府购买服务指导性目录》且已有预算安排的服务事项，可按规定逐步实施购买服务，同时要避免出现一方面部门花钱购买服务，另一方面部门及所属相关事业单位人员和设施闲置、经费不减。坚持先有预算安排、后购买服务原则。不得将已纳入《中央本级政府购买服务指导性目录》的服务事项作为申请财政拨款预算的依据。已纳入《中央本级政府购买服务指导性目录》但没有安排预算的事项，不得实施政府购买服务。纳入《中央本级政府购买服务指导性目录》的服务事项，在采购环节应按照《政府采购品目分类目录》中的有关品目填报政府采购计划、选取评审专家和进行信息统计。

妥善安排购买服务所需资金。政府购买服务所需资金列入财政预算，从部门预算经费或经批准的专项资金等既有预算中统筹安排。既要禁止一些单位将本应由自身承担的职责，转嫁给社会力量承担，产生"养懒人"现象，也要避免将不属于政府职责范围的服务大包大揽，增加财政支出压力。

6. 购买服务预算绩效评价

购买主体实施政府购买服务项目绩效管理，应当开展事前绩效评估，定期对所购服务实施情况开展绩效评价，具备条件的项目可以运用第三方评价评估。购买主体及财政部门应当将绩效评价结果作为承接主体选择、预算安排和政策调整的重要依据。

7. 政府购买服务合同

政府购买服务合同的签订、履行、变更，应当遵循《中华人民共和国民法典》的相关规定。购买主体应当与确定的承接主体签订书面合同。政府购买服务合同应当明确服务的内容、期限、数量、质量、价格，资金结算方式，各方权利义务事项和违约责任等内容。政府购买服务合同应当依法予以公告。政府购买服务合同履行期限一般不超过1年；在预算保障的前提下，对于购买内容相对固定、连续性强、经费来源稳定、价格变化幅度小的政府购买服务项目，可以签订履行期限不超过 3 年的政府购买服务合同。

8. 政府购买服务项目履约管理

开展绩效执行监控，及时掌握项目实施进度和绩效目标实现情况，督促承接主体严格履行合同，按照合同约定向承接主体支付款项。承接主体应当按照合同约定提供服务，不得将服务项目转包给其他主体。承接主体应当建立政府购买服务项目台账，依照有关规定或合同约定记录保存并向购买主体提供项目实施相关重要资料信息。承接主体应当严格遵守相关财务规定，规范管理和使用政府购买服务项目资金。承接主体应当配合相关部门对资金使用情况进行监督检查与绩效评价。承接主体可以依法依规使用政府购买服务合同向金融机构融资。购买主体不得以任何形式为承接主体的融资行为提供担保。

（五）具体案例

案例 56：公益一类单位不能作为政府购买服务承接主体。

案例描述：某卫生健康主管部门通过政府购买服务方式，与下属公益一类事业单位签订宣传周栏目制作的政府购买服务合同，合同金额 58 万元。

审计认定：上述事项不符合《政府购买服务管理办法》（财政部令第 102 号）"第八条　公益一类事业单位、使用事业编制且由财政拨款保障的群团组织，不作为政府购买服务的购买主体和承接主体"的规定。

审计建议：严格执行政府购买服务管理相关规定，规范确定承接主体。

三、会议定点采购管理审计

（一）审计目标

目标 1：确认会议定点采购管理制度规范

目标 2：确认会议定点举办规范

目标 3：确认会议定点采购付款规范

（二）审计依据

1. 党政机关会议定点管理办法（财行〔2015〕1 号）
2. 中央和国家机关会议费管理办法（财行〔2016〕214 号）

（三）审计程序和要点

审计目标	可供选择的审计程序	是否执行	索引号
目标 1 确认会议定点采购管理制度规范	1. 查看是否制定会议定点采购内部管理制度，是否明确职责分工、细化工作流程和权限； 2. 查看会议定点采购管理规定是否符合国家有关法律法规要求，是否及时更新修订。	√	
目标 2 确认会议定点举办规范	1. 查阅会议费支出凭证和年度会议计划，检查现场会议是否在党政机关定点场所召开；检查会议形式、地点等与年度会议计划是否一致； 2. 查阅会议通知等，检查是否采用电视电话、网络视频方式举办会议，是否采用部分人员线上、部分线下的会议形式； 3. 查阅会议通知等，检查是否在本单位或本系统内部会议室、礼堂、宾馆、招待所、培训（会议）中心等举办。	√	
目标 3 确认会议定点采购付款规范	1. 调阅采购人财务会计凭证、会议费预算和报销原始单据，是否提供会议审批文件、会议通知及实际现场参会人员签到表、线上参会人员参会证明，定点会议场所提供的费用原始明细单据和电子结算单； 2. 查询党政机关会议定点场所管理信息系统，核实会议结算单； 3. 核对电子结算单、会议费预算、会议签到表的一致性，是否存在线上参会人员计入到会议预算总人数的情况； 4. 核验会议费发票真伪。	√	

（四）核心知识点

1. 党政机关会议定点的定义

会议定点是指财政部门或财政部门委托的机构通过政府采购方式确

定一定数量的宾馆饭店或专业会议场所作为党政机关举办会议场所（以下称会议定点场所）的相关管理活动。会议定点场所实行动态管理，两年调整一次。可通过党政机关会议定点场所信息管理系统查询会议定点场所。

各级党政机关举办的会议，除采用电视电话、网络视频方式以及在本单位或本系统内部会议室、礼堂、宾馆、招待所、培训（会议）中心等举办的外，应当在会议定点场所召开。

2. 会议费报销要求

会议费报销时应当提供会议审批文件、会议通知及实际参会人员签到表、定点会议场所等会议服务单位提供的费用原始明细单据、电子结算单等凭证。财务部门要严格按规定审核会议费开支，对未列入年度会议计划，以及超范围、超标准开支的经费不予报销。

3. 会议定点管理要求

党政机关在会议定点场所举办会议应当严格执行定点协议，不得要求会议定点场所虚报会议天数、人数、开具虚假发票等。会议定点场所有权拒绝党政机关提出的超出协议的服务项目和要求。

（五）具体案例

案例 57：会议未进行定点采购。

案例描述：2021 年，A 单位有 7 个会议在非定点饭店召开；6 个会议超标准列支会议费 283.09 万元。

审计认定：上述做法不符合《党政机关会议定点管理办法》"第三条 各级党政机关举办的会议，除采用电视电话、网络视频方式以及在本单位或本系统内部会议室、礼堂、宾馆、招待所、培训（会议）中心等举办的外，应当在会议定点场所召开"的规定。

审计建议：建议严格贯彻中央关于厉行勤俭节约、反对铺张浪费等要求，切实加强会议定点采购，规范会议费支出。

四、疫情便利采购管理审计

(一) 审计目标

目标1：确认疫情便利采购内部管理制度规范

目标2：确认紧急采购程序规范

目标3：确认疫情便利采购档案规范

(二) 审计依据

1. 中华人民共和国政府采购法
2. 关于疫情防控采购便利化的通知（财办库〔2020〕23号）
3. 关于疫情防控期间开展政府采购活动有关事项的通知（财办库〔2020〕29号）

(三) 审计程序和要点

审计目标	可供选择的审计程序和需要关注的审计要点	是否执行	索引号
目标1 确认疫情便利采购管理制度规范	1. 查看是否制定疫情等紧急采购内部管理制度，是否明确职责分工、细化工作流程和权限； 2. 查看疫情等紧急采购内部管理规定是否符合国家有关法律法规要求，是否及时更新修订； 3. 是否建立健全紧急采购内控机制。	√	
目标2 确认紧急采购程序规范	1. 调阅采购人政府采购制度、内部控制制度、政府采购预算、相关采购请示文件、采购合同和支付凭证，检查使用财政资金而不执行政府采购程序是否因采购疫情防控相关的货物、工程和服务，是否以满足疫情防控工作需要为首要目标； 2. 调阅采购人内部控制制度、紧急采购相关制度、紧急采购验收单、采购合同、采购审批文件、"三重一大"会议纪要，检查采购人是否建立健全紧急采购内控机制，是否执行分级授权审批，是否在采购、验收、申请、审批等环节执行不相容岗位相分离； 3. 调阅采购人采购疫情防控相关物资使用评价，检查采购人是否提高采购资金的使用效益，保证采购质量； 4. 调阅采购人疫情期间其他政府采购文件，检查是否确有必要在疫情防控期间开展的政府采购活动及相关工作，是否尽量选择网络、电话、邮寄等非现场方式实施。	√	

续表

审计目标	可供选择的审计程序和需要关注的审计要点	是否执行	索引号
目标3 确认疫情便利 采购档案规范	1. 调阅政府采购文件、会议纪要、采购合同、采购付款凭证和内部控制文件，检查采购人是否按规定留存疫情防控相关文件； 2. 查阅纪检监察相关举报材料，收集审计线索，通过查阅材料、询问和调研等方式，检查紧急采购是否存在徇私舞弊等违法违纪行为的。	√	

（四）核心知识点

1. 紧急采购分类管理

因严重自然灾害、事故灾难、公共卫生事件和社会安全事件等突发事件所实施的紧急采购，相关规定由国务院政府采购监督管理部门会同相关部门另行制定。与疫情防控相关的采购项目，作为紧急采购项目，按照《财政部办公厅关于疫情防控采购便利化的通知》（财办库〔2020〕23号）的规定执行。

2. 疫情便利采购措施

使用财政性资金采购疫情防控相关货物、工程和服务的，应以满足疫情防控工作需要为首要目标，建立采购"绿色通道"，可不执行政府采购法规定的方式和程序，采购进口物资无需审批。

3. 建立健全紧急采购内控机制

在确保采购时效的同时，提高采购资金的使用效益，保证采购质量。各采购单位应当加强疫情防控采购项目采购文件和凭据的管理，留存备查。任何单位和个人发现采购单位及采购人员存在徇私舞弊等违法违纪行为的，应当及时向同级财政部门或有关部门举报。

4. 疫情非紧急采购管理办法

因疫情防控而无法开展或无法按规定时间继续进行的采购活动，可酌情暂停或延期，并按规定发布相关信息、通知有关当事人；对于确有必要在疫情防控期间开展的政府采购活动及相关工作，要尽量选择网络、电话、邮寄等非现场方式实施。对确需开展、按规定应在公共资源交易中心实施的采购活动,因公共资源交易中心暂停业务无法开展的,可在其他平台或其他场所进行。

要点提示:

财办库〔2020〕23号和财办库〔2020〕29号两文件,在《财政部关于公布废止和失效的财政规章和规范性文件目录(第十四批)的决定》中列为已失效的财政规范性文件。如审计疫情期间采购项目时,可以参考以上两文件。

(五)具体案例

案例58:假借疫情名义采购。

案例描述:在对某单位开展疫情防控物资采购管理审计项目时发现,此单位在疫情便利采购时,未制定疫情等紧急采购内部管理制度,未明确职责分工、细化工作流程和权限,存在擅自扩大采购范围,假借疫情名义采购、账目不清、采购流程不规范等问题。

审计认定:上述做法不符合《关于疫情防控采购便利化的通知》"二、各采购单位应当建立健全紧急采购内控机制,在确保采购时效的同时,提高采购资金的使用效益,保证采购质量"的规定。

审计建议:制定疫情便利采购内部管理制度规范,明确紧急采购程序、规范采购范围。

五、医用高值耗材采购

高值医用耗材是指直接作用于人体、对安全性有严格要求、临床使用量大、价格相对较高、群众费用负担重的医用耗材。

(一)审计目标

目标1:确认高值医用耗材管理制度规范

目标2:确认高值医用耗材准入遴选规范

目标3:确认高值医用耗材供应商及产品规范

目标4:确认高值医用耗材供应目录管理规范

目标 5：确认高值医用耗材临时采购管理规范

目标 6：确认高值医用耗材日常采购过程规范

（二）审计依据

1. 国务院办公厅关于印发治理高值医用耗材改革方案的通知（国办发〔2019〕37 号）

2. 医疗机构医用耗材管理办法（试行）（国卫医发〔2019〕43 号）

3. 关于开展国家组织高值医用耗材集中带量采购和使用的指导意见（医保发〔2021〕31 号）

4. 关于印发《深化医疗服务价格改革试点方案》的通知（医保发〔2021〕41 号）

5. 关于国家组织高值医用耗材（人工关节）集中带量采购和使用配套措施的意见（医保办发〔2022〕4 号）

（三）审计程序和要点

审计目标	可供选择的审计程序	是否执行	索引号
目标 1 确认高值医用耗材管理制度规范	1. 查看机构设置和管理职能情况，审查内部管理机构、职能设置是否符合规定； 2. 查看耗材管理相关内部控制的制定、执行和效果情况： （1）采用传统模式：查看职能部门和使用科室之间职责划分； （2）采用寄售代销制：查看医院对供应商、内部科室的权利义务划分；各级库房（一级库、二级库等）由谁控制，验收人员或库管人员由谁派出；存在共同验收或库管的，合同是否明确约定权责划分； （3）采用供应链管理制（SPD）：查看医院 SPD 流程，以及医院与供应商、配送商的权利义务划分。如与配送商是否签订合同、是否明确约定权利义务；配送商是否收费、向谁收费、费率如何，医院或配送商是否以信息系统接口等为由强制供应商接受配送服务；耗材发票如何开具，是否通过配送商与供应商结算耗材款项；依托的信息系统由谁开发，源代码及相关数据所有权是否归医院等； 3. 查阅耗材供应目录管理情况，审查耗材目录数据信息及动态管理情况。	√	

续表

审计目标	可供选择的审计程序	是否执行	索引号
目标2 确认高值医用耗材准入遴选规范	1. 查阅新耗材准入的相关制度文件，查看医院是否建立新耗材的准入机制； 2. 查阅科室申请资料、医用耗材管理委员会及其他耗材管理机构会议纪要、准入审核审批的结果资料，查看各科室提出的新品目高值医用耗材申请是否按照审核流程通过审批；对比高值医用耗材准入品目与集中采购目录品目信息，查看准入品目是否符合准入要求。	√	
目标3 确认高值医用耗材供应商及产品规范	1. 查阅供应商的医疗器械经营企业许可证、企业法人营业执照、授权代理证明、产品注册证及附页等资料，检查供应商及产品资质是否合规、有效； 2. 查阅供应商及产品变动的审议、审批记录，检查资料内容是否完整、有效，审批流程是否符合制度规定。		
目标4 确认高值医用耗材供应目录管理规范	1. 查阅医院医用耗材供应目录及配送商目录，检查其中包含信息是否完整、准确，例如：产品编码、产品名称、规格、型号、计量单位、生产企业、供应商和价格等信息内容。关注产品编码与医院价格目录库中的医用耗材编码是否一致，或者是否可关联； 2. 若医院使用多家配送商，检查目录内登记信息及实际使用情况。检查是否对医用耗材供应目录进行动态管理，供应目录调整的流程及审批是否符合制度规定；与医院合作的高值医用耗材供应商是否属于目录范围内；是否从已纳入国家或省市医用耗材集中采购目录中遴选供应目录。		
目标5 确认高值医用耗材临时采购管理规范	1. 查阅医院耗材临时采购制度，检查制度是否健全有效，特别关注制度中是否明确要求临时采购的数量和频次，以及申请、审批的流程和权限； 2. 查阅临时采购文件和采购记录，检查文件和记录的完整性及监管的有效性。包括临时采购事项理由的充分性、合理性；是否按照制度规定经过授权审批； 3. 统计1年内临时采购的数据，对1年内重复多次临时采购的高值医用耗材，检查是否按照程序及时纳入供应目录管理； 4. 对于实施集中招标采购的地区，检查是否按有关程序报上级主管部门同意后实施临时性采购等； 5. 查阅临时采购医用耗材的合同资料，检查是否及时签订采购合同，并有效执行。		
目标6 确认高值医用耗材日常采购过程规范	1. 查阅采购执行情况，审查采购方式、流程等是否合规（集中采购是否在各地阳光采购平台执行，目录外采购手续是否齐全，临时性采购是否按规定进行审批）； 2. 查阅是否签订采购合同； 3. 审查采购事项是否进行归口管理，科室或其他部门是否存在自行采购现象。	√	

（四）核心知识点

1. 分类集中的采购办法

按照带量采购、量价挂钩、促进市场竞争等原则探索高值医用耗材分类集中采购。所有公立医疗机构采购高值医用耗材须在采购平台上公开交易、阳光采购。对于临床用量较大、采购金额较高、临床使用较成熟、多家企业生产的高值医用耗材，按类别探索集中采购，鼓励医疗机构联合开展带量谈判采购，积极探索跨省联盟采购。对已通过医保准入并明确医保支付标准、价格相对稳定的高值医用耗材，实行直接挂网采购。加强对医疗机构高值医用耗材实际采购量的监管（国发办〔2019〕37号）。

2. 创新采购的政策解读

公立医疗机构使用的医疗设备和医用耗材通过不同的方式进行采购，前者通过政府采购的方式，由财政部门负责，后者通过集中采购的方式，由医保部门负责。国家医保局会同相关部门按照党中央、国务院的决策部署，积极开展国家组织高值医用耗材集中带量采购，重点将部分临床用量大、采购金额高、临床使用较成熟、市场竞争较充分的医用耗材纳入采购范围，通过公开透明的竞争规则，促使价格回归合理水平，同时让企业获得明确的市场预期。在集中带量采购过程中，由医疗机构根据历史使用量，结合临床使用情况和医疗技术进步确定需求量，并根据临床使用特征、市场竞争格局和中选企业数量等因素合理确定带量比例，在集中带量采购之外留出一定市场，为创新产品开拓市场提供空间。目前，国家医保局正在研究完善医药集中采购平台挂网机制，推动建立全国统一的挂网和交易规则，加强医药集中采购平台标准化、规范化、专业化建设，在挂网时优化流程、及时响应、公开透明，既降低群众负担，又助力创新医疗器械产业创新发展。

3. 约定采购量

采购量基数根据医疗机构报送的需求量，结合上年度使用量、临床使用状况和医疗技术进步等因素进行核定。约定采购比例根据市场竞争格局和中选企业数量等合理确定。约定采购量根据采购量基数和约定采购比例确定，在采购文书中公开。鼓励公立医疗机构对实际需求量超出约定采购量以外的部分，优先采购中选产品，也可通过省级医药集中采购平台采购其他价格适宜的挂网品种（医保发〔2021〕31号）。

4. 竞价和中选规则

将治疗目的、临床功效、产品质量类似的同类高值医用耗材采购量合并，统一竞价，公平竞争；鼓励合并分组，促进竞争。需要联合使用的多种高值医用耗材可整合成系统，视为一个品种进行采购。根据高值医用耗材临床使用特点、标准化程度、参与企业数量等因素，因材施策，可采取招标、竞争性谈判、询价等方式进行采购。企业自愿参加、自主报价，通过质量和价格竞争产生中选价格和中选企业。多家企业中选的，应合理控制不同企业之间的差价。按照量价挂钩原则，明确各中选企业的约定采购量，合理确定采购协议期（医保发〔2021〕31号）。

5. 临时采购管理

医疗机构应当加强临时性医用耗材采购管理。医用耗材使用科室或部门临时性采购供应目录之外的医用耗材，需经主任委员、副主任委员同意后方可实施。对1年内重复多次临时采购的医用耗材，应当按照程序及时纳入供应目录管理。对于实施集中招标采购的地方，需要按有关程序报上级主管部门同意后实施临时性采购。遇有重大急救任务、突发公共卫生事件等紧急情况，以及需要紧急救治但缺乏必要医用耗材时，医疗机构可以不受供应目录及临时采购的限制（国卫医发〔2019〕43号）。

（五）具体案例

案例59：高值耗材未通过阳光采购平台采购。

案例描述： W是A单位法定代表人，在其任期内，A单位耗材入库总额约为20 000万元，共通过其全资子公司D公司采购医疗耗材10 000万元，占耗材入库总额的50%，未包含在阳光采购平台采购范围的计费耗材，主要为各类硅凝胶、缝线等。抽查了注射用修饰透明质酸钠凝胶、骨接合用钛缝线、硅凝胶、聚丙烯不可吸收缝合线的全过程采购资料，金额约为4 200万元，占通过公司采购医疗耗材总额的42.00%。

A 单位通过 D 公司购买医疗耗材的流程为：年初，A 单位与 D 公司签订框架协议。科室提出采购需求，A 单位召开论证会讨论并提交院长办公会决策，D 公司联系相关供货商进行价格协商后，向 A 单位提供承诺供货最低价证明材料（包括：供货商向 A 单位出具的最低供货价保证协议、供货商向 A 单位出具的低价承诺书、供货商向其他医院销售医疗耗材出具的销售发票等），A 单位设备处等相关部门再与 D 公司进行议价，议价结果低于或等于供货商承诺供货最低价，最终 A 单位根据议价结果执行采购，并将款项汇至 D 公司银行账户。

举例：20 项医疗耗材采购情况，供货商总报价 28.83 万元，经 A 单位与 D 公司议价后，议价总金额 28.73 万元，最终入库总金额 28.73 万元。其中 4 项采购项目入库价格较供货商报价金额略有降低，其余 16 项采购项目入库价格等于供应商报价金额。

根据相关要求，审计组向 A 单位提出了提供"D 公司会议纪要、管理制度、D 公司全部采购入库明细、D 公司对外销售明细、D 公司全部采购过程"等资料需求，以了解 D 公司耗材采购与向 A 单位销售价格差异等内容。审计期间，A 单位向审计组提供 D 公司出具的说明，未提供相关资料。

审计认定：上述事项不符合《国务院办公厅关于印发治理高值医用耗材改革方案的通知》"（三）完善分类集中采购办法。按照带量采购、量价挂钩、促进市场竞争等原则探索高值医用耗材分类集中采购。所有公立医疗机构采购高值医用耗材须在采购平台上公开交易、阳光采购。对于临床用量较大、采购金额较高、临床使用较成熟、多家企业生产的高值医用耗材，按类别探索集中采购，鼓励医疗机构联合开展带量谈判采购，积极探索跨省联盟采购。对已通过医保准入并明确医保支付标准、价格相对稳定的高值医用耗材，实行直接挂网采购。加强对医疗机构高值医用耗材实际采购量的监管。"

审计建议：综上，A 单位部分医疗耗材直接通过其子公司 D 公司采购，未引入竞争机制，采购程序不规范。

六、药品采购

（一）审计目标

目标 1：确认药品采购管理制度规范

目标 2：确认药品采购范围规范

目标 3：确认药品分类采购方式规范

目标 4：确认药款结算方式规范

目标 5：确认药品采购综合监督管理规范

（二）审计依据

1. 国务院办公厅关于完善公立医院药品集中采购工作的指导意见（国办发〔2015〕7 号）

2. 国家卫生计生委关于落实完善公立医院药品集中采购工作指导意见的通知（国卫药政发〔2015〕70 号）

（三）审计程序和要点

审计目标	可供选择的审计程序和需关注的审计要点	是否执行	索引号
目标 1 确认公立医院药品采购管理制度规范	1. 查看是否制定本单位药品采购管理制度；是否明确职责分工、细化工作程序和权限； 2. 查看药品采购管理规定是否符合国家有关法律法规要求，是否及时更新修订。	√	
目标 2 确认药品采购范围规范	查阅药品采购清单，查看是否属于药品集中采购范围，是否优先选择符合临床路径、纳入重大疾病保障、重大新药创制专项、重大公共卫生项目的药品，兼顾妇女、老年和儿童等特殊人群的用药需要，并与医保、新农合报销政策做好衔接。	√	
目标 3 确认药品分类采购方式规范	1. 检查药品是否按分类进行合理规范采购： （1）对临床用量大、采购金额高、多家企业生产的基本药物和非专利药品，发挥省级集中批量采购优势，由省级药品采购机构采取双信封制公开招标采购，医院作为采购主体，按中标价格采购药品；	√	

续表

审计目标	可供选择的审计程序和需关注的审计要点	是否执行	索引号
目标3 确认药品分类 采购方式规范	（2）对部分专利药品、独家生产药品，建立公开透明、多方参与的价格谈判机制。谈判结果在国家药品供应保障综合管理信息平台上公布，医院按谈判结果采购药品； （3）对妇儿专科非专利药品、急（抢）救药品、基础输液、临床用量小的药品（上述药品的具体范围由各省区市确定）和常用低价药品，实行集中挂网，由医院直接采购； （4）对临床必需、用量小、市场供应短缺的药品，由国家招标定点生产、议价采购； （5）对麻醉药品、精神药品、防治传染病和寄生虫病的免费用药、国家免疫规划疫苗、计划生育药品及中药饮片，按国家现行规定采购，确保公开透明。 2. 检查药品采购（不含中药饮片）是否均通过省级药品集中采购平台采购。	√	
目标4 确认药款结算 方式规范	1. 调阅药品费报销单据、药品购销合同，检查医院签订药品采购合同要素是否明确；合同约定的采购数量应是采购计划申报的一个采购周期的全部采购量； 2. 调阅医院年度收支预算，检查医院药品收支是否纳入预算管理； 3. 检查是否严格按照合同约定的时间支付货款，从交货验收合格到付款不得超过30天； 4. 检查医院是否与药品生产企业直接结算药品货款、药品生产企业与配送企业结算配送费用。	√	
目标5 确认药品采购 综合监督管理 规范	1. 调阅公立医院绩效考核报告，检查医务人员是否规范处方行为，是否存在过度用药； 2. 检查医院药品采购是否存在违规网下采购、拖延货款、商业贿赂等情况； 3. 检查医院药品价格执行情况，是否存在价格违法、伪造或虚开发票等违法行为。	√	

（四）核心知识点

1. 药品采购范围

医院要按照不低于上年度药品实际使用量的80%制定采购计划，具体到通用名、剂型和规格，每种药品采购的剂型原则上不超过3种，每种剂型对应的规格原则上不超过2种。药品采购预算一般不高于医院业务支出的 25%—30%。省级药品采购机构应及时汇总分析医院药品采购计划和采购预算，合理确定药品采购范围，落实带量采购，优先选择符合临床路径、纳入重大疾病保障、重大新药创制专项、重大公共卫生项目的药品，兼顾妇女、老年和儿童等特殊人群的用药需要，并与医保、新农合报销政策做好衔接（国卫药政发〔2015〕70号）。

2. 药品分类采购措施

结合确定的药品采购范围，进一步细化各类采购药品。医院使用的所有药品（不含中药饮片）都应在网上采购。一是招标采购药品。可根据上一年度药品采购总金额中各类药品的品规采购金额百分比排序，将占比排序累计不低于80%、且有3家及以上企业生产的基本药物和非专利药品纳入招标采购范围。二是谈判采购药品。要坚持政府主导、多方参与、公开透明、试点起步，实行国家和省级谈判联动。2015年，国家将启动部分专利药品、独家生产药品谈判试点，方案另行制定。对于一时不能纳入谈判试点的药品，继续探索以省（区、市）为单位的量价挂钩、价格合理的集中采购实现路径和方式，并实行零差率销售。鼓励省际跨区域联合谈判，结合国家区域经济发展战略，探索形成适应医保支付政策的区域采购价格。三是直接挂网采购药品。包括妇儿专科非专利药品、急（抢）救药品、基础输液、常用低价药品以及暂不列入招标采购的药品。各地可参照国家卫生健康委委托行业协会、学术团体公布的妇儿专科非专利药品、急（抢）救药品遴选原则和示范药品，合理确定本地区相关药品的范围和具体剂型、规格，满足防治需求。四是国家定点生产药品。要按照全国统一采购价格直接网上采购，不再议价。五是麻醉药品和第一类精神药品。仍暂时实行最高出厂价格和最高零售价格管理（国卫药政发〔2015〕70号）。

3. 药款结算管理

一是加强药品购销合同管理。医院签订药品采购合同时应当明确采购品种、剂型、规格、价格、数量、配送批量和时限、结算方式和结算时间等内容。合同约定的采购数量应是采购计划申报的一个采购周期的全部采购量。二是规范药品货款支付。医院应将药品收支纳入预算管理，严格按照合同约定的时间支付货款，从交货验收合格到付款不得超过30天。依托和发挥省级药品集中采购平台集中支付结算的优势，鼓励医院与药品生产企业直接结算药品货款、药品生产企业与配送企业结算配送费用。

（五）具体案例

案例60：高价非集采或集采非中选产品替代集采中选产品。

案例描述：为有序推进第八批国家组织药品、国家集采骨科脊柱类耗材、口腔种植体等集采中选结果落地惠民。落实优先采购使用集中带量采购中选产品政策，上级审计部门开展了药品集中采购专项审计。审计中发现，医疗机构和医务人员存在使用高价非集采或集采非中选产品替代集采中选产品的问题。

审计认定：上述事项不符合《国务院办公厅关于推动药品集中带量采购工作常态化制度化开展的意见》"四、（十二）确保优先使用。医疗机构应根据临床用药需求优先使用中选药品，并按采购合同完成约定采购量。医疗机构在医生处方信息系统中设定优先推荐选用集中带量采购品种的程序，临床医师按通用名开具处方，药学人员加强处方审核和调配。将医疗机构采购和使用中选药品情况纳入公立医疗机构绩效考核、医疗机构负责人目标责任考核范围，并作为医保总额指标制定的重要依据。"

审计建议：医疗机构和医务人员应严格落实国家带量采购政策。强化带量采购合同的执行严肃性和约束性，提高报量与临床实际使用的匹配度，做到"报量要准、保量要稳、带量要实"，确保完成协议采购量。

七、大型医用设备采购

（一）审计目标

目标1：确认大型医用设备采购管理制度规范

目标2：确认大型医用设备采购前论证规范

目标3：确认大型医用设备采购过程规范

目标4：确认大型医用设备采购合同规范

目标 5：确认大型医用设备采购结算方式规范

（二）审计依据

1. 大型医用设备配置与使用管理办法（试行）（国卫规划发〔2018〕12 号）

2. 医疗器械监督管理条例（国务院令第 680 号）

（三）审计程序和要点

审计目标	可供选择的审计程序和需关注的审计要点	是否执行	索引号
目标 1 确认大型医用设备采购管理制度规范	1. 查看是否制定医院大型医用设备采购管理制度；是否明确职责分工和权限； 2. 是否明确配置论证、采购执行的业务流程等。	√	
目标 2 确认大型医用设备采购前论证规范	1 查阅医院大型医用设备采购申请论证资料、相关会议纪要等，查看申请、审核、论证、审批程序及资料是否完备； 2. 查阅医院大型医用设备购置申请和论证表等内容，购置申请、内容是否合理、完善，重点关注以下内容：医院现有同类设备使用情况，是否存在闲置；拟申购设备是否属于政府允许收费项目、收费的具体标准；是否需要使用配套耗材，耗材是否专机专用、耗材是否可以收费、收费的标准是否合规；设备预计年工作量；是否具备安装条件；人员是否会使用该设备；购置必要性等； 3. 是否按规定履行政府采购需求管理；是否按规定履行重大经济事项集体决策程序等。	√	
目标 3 确认大型医用设备采购过程规范	1. 查阅采购文件，审查采购资料内容是否完整、合规； 2. 查阅大型医用设备立项和招标采购相关资料，是否存在化整为零、规避公开招标的情况；采用单一来源方式购置的设备是否符合单一来源情形； 3. 查阅大型医用设备招标等采购文件和审批文件，审查招标等采购文件的内容是否齐全，编写是否合规合理；招标环节是否公布采购项目预算金额，是否存在无预算或超预算执行；招标采购参数是否具有倾向性、限制或排斥其他潜在投标人；招标文件是否明确评标方法和评标标准；是否由专家对招标文件进行复核，且经相关职能部门会签后对外发布；	√	

续表

审计目标	可供选择的审计程序和需关注的审计要点	是否执行	索引号
目标3 确认大型医用设备采购过程规范	4. 查阅大型医用设备招标、投标、评标文件，审查招标投标评审环节是否合规；评标委员会的产生和组成是否符合要求，是否符合回避原则；技术标的评审人员是否为技术专家，医院派出的评标专家是否合理，评分细则设定是否科学，评审签字是否完备。	√	
目标4 确认大型医用设备采购合同规范	1. 查阅大型医用设备招标文件、采购合同等，查看采购合同内容是否符合招标文件要求，如合同标的、规格型号、数量和质量、价格和结算方式、运输方式、履约期限和地点、维保期限和内容、质保金期限和金额、违约责任等是否与招标、投标等采购文件一致； 2. 查阅合同会签的过程资料，财务和法务等部门是否发表了专业意见，并得到采纳落实； 3. 查阅大型医用设备中标、成交通知书和合同，审查合同签订是否及时，签订日期距离中标、成交通知书发出之日是否超过30天等文件规定的期限； 4. 询问采购工作人员是否将合同副本报同级政府采购监督管理部门和有关部门备案，并查看备案记录，审查医院大型医用设备采购合同备案是否及时； 5. 是否严格按照合同约定时间节点、内容执行。	√	
目标5 确认大型医用设备采购结算方式规范	查阅大型医用设备采购合同、设备采购会计凭证等，审查设备货款结算是否按照合同约定执行；需要安装的设备，根据安装进度付款的设备，是否未达到安装进度提前付款。	√	

（四）核心知识点

1. 大型医用设备配置规划与管理

大型医用设备配置规划应当与国民经济和社会发展水平、医学科学技术进步以及人民群众健康需求相适应，符合医疗卫生服务体系规划，促进区域医疗资源共享。医院申请配置大型医用设备，应当符合国务院卫生主管部门制定的大型医用设备配置规划，与其功能定位、临床服务需求相适应，具有相应的技术条件、配套设施和具备相应资质、能力的专业技术人员。申请配置甲类大型医用设备的，向国家卫生健康委员会提出申请；申请配置乙类大型医用设备的，向所在地省级卫生健康行政部门提出申请。

2. 甲类大型医用设备集中采购

甲类大型医用设备集中采购由国家统一组织实施。医院应当严格遵守政府采购及药品、耗材和医疗设备等集中采购规定。政府采购项目应当按照规定选择采购方式，执行政府集中采购目录及标准，加强政府采购项目验收管理。

3. 大型医用设备验收入库

医疗机构应当建立医疗器械验收验证制度，保证医疗器械的功能、性能、配置要求符合购置合同以及临床诊疗的要求。根据规定的验收制度和政府采购文件，由指定部门或专人对所购物品的品种、规格、数量、质量和其他相关内容进行验收，并出具验收证明。医疗器械经验收验证合格后方可应用于临床。

（五）具体案例

案例 61：采购需求指向特定品牌。

案例描述：A 医院 2020 年设备采购项目，预算金额 356 万元。该项目公开招标文件中，1 台手术设备的技术规格要求"支持远程控制的通信协议：SONY–VISCA PELCO–D"。

审计认定：上述招标文件中要求规格属于指向性技术指标，不符合《政府采购法实施条例》第二十条"采购人或者采购代理机构有下列情形之一的，属于以不合理的条件对供应商实行差别待遇或者歧视待遇：……（三）采购需求中的技术、服务等要求指向特定供应商、特定产品；……（六）限定或者指定特定的专利、商标、品牌或者供应商……"的规定。

审计建议：医疗机构应严格按照《政府采购法实施条例》编制医用设备购置招标采购文件，确保招标采购文件合理合规，招标采购参数不得具有倾向性、限制或排斥其他潜在投标人。

第六章 限额以下且目录以外采购管理审计

限额以下且目录以外采购管理审计是指对政府集中采购目录外，单次或批量采购预算金额低于政府采购限额标准的采购开展审计。主要包括：采购管理制度、采购执行计划、采购执行、验收存档、质量管控、供应商管理、内部监督等。

一、审计目标

目标 1：确认限额以下且目录以外采购内部管理制度规范

目标 2：确认限额以下且目录以外采购执行计划规范

目标 3：确认限额以下且目录以外采购执行规范

目标 4：确认限额以下且目录以外采购验收规范

目标 5：确认限额以下且目录以外采购质量管控有效

目标 6：确认限额以下且目录以外采购供应商管理有效

目标 7：确认限额以下且目录以外采购内部监督有效

二、审计依据

1. 本单位限额以下且目录以外采购管理办法
2. 本单位实验试剂耗材采购管理办法
3. 本单位实验样品采购管理办法
4. 本单位翻译服务采购管理办法
5. 本单位其他限额以下且目录以外采购事项具体管理办法

三、审计程序和要点

审计目标	可供选择的审计程序和需要关注的审计要点	是否执行	索引号
目标 1 确认限额以下且目录以外采购管理制度规范	1. 调阅限额以下且目录以外采购管理制度，核对提供给审计人员的采购管理制度是否经单位领导班子集体决策，且正式文号与办公会纪要记录附件中的制度比对是否一致； 2. 查看制度内容是否完整，是否明确限额以下且目录以外货物、服务、工程等采购事项的管理规定，抽查有无遗漏，如实验样品采购、试剂耗材采购、翻译服务采购、零星工程采购等；查看是否制定应急采购管理规定；	√	

续表

审计目标	可供选择的审计程序和需要关注的审计要点	是否执行	索引号
目标1 确认限额以下且目录以外采购管理制度规范	3. 查看是否明确限额以下且目录以外采购需求、采购计划、采购执行、履约验收、供应商管理、采购监督等采购管理规定；是否分类制定采购流程图； 4. 查看限额以下且目录以外采购内部管理制度出台时间，是否陈旧未及时更新，是否存在采购相关部门职责调整，是否与单位现行具体做法一致等； 5. 是否明确限额以下且目录以外采购管理职能归口部门；是否明确采购管理职责权限划分。是否建立限额以下且目录以外采购管理议事决策机制； 6. 检查是否设置限额以下且目录以外采购管理岗位；是否明确采购管理岗位职责；是否建立采购岗位不相容岗位分离制度，是否建立采购岗位定期轮岗制度；不具备轮岗条件的，是否定期采取专项审计等控制措施。	√	
目标2 确认限额以下且目录以外采购执行计划规范	1. 是否制定年度限额以下且目录以外采购执行计划。是否按照工作安排、工作计划和预算编制采购执行计划；采购执行计划是否经集体决策；三重一大事项是否经集体决策； 2. 采购执行计划调整程序和手续是否规范；是否每年编制采购执行计划完成情况。	√	
目标3 确认限额以下且目录以外采购执行规范	1. 是否按照本单位限额以下且目录以外采购管理办法，合理采用直接采购、比选评审、市场比价、单一来源等方式； 2. 采购强制管理的危险化学品，是否按照公安部门规定办理审批手续后采购； 3. 应急采购是否按照本单位应急采购管理办法规定程序组织采购； 4. 延续性服务采购，是否按照本单位采购管理办法，合理确定采购合同有限年限，一般不超过3年； 5. 是否规范签订采购合同；采购合同条款内容是否完整；采购合同执行是否延期或漏项。	√	
目标4 确认限额以下且目录以外采购验收规范	1. 验收程序手续是否符合本单位限额以下且目录以外采购管理办法相关规定； 2. 货物、服务和工程验收是否规定相关归口部门牵头组织验收；验收职责分工是否明确； 3. 验收报告是否完整规范； 4. 采购活动结束后，相关采购文件是否及时归档；采购管理档案调阅手续是否规范。	√	

续表

审计目标	可供选择的审计程序和需要关注的审计要点	是否执行	索引号
目标5 确认限额以下且目录以外采购质控有效	1. 是否明确限额以下且目录以外采购质量管理责任部门； 2. 质量存在问题时是否畅通相关信息反馈渠道； 3. 退换货等程序手续是否规范。	√	
目标6 确认限额以下且目录以外采购供应商管理有效	1. 是否建立供应商资质审查制度；审查有效性情况； 2. 是否定期对供应商进行考核评价； 3. 供应商考核结果是否及时兑现，如取消不合格供应商等。	√	
目标7 确认限额以下且目录以外采购内部监督有效	1. 本单位限额以下且目录以外采购管理办法是否明确内部监督规定； 2. 是否对采购方式合理性、采购计划执行、采购合同执行等开展相关监督检查； 3. 是否自觉配合内外部采购管理监督检查。	√	

四、具体案例

案例62：采购需求论证不充分。

案例描述：2022年，B单位信息化部门通过比选方式，采购了网络设备（服务器、交换机）运维服务项目，采购金额为63万元，服务地点为单位地址，服务期限为合同签订之日起1年。合同签订后不到1个月，因修缮办公场所搬迁，导致合同不能履行，此时已支付合同总额的50%，即人民币31.5万元。

审计建议：应根据采购项目实施的要求，充分考虑采购活动所需时间和可能影响采购活动进行的因素，合理安排采购活动。

案例63：限额以下且目录以外的采购程序不规范。

案例描述：A单位采购活动存在化整为零、未执行询价谈判程序、集体决策制度执行不到位、采购质量较差、未制定单位采购内部控制制度等问题。

审计认定：随着政府采购"放管服"改革不断深化，集中采购目录内项目逐步减少、限额标准大幅提高，单位自行采购项目数量与金额逐步增加。在领导干部经济责任审计中发现，集中目录以外和限额以下的自行采购由于缺乏规范监督，存在较多不规范行为。主要原因为：内部控制制度不全、执行不力；法规政策不明晰、监管不到位；审计督查关注不够、力度不足等。

审计建议：一是建立健全符合单位实际的限额以下、目录以外采购制度，推动有效执行。以"分事行权、分岗设权、分级授权"为主线，建立单位自行采购管理办法。明确自行采购的原则和范围，规定单位采购主体责任，设立相互制约的工作机构及监督职责，确定自行采购限额标准、采购方式及程序、采购验收组织等环节，明确工作要求及责任追究，建章立制并贯彻实施。二是加强审计重点监督，维护资金安全。内审部门应加强对自行采购的监管，重点关注预算单位自行采购预算和计划的合理性、采购过程的决策合规性、采购方式的合法性、采购的效益性，及时发现采购过程中存在的问题，充分发挥审计"治已病、防未病"的作用，全面保障财政资金安全高效。

第七章 采购核算审计

采购核算审计是指对采购业务相关会计核算情况开展审计，主要包括：采购物资入库核算、采购付款核算、往来款核算、退货和赔偿核算、履约保证金和质量保证金核算等。

一、审计目标

目标1：确认采购物资入库核算准确规范

目标2：确认采购付款核算准确规范

目标3：确认采购往来款核算准确规范

目标4：确认退货和赔偿核算准确规范

目标5：确认履约保证金和质量保证金核算准确规范

二、审计依据

1. 政府会计准则——基本准则（财政部令第78号）

2. 政府会计制度——行政事业单位政府会计科目和报表（财会〔2017〕25号）

3. 政府会计准则第3号——固定资产（财会〔2016〕12号）

4. 中国内部审计实务指南第2号——物资采购管理审计

三、审计程序和要点

审计目标	可供选择的审计程序和需要关注的审计要点	是否执行	索引号
目标1 确认采购物资入库核算准确规范	1. 调阅采购凭证，检查会计核算科目与金额是否正确，账务处理是否及时； 2. 是否按照政府会计准则和制度要求，准确核算固定资产、无形资产、材料等资产价值，如实反映各类资产的实际成本，及时办理资产入库手续。	√	
目标2 确认采购付款核算准确规范	1. 检查采购付款手续是否齐全合规；是否符合合同付款要求；发票、采购手续、采购合同等是否相符； 2. 是否按照财务报销规定及审核流程进行审核签批；是否制定财务不相容岗位职责分工；是否明确会计核算流程；	√	

续表

审计目标	可供选择的审计程序和需要关注的审计要点	是否执行	索引号
目标2 确认采购付款核算准确规范	3. 是否采用定期和不定期的清查制度，通过固定资产总账及明细账对单位的资产进行数量、金额管理，做到账账、账实相符，保证单位财产物资的安全、完整。	√	
目标3 确认往来款核算准确规范	1. 审查应付账款登记和管理是否由独立于请购、采购、验收、付款以外的职员执行； 2. 是否根据不同供货商设置明细账进行明细分类核算；是否根据审核无误的原始凭证和记账凭证及时登记账簿记录，有无遗漏、隐瞒负债情况； 3. 是否定期将应付账款明细账余额与供货商寄回的对账单相核对，与应付账款总账相核对，与采购部门台账相核对，对存在的差异是否及时妥善处理； 4. 对享有折扣的交易，是否以扣除折扣后的货款净额登记应付账款，以防止在付款时贪污折扣； 5. 审查预付账款是否经过申请、审批；收到采购物资后，是否根据供应商发票及时冲减预付账款； 6. 是否与供货商定期对账； 7. 审查财会部门是否定期编制应付账款账龄分析表、物资已收发票未到情况汇总表； 8. 是否每月计算主要业绩指标据以监控应付账款状况； 9. 采用分析性复核方法，通过比较本期与上期各应付款明细账户余额、相关比率和相关费用账户金额，确定应付账款有无异常变动。	√	
目标4 确认退货及赔偿核算准确规范	1. 调阅退货单，检查货物退回数量是否准确，是否核对单据、名称、规格等； 2. 调阅仓库日记账，检查是否更新，是否做到账实相符； 3. 调阅会计凭证，因产品质量退回，是否进行相应赔偿账务核算。	√	
目标5 确认履约和质量保证金核算准确规范	1. 是否规范保证金收取和退还； 2. 调阅采购合同，查看收取履约保证金的，是否在采购合同中约定履约保证金退还的方式、时间、条件和不予退还的情形，明确逾期退还履约保证金的违约责任。	√	

四、具体案例

案例 64：未按权责发生制进行会计核算。

案例描述：2020 年 6 月 810 号凭证，某单位支付某某医疗器械有限公司 5 年软件使用费 28.93 万元，并摊销 1 年期费用 5.79 万元，软件于 2021 年 11 月 26 日验收合格，应自 2021 年 11 月至 2026 年 10 月摊销使用费，2021 年度应摊销 2 个月费用。

审计认定：上述事项不符合《政府会计准则——基本准则》（财政部令第 78 号）"第三条　财务会计实行权责发生制……第六十一条　本准则所称权责发生制，是指以取得收取款项的权利或支付款项的义务为标志来确定本期收入和费用的会计核算基础。凡是当期已经实现的收入和已经发生的或应当负担的费用，不论款项是否收付，都应当作为当期的收入和费用；凡是不属于当期的收入和费用，即使款项已在当期收付，也不应当作为当期的收入和费用"的规定。

审计建议：加强财务人员培训，提高业务水平，准确掌握并运用权责发生制会计核算，在采购合同履约期限内按照正确的会计期间确认费用。

案例 65：资产购置相关费用核算问题。

案例描述：某公立医疗机构，现购置业务用房，发生在竞标环节支付给产权交易中心的交易服务费，该笔费用应计入购置业务用房的资产成本还是应计入费用？如果计入固定资产原值，因买卖合同支付房款方式为分期付款，在验收为固定资产之前所发生的款项（包含前面所说交易服务费）是先计入在建工程还是通过预付账款等其他科目挂账。

审计认定：根据《政府会计准则第 3 号——固定资产》（财会〔2016〕12 号）第九条，政府会计主体外购的固定资产，其成本包括购买价款、相关税费以及固定资产交付使用前所发生的可归属于该项资产的运输费、装卸费、安装费和专业人员服务费等。《政府会计制度——行政事业单位会计科目和报表》（财会〔2017〕25 号）"1613 在建工程"科目核算单位在建的建设项目工程成本。根据上述描述，购置业务用房在验收为固定资产之前所发生的款项应计入"预付账款"。

审计建议：加强财务人员培训，提高采购业务核算准确性。

第八章 采购后续审计

采购后续审计是指对采购结果、采购管理审计问题建议等进行的跟踪审计。主要包括：采购档案审计、采购绩效审计、采购管理审计整改等。

一、采购档案审计

（一）审计目标

目标1：确认采购档案管理规范
目标2：确认采购档案保管期限
目标3：确认采购文件保管内容

（二）审计依据

1. 中华人民共和国政府采购法
2. 政府采购货物和服务招标投标管理办法（财政部令第87号）

（三）审计程序和要点

审计目标	可供选择的审计程序和需要关注的审计要点	是否执行	索引号
目标1 确认采购档案管理规范	查阅采购人、采购代理机构对政府采购项目每项采购活动的采购文件是否妥善保存；档案交接是否规范。	√	
目标2 确认采购档案保管期限	查阅采购档案保管期限。采购文件的保存期限是否为从采购结束之日起至少保存十五年。	√	
目标3 确认采购文件保管内容	审阅采购文件保管内容，是否包括采购活动记录、采购预算、招标文件、投标文件、评标标准、评估报告、定标文件、合同文本、验收证明、质疑答复、投诉处理决定及其他有关文件、资料。（其中：采购活动记录至少应当包括下列内容：（1）采购项目类别、名称；（2）采购项目预算、资金构成和合同价格；（3）采购方式，采用公开招标以外的采购方式的，应当载明原因；（4）邀请和选择供应商的条件及原因；（5）评标标准及确定中标人的原因；（6）废标的原因；（7）采用招标以外采购方式的相应记载。）	√	

二、采购绩效审计

采购绩效审计，是指审计机构和审计人员对采购管理活动的经济性、效率性和效果性进行的审查和评价。

（一）审计目标

目标1：确认采购活动的经济性
目标2：确认采购活动的效率性
目标3：确认采购活动的效果性

（二）审计依据

1. 政府购买服务管理办法（财政部令第102号）
2. 第2202号内部审计具体准则——绩效审计
3. 内部审计实务指南第2号——物资采购管理审计

（三）审计程序和要点

审计目标	可供选择的审计程序和需要关注的审计要点	是否执行	索引号
目标1 确认采购活动的经济性	调阅采购活动文件等过程资料，检查采购管理活动的人、财、物、信息、技术等资源取得、配置和使用的合法性、合理性、恰当性和节约性；是否存在质次价高、低配高价等情况。	√	
目标2 确认采购活动的效率性	调阅采购预算资料，关注预算资金配置效率、使用效益。检查既定目标的适当性、相关性、可行性和实现程度，以及未能实现既定目标的情况及其原因。	√	
目标3 确认采购活动的效果性	采用成本效益（效果）分析法，通过分析成本和效益（效果）之间的关系，检查是否促进实现相关经济效益和社会效益；是否提高服务对象满意度。	√	

三、采购管理审计整改

（一）审计目标

目标1：确认审计整改责任落实
目标2：确认审计整改工作机制
目标3：确认审计问题整改到位
目标4：确认审计整改结果运用

（二）审计依据

1. 中华人民共和国审计法（2021年10月23日修正）
2. 国务院关于加强审计工作的意见（国发〔2014〕48号）
3. 中共中央办公厅 国务院办公厅印发《党政主要领导干部和国有企事业单位主要领导人员经济责任审计规定》
4. "十四五"国家审计工作发展规划（2021年6月22日）
5. 卫生计生系统内部审计工作规定（国家卫生计生委令第16号）
6. 国家卫生健康委直属和联系单位主要领导人员经济责任审计规定（国卫党发〔2020〕97号）
7. 国家卫生健康委进一步加强卫生健康行业内部审计工作的若干意见（国卫财务发〔2022〕9号）
8. 国家卫生健康委审计整改管理办法（国卫办财务函〔2022〕56号）

（三）审计程序和要点

审计目标	可供选择的审计程序和需要关注的审计要点	是否执行	索引号
目标1 确认审计整改责任落实	检查是否及时组织对审计整改情况进行跟踪督促检查，以后年度审计中是否同时重点关注以前年度审计整改情况，重点核实整改结果的真实性和完整性，防止敷衍整改、虚假整改。	√	

续表

审计目标	可供选择的审计程序和需要关注的审计要点	是否执行	索引号
目标2 确认审计整改工作机制	1. 检查是否健全清单管理机制，根据审计发现问题清单，将审计整改任务分解到部门、责任落实到人，分步形成任务清单、整改清单； 2. 检查是否对审计发现问题分类施策推动整改，按照立行立改、分阶段整改、持续整改等要求采取不同整改措施，建立健全审计整改长效机制； 3. 查阅相关资料，关注审计整改信息化建设情况，是否采取网上追踪和现场检查相结合、对账销号等方式，推动提升整改效果，实现审计整改由治标多、治本少向标本兼治转变。	√	
目标3 确认审计问题整改到位	1. 查阅采购管理审计工作底稿和审计报告，核对审计发现的问题，被审计单位是否立行立改、全面整改，是否同时自查自纠，完善内部管理； 2. 查阅采购管理审计整改报告，核对被审计单位是否在规定时间内逐项完成审计报告反映问题的整改落实，并按时报送审计整改报告。	√	
目标4 确认审计整改结果运用	查阅审计整改约谈和责任追究机制的健全情况，是否对拒不整改、推诿整改、敷衍整改、虚假整改的，审计部门提出处理意见建议，按照干部管理权限提请纪检监察机关、组织人事部门或主管部门研究处理。	√	

第九章 文书参考及综合案例

第一节

采购管理审计文书参考格式

采购管理审计资料清单格式

一、采购制度建设情况

1. "三重一大"制度
2. 重要采购事项的集体决策会议纪要
3. 采购管理相关制度
4. 归口管理、审批权限、采购流程等相关规定
5. 关键岗位轮岗记录

二、采购预算编制与执行情况

1. 采购需求论证材料
2. 采购预算编报文件
3. 年度采购计划审批文件
4. 调整年度采购计划的集体决策材料

三、采购执行资料

1. 抽查采购合同，与年度采购计划进行对比
2. 抽查采购事项，招标文件、投标文件和采购合同
3. 抽查采购合同执行进度
4. 抽查预付账款、应付账款等科目凭证

四、采购验收资料

1. 抽查存货或固定资产科目凭证
2. 查阅入库单、领用单签字确认情况

五、采购付款情况资料

1. 抽取委托业务费、物业费等大额支出科目记账凭证
2. 抽查付款内控情况,财务审核、会计核算等流程资料
3. 查阅往来款管理台账
4. 查阅合同台账

采购管理审计方案格式

一、审计目标

通过开展采购管理审计,促进政府采购业务的内部规范管理和所属单位管理,明确内部工作机制,提高采购质量、降低采购成本、规范采购行为。综合运用审计手段,梳理采购需求、政策落实、信息公开、履约验收、结果评价等环节,通过制定制度、健全机制、完善措施、规范流程,逐步形成依法合规、运转高效、风险可控、问责严格的政府采购内部运转和管控制度,做到约束机制健全、权利运行规范、风险控制有力、监督问责到位,实现对政府采购活动内部权力运行的有效制约。

二、审计对象

按照内部审计准则和本指引的要求,内部审计人员对本单位采购管理情况开展审计工作,发现本单位各部门(科室)采购工作中存在的问题并提出相关建议。

三、审计依据

采购管理专项审计应列入年度审计计划,内部审计机构按照单位领导

办公会或者党组（党委）会审批后的年度审计工作计划实施。临时增加的专项审计工作按照规定程序审批后实施。

四、审计内容及重点

（一）审计内容

对审计期间内部采购事项进行全面梳理，分析采购总体数量及金额区间，按照货物、工程和服务分类，按照重要性水平开展审计。对采购金额20万元以下采购事项重点抽查比例30%；对采购金额20万元（含）至50万元采购事项重点抽查比例40%；对采购金额50万元（含）至100万元以上采购事项重点抽查比例60%，100万元（含）以上采购事项重点抽查比例100%（此金额分类可根据单位实际情况调整）。

（二）审计重点

1. 以预算控制为重点。一是通过年初预算批复和年终财务决算报表进行对比，寻找差异，分析原因，严防预算、决算"两张皮"；二是关注年初的采购预算是否做到精细化，是否明确采购项目，防止因预算编制笼统造成项目采购过程中随意调整；三是关注应严格按照批准的预算执行采购，是否存在擅自采购、以及无计划采购。

2. 以执行方式为重点。是否依照相关法规确定采购需求、编制采购实施计划；依法执行政府采购政策。

3. 以采购标准为重点。是否存在擅自提高采购标准的，如：公务用车、通用设备等方面。要检查整个采购过程，关注违规行为产生的主要环节在哪里。

4. 以合同签订为重点。重点关注是否在规定时限内签订有效的采购合同，合同的约定条款是否符合《中华人民共和国民法典》。

5. 以项目验收为重点。关注制定的验收程序、验收手续，明确验收职责及分工是否规范。验收结束后，验收人员应当出具验收报告并签字，验收报告应当列明各项标准的验收情况及项目总体评价等事项。验收结果应当与采购合同约定的资金支付及履约保证金返还条件挂钩。履约验收的各项资料应当存档备查。

6. 以资金支付为重点。通过合同核对供应商的名称、内容、账户等，与凭证反映的银行转账单进行对比，关注银行账号是否一致；关注资金拨付在程序上的合规性，调阅采购付款凭证、财政项目用款计划表，确认是否存在单笔支付金额超出500万元未按国库集中直接支付方式支付；关注是否有提前支付，或者滞拨、超拨的情况。

五、审计程序及方法

（一）审计程序

内部审计人员可结合单位实际，设计和实施采购管理内部控制测试，针对相关控制运行的有效性，获取充分、适当的审计证据。综合运用观察、检查、询问、函证、重新执行、重新计算和分析程序，结合数据内在逻辑和外部信息的整体分析，做出职业判断。

（二）审计方法

被审计部门应对提供资料的真实性、完整性负责，并在做出书面承诺的基础上，采购管理审计主要采取以下方法开展：

1. 调查访谈。访谈开始前，审计人员应厘清访谈目的，拟定访谈提纲，根据访谈对象的层级、职责分工、部门等特征进行分层分类座谈，制定差异化访谈策略。

2. 查阅分析。通过查看单位管理相关的各类文档资料，分析各类业务及管理数据，核实确认重点管理环节，锁定存在的主要问题领域。分析业务及管理数据主要包括：财务数据、业务数据、管理数据等可比指标。

3. 重点核查。对于重大金额的采购事项进行抽样核查或定向核查，确定事项的真实性、合规性和效益性。

4. 审核。对被审计部门内部或外部生成的采购资料，无论是以纸质、电子或其他介质形式存在的记录或文件进行审查。

5. 检查有形资产。对资产实物进行审查，通过监督盘点或直接抽查盘点，核实采购事项的真实性。

6. 函证。通过直接获取来自第三方的有关项目信息核对材料，帮助对审计结果进行认定。

7. 重新计算。通过人工方式或使用计算机辅助审计技术，对记录或文件中的数据计算准确性进行核对。

六、主要人员安排及分工

根据单位实际情况安排项目总负责、项目经理、审计组成员。

七、审计配合与沟通

提高审计项目的审计质量，就必须先做好审计项目的管理工作，审计人员要严格按照审计程序、审计方法，运用科学、合理、有效的管理方法对审计项目的过程进行控制，采取审查、监督、反馈等方式对审计工作的各个过程予以规范和约束。

（一）审计项目的组织管理

1. 审计人员具备专业胜任能力。审计人员要保持良好的工作态度、积极主动、换位思考，树立服务意识，主动与委托方、被审计单位、被审计领导干部和相关部门沟通，积极表达意见和建议。

2. 审计人员配备充足。严格实施审前调查程序，摸清被审计单位基本情况，在人员分工时能够就专业所长和业务特点实现精准、高效的匹配。

3. 建立项目组内的沟通机制。建立每天早晚例会、周例会制度，使得每一个审计事项（如审计资料、人员访谈、资产盘点、确认审计底稿、意见反馈等）有计划开展，每一个审计程序充分实施，保证审计项目按期完成。

4. 建立多方参与的沟通协作机制。明确的沟通渠道，通过资料交接单、早晚例会、审计周报、底稿和报告征求意见稿等形式，就审计事项进行沟通、反馈等，缩短沟通时间、提高工作效率。

5. 审计项目组的职责控制。严格按照审计分工和规定的审计程序、审计方法开展工作，要求每个人的工作职责分明。

（二）审计项目的过程管理

1. 主动联系。项目经理要认真听取相关部门建议和意见，提高工作水平，确保工作质量。

2. 认真指导。部门经理、项目经理对审计人员及工作业务实施指导，使之按规定程序、预定方案和计划时限严格有序地工作。

3. 加强监督。及时掌握工作进度和质量情况，随时了解工作期间出现的问题，及时提出处理意见，对重大事项要进行请示报告。

4. 严格复核。三级复核是质量控制措施的重要环节，实行严格的三级质量控制复核制度。

（三）审计项目的文本控制管理机制

实施审计文本控制能规范整个审计过程中的质量控制，保障审计记录的规范、审计报告的质量、审计档案的完整。如审计方案、审计工作底稿、审计证据、审计报告等。其中，尤为重要的是工作底稿的编制要求和审计证据的取得，直接影响到审计报告的"问题定性准确、审计事实清晰、引用法规恰当"的质量标准。

（四）审计项目的时限控制管理机制

时限控制包括审前调查、编制修订审计方案、审计实施、分析汇总、编制审计报告等多个方面的时间控制，通过这些环节的协调配合实现审计工作的明确与规范，合理计划项目实施期限，保证在规定时间内向委托方出具审计报告，从而减少各种外界因素所导致审计工作出现问题，在规定的时间内使审计方案能够执行得全面、具体，达到审计项目质量的规范要求。

八、工作要求

严格执行"四严禁""八不准"。

通用审计工作底稿格式

被审计单位名称：　　　　　　　　　　　　　编号：

审计项目：　　　　　　　审计人员：　　　日期：　　　第　页

审计项目时点或期间：　　复核人员：　　　日期：　　　共　页

问题（情况）摘要：
审计结论、意见及建议：
附件：
被审计单位就问题真实性及有关数据准确性的核实意见：   签字（盖章）：

备注：

一、审计工作底稿的编制

（一）编制原则

1. 完整性原则

审计人员对已经收集的被审计单位概况资料、经济业务情况、内部控制系统及会计记录等，连同审计程序、审计步骤、审计方法，都必须逐项编入审计工作底稿。每份审计工作底稿的内容也必须完整，如适当的标题、编制日期、资料来源及资料性质等基本要素都不得遗漏。

2. 重要性原则

完整性原则规定的目的在于保证审计资料的完整无缺，然而并非所有资料对于审计报告都具有同样的重要性。因此，必须根据审计资料的性质去芜存菁，并在审计工作底稿中明确注明资料的性质及其与审计报告之间的关系，使一些重要事实在审计工作底稿中处于突出的地位，便于编制审计报告和提出审计意见时加以运用。

3. 真实性与相关性原则

审计工作底稿是支持审计结论和审计意见的支柱。因此，审计工作底稿的真实性与相关性直接影响审计结论的可信性和审计工作的成败。因此，在编制审计工作底稿时，必须将已确认为真实、客观的审计工作底稿，依据与审计结论和意见相关联的原则，作为支持审计结论和发表审计意见的主要依据。

4. 明确责任原则

审计工作底稿必须由审计人员、制表人签名盖章，并由审计项目负责人审批核实，以明确各自的责任。审计工作底稿是审计组织的内部工作资料，审计人员负有保密责任。

（二）编制要求

一份完整的审计工作底稿应该内容清楚、标题完整、一切资料来源均有说明；所列事项都应经过复核，而且有条理、有顺序、注意细节；重要事项和非重要事项有明确的区分。

1. 每一具体审计事项均应单独编制一份审计工作底稿，并在表头表明被审计单位的全称。

2. 所有审计过程中取得的审计证据，面谈询问过的人员，观察过的场所等，均应一一明确列示。编制人和复核者均应在审计工作底稿上签字，并注明日期。

3. 应编制一份工作备忘录，列明尚待解决的问题。

4. 审计工作底稿应编制索引，便于查阅。

二、复核和保管

审计工作底稿由执行审计工作的人员填制后，负责人员必须进行复核。

审计工作底稿应当按照审计质量控制政策和程序的规定，及时归整为审计档案。

采购专项审计报告格式

按照年度审计工作计划，我们于20××年××月××日至20××年××月××日，对××单位采购情况进行了审计。对审计期间的"三重一大"执行情况、采购制度建设情况、采购验收程序、采购财务核算情况等进行了审计，查阅了会计账簿、会议纪要、相关制度、采购资料等，进行了询问相关人员，抽查原始凭证，抽盘实物资产等审计程序。审计期间得到了相关部门的积极支持与配合。我们相信，我们获取的审计证据是充分、适当的，为发表审计意见提供了基础。具体审计情况如下：

一、单位基本情况

……是公益*类事业单位，执行《……制度》。经费来源主要为财政补助收入、……等。审计期间，共有采购事项×××项，其中货物××项、金额××万元；工程××项、金额××万元；服务××项、金额××万元。

二、采购管理审计情况

（一）法律和制度层面

单位"三重一大"制度建设情况。抽查相关采购项目的集体决策会议纪要情况。调阅采购管理相关制度，检查归口管理情况；调阅审批权限、采购流程等相关规定；抽查采购人员轮岗交流记录。

（二）采购需求和计划层面

论证采购需求，编报采购预算，根据采购需求及预算制定年度采购计划，并按照"三重一大"事项报经单位集体决策，履行相关审批程序后调整采购计划等情况。

（三）审批程序和内控层面

是否合理设置岗位，明确岗位职责、权限和责任主体，细化各流程、各环节的工作要求和执行标准。采购人是否建立岗位间的制衡机制，采购需求制定与内部审核、采购文件编制与复核、合同签订与验收等岗位是否分开设置。采购人对于评审现场组织、单一来源采购项目议价、合同签订、履约验收等相关业务，是否由2人以上共同办理，并明确主要负责人员。采购人是否按规定建立轮岗交流制度，按照政府采购岗位风险等级设定轮岗周期，风险等级高的岗位原则上应当缩短轮岗年限。不具备轮岗条件的应当定期采取专项审计等控制措施。建立健全政府采购在岗监督、离岗审查和项目责任追溯制度。是否明确不同级别的决策权限和责任归属，按照分级授权的决策模式，建立与组织机构、采购业务相适应的内部授权管理体系。是否加强对采购活动的流程控制，突出重点环节，确保政府采购项目规范运行。

（四）政府采购方式及变更情况

审计期间内，包括招标、竞争性谈判、询价、创新采购、单一来源采购、框架协议采购，以及国务院政府采购监督管理部门认定的其他采购的数量和金额。政府采购方式管理情况，是否建立采购方式内部管理制度。明确采购、财务、业务相关部门（岗位）责任；是否严格采购方式审批情况。

审计期间内，政府采购方式变更情况，包括变更为单一来源采购方式的程序和采购方式变更程序。

（五）供应商选择情况

审计期间内，确认供应商是否具备参加政府采购的条件；确认供应商不存在不得参加政府采购活动的情形；确认供应商资格审查程序和记录规范有效；确认政府采购联合体的组成及操作规范；确认成交供应商是否符合规定；确认存在回避情形是否已回避；确认是否存在对供应商差别或歧视待遇；确认供应商是否违反政府采购法相关规定。

（六）采购代理机构情况

审计期间内，确认采购代理机构选择是否规范；确认应当委托集中采购机构采购的情形是否委托；确认委托集中采购机构进行的采购活动是否低于市场价格、效率更高、质量优良和服务良好；确认委托的社会代理机构是否符合相关管理要求；确认委托代理协议签订是否规范；确认采购代理机构是否违反《政府采购法》相关规定。

（七）分散采购情况

审计期间内，单位分散采购是否为采购限额标准以上的未列入《集采目录》的项目自行采购或者委托采购代理机构（包括社会代理机构和集中采购机构）代理采购的行为。单位是否依法委托采购代理机构办理采购事宜，是否与采购代理机构签订委托代理协议，依法确定委托代理的范围、权限和期限等，明确双方权利和义务。采购代理机构在委托的范围内办理政府采购事宜。

（八）采购验收情况

审计期间内，确认采购人将验收组织嵌入内控管理环节，符合政府采购内控要求；确认采购人的验收组织符合制度要求；确认采购人按照不同采购类型制定恰当的验收方案；确认采购人验收方式符合项目要求；确认采购人按照采购合同开展验收；确认采购人根据验收结果及时履约。

（九）采购合同或协议

审计期间内，确认对计划内采购事项实施采购，按照相关规定确定采购方式，履行相应采购程序，合同归口管理，合同签订经适当审批程序，按照合同约定执行并付款。

（十）采购财务核算情况

审计期间内，查看是否制定财务岗位分工，制定财务报销规定，明确采购付款手续，明确财务审核流程，明确会计核算流程；建立往来款管理台账，建立合同台账，定期核对账目，不一致时及时查找原因并调账，督促部门及时报销，定期清理往来款情况。抽查政府采购会计账务处理情况，确认政府采购履约保证金预留金额；确认政府采购支付方式；确认会计核算中的风险防控点。

三、重大经济事项决策执行情况

查阅相关资料，确认是否依法依规决策、集体决策、民主决策；是否履行规定的决策程序；会议记录是否完整、翔实。确认重大经济决策事项实施效果，决策后是否按决策组织实施；是否达到预期目标；是否对决策执行情况进行有效监督检查和责任追究。

四、审计发现的主要问题

针对采购管理审计过程中发现的问题，审计组需要与承担单位、参与单位进行充分的沟通，交换意见，并分别对未整改问题和已整改问题进行报告。

（一）未整改问题及建议

对于审计组在采购管理审计过程中发现的问题，如果截至审计报告日，被审计单位未予整改，审计报告应逐项列示审计过程中发现的问题，引用有关制度规定，并提出整改建议。

（二）已整改问题

对于审计组在采购管理审计过程中发现的问题，如果截至审计报告日，被审计单位已整改，审计报告应归类披露审计组在采购管理审计过程中发现的问题，以及已完成整改的情况。如无相关事项，则本段内容填写"承担单位及参与单位无已整改问题"。

五、历次审计整改情况

关注以前年度采购管理审计发现问题整改情况，重点核实整改结果的真实性和完整性，防止敷衍整改、虚假整改。

六、审计意见

（一）被审计单位无未整改问题，则审计意见应当表述为：我们认为，被审计单位在审计期间内，依法依规实施政府采购，不存在重大违规事项。

（二）如果根据"未整改问题及建议"所述事项，审计组需要发表保留意见，则审计意见应当表述为：我们认为，除"未整改问题及建议"所述事项的影响外，采购管理符合相关法律法规的规定，不存在其他重大违规事项。

（三）如果审计组判断需要发表否定意见或无法表示意见，则按照《中国注册会计师审计准则第 1502 号——在审计报告中发表非无保留意见》的要求出具审计报告。

附表：1. 采购总体情况表（审计期间内）
   2. 以往审计发现问题整改清单
   3. 审计发现问题清单

附表：**采购总体情况表（审计期间内）**

被审计单位：　　　审计期间：20××年×月×日—20××年×月×日　　　金额单位：万元

序号	采购事项	采购类别（货物、工程和服务分类）	采购方式	涉及金额（万元）	采购时间	采购部门	备注

以往审计发现问题整改清单

被审计单位：　　　　　　　　　　　　　　　　　　　　　　金额单位：万元

审计报告文号及问题序号	问题简述	已采取整改措施							追责问责情形	追责问责人数	是否完成整改	未完成整改原因及下一步计划
		其中：调整会计账目	收回资金	挽回损失	归还原资金渠道	补交税费	新制定制度	修订完善制度	优化完善业务流程	其他方式				

审计发现问题清单

被审计单位：　　　　　　　　　　　　　　　　　　　　　　金额单位：万元

序号	与报告对应关系	问题定性	事实表述	涉及金额	法规依据	审计建议	备注

说明："定性"对应报告正文中的问题分类以及关注事项；问题和关注事项提及金额的，"金额"栏不得为空

采购管理审计整改台账格式

单位名称：（盖章）　　　　　联系人：　　　　　　　联系电话：

序号	问题清单					任务清单					整改清单					
	与审计报告对应关系	问题定性	事实表述	涉及金额	法规依据	责任部门	责任人	整改类型	整改目标	预计完成整改时间	拟采取整改措施	已采取整改措施	追责问责情形	追责问责人数	完善制度	其他	是否完成整改	未完成整改原因及下一步计划
1																
2																
……																

填表说明：

1. 表格内容应填尽填。如不涉及某项，填写"无"。

2. 问题清单中，"涉及金额"列以万元为单位，保留2位小数。

3. 任务清单中，"整改类型"列应当选择其中之一填列：立行立改、分阶段整改、持续整改。

4. 任务清单、整改清单中，"整改措施"列应当选择其中的一项或多项填列：调整会计账目、收回资金、挽回损失、归还原资金渠道、补缴税费、新制定制度、修订完善制度、优化完善业务流程、其他。

5. 整改清单中，"完善制度"列应当包括发文时间（×年×月）、文号、标题等内容。

| 第二节 |
采购管理审计问题清单示例

序号	问题类别	主要问题	问题定性	表现形式	法规依据	审计建议及管理提示
1	制度建设	未制定采购管理制度	未结合单位实际制定采购管理制度	某单位没有制定本单位的采购管理制度，采购管理人员介绍目前本单位是按照上级单位的采购制度执行的，经核实，该单位并未设置具有上级单位等同的部门完成采购。审计流程，上级单位制定的制度并不完全适用于该单位执行，存在未结合单位实际情况制定采购管理制度	《行政事业单位内部控制规范（试行）》（财会〔2012〕21号）第三十二条：单位应当建立健全政府采购预算与计划管理、政府采购管理活动、验收管理等政府采购内部管理制度。	根据国家采购规定及上级单位要求，结合单位实际情况制定具有可操作性的采购管理制度，另外，还应根据国家新出台的采购规定及时修订和完善单位的采购管理制度。
2		采购制度未及时修订	采购制度未及时修订	某单位制定有采购管理制度，但未及时修订。如存在未将新的采购限额标准、采购方式变化的内容及时在单位制度中进行修订		

续表

序号	问题类别	主要问题	问题定性	表现形式	法规依据	审计建议及管理提示
3	制度建设	制度内容不完整	制度内容不完整	某单位执行"三重一大"制度，制度中明确重大项目安排事项包括："各级各类重点建设项目；大宗医院耗材、器械物资采购和购买服务；基本建设和大额度基建修缮项目；"但未明确将政府采购相关事项纳入议事规则中	《财政部关于加强政府采购活动内部控制管理的指导意见》（财库〔2016〕99号）四（二）"加快建章立制。抓紧梳理和评估本部门、本单位政府采购执行和监督中存在的风险，明确标准化工作要求和防控措施，完善内部管理制度，形成较为完备的内部控制体系"。	鉴于政府采购执行和监督中存在风险，建议将政府采购相关事项纳入单位"三重一大"议事规则中。
4		内控体系不健全	未制定采购内控制度、组织管理架构不健全	未结合《采购管理办法》、《合同管理办法》、《财务会计内部控制管理办法》等制度，制定本单位行之有效的政府采购内部控制制度，建立完善组织管理架构		根据国家采购规定及上级单位要求，制定本单位行之有效的政府采购内部控制制度，建立完善组织管理架构。
5	内控管理	不相容岗位未分离	不相容岗位未分离	采购工作中，采购申请发起、询价比价、合同拟定、付款申请由一人完成。	《关于加强政府采购活动内部控制管理的指导意见》（财库〔2016〕99号）三、主要措施"（二）合理设岗，强化权责对应。2. 不相容岗位分离。采购人、集中采购机构应当建立岗位间的制衡机制，采购需求制定与内部审核、采购文件编制与复核、合同签订与验收等岗位原则上应当分开设置。"	根据国家采购活动内部控制管理相关规定，设立不相容岗位，防止风险发生。管理提示：采购业务相关业务人员对于项目议价、合同签订、履约验收等，原则上应当由2人以上共同办理，并明确主要负责人员。

续表

序号	问题类别	主要问题	问题定性	表现形式	法规依据	审计建议及管理提示
6	内控管理	供应商管理环节缺乏控制	存在关联关系的供应商参与一个项目	单位负责人为同一人或者存在直接控股、管理关系的不同供应商，参加同一合同项下的政府采购活动	《政府采购法实施条例》第十八条"单位负责人为同一人或者存在直接控股、管理关系的不同供应商，不得参加同一合同项下的政府采购活动。除单一来源采购项目外，为采购项目提供整体设计、规范编制或者项目管理、监理、检测等服务的供应商，不得再参加该采购项目的其他采购活动。"	要求按照政府采购的相关规定执行，确保采购行为合法、合规。对于委托中介机构进行招标的，建议依法追究招标代理机构的责任，并将该招标代理机构列入黑名单，今后不再委托该公司作为招标代理机构使用。管理提示：在采购项目开标时，可考虑使用天眼查软件对投标公司进行查询，以及时规避存在关联公司投标的行为。通过"信用中国"网站（www.credutchina.gov.cn）、中国政府采购网（www.ccgp.gov.cn）等渠道查询相关主体信用记录。
7	政府采购参加人	以不合理的条件对供应商实行差别待遇或者歧视待遇	对供应商实行差别待遇或者歧视待遇	招标文件相关内容限定供应商所在地，对供应商实行差别待遇或者歧视待遇	《政府采购法》第二十二条"采购人可以根据采购项目的特殊要求，规定供应商的特定条件，但不得以不合理的条件对供应商实行差别待遇或者歧视待遇"。	建议严格按照政府采购规定执行，招标文件编制设定资格条件或评审因素应公平公正，不设定与合同履行无关的不合理条件、规模条件等。
8	政府采购参加人	以不合理的条件对供应商实行差别待遇或者歧视待遇	对供应商实行差别待遇或者歧视待遇	招标文件评审办法以特定行业业绩作为加分条件	《政府采购法》第二十二条"采购人可以根据采购项目的特殊要求，规定供应商的特定条件，但不得以不合理的条件对供应商实行差别待遇或者歧视待遇"。	建议严格按照政府采购规定执行，招标文件编制设定资格条件或评审因素应公平公正，不设定与合同履行无关的不合理条件、规模条件等。

续表

序号	问题类别	主要问题	问题定性	表现形式	法规依据	审计建议及管理提示
9	政府采购参加人	以不合理的条件对供应商实行差别待遇或者歧视待遇	采购需求指向特定品牌	公开招标文件中,一台手术设备的技术规格要求"支持远程控制的通信协议:SONY-VISCAP-ELCO-D"属于指向性技术指标	《政府采购法实施条例》第二十条"采购人或者采购代理机构有下列情形之一的,属于以不合理的条件对供应商实行差别待遇或者歧视待遇:(三)采购需求中的技术、服务等要求指向特定供应商、特定产品;(六)限定或者指定特定的专利、商标、品牌或者供应商"的规定。	建议严格按照政府采购规定和招投标法实施条例执行,招标文件编制设定需求技术规格参数,不限定或指定特定专利、商标、品牌或者供应商。
10	政府采购参加人	代理机构未按规定办理登记	不具备从业条件	代理机构不具备从业条件	《政府采购代理机构管理暂行办法》(财库〔2018〕2号)第十一条"代理机构代理政府采购业务应当具备以下条件:(一)具有独立承担民事责任的能力;(二)建立完善的政府采购内部监督管理制度;(三)拥有不少于5名熟悉政府采购法律法规、具备编制采购文件和组织采购活动等相应能力的专职从业人员;(四)具备独立办公场所和代理政府采购业务所必需的办公条件;(五)在自有场所组织评审工作的,应当具备必要的评审场地和录音录像等监控设备设施并符合省级人民政府规定的标准。"	建议严格按照政府采购法和政府采购代理机构管理办法,规范进行委托代理招标行为。

续表

序号	问题类别	主要问题	问题定性	表现形式	法规依据	审计建议及管理提示
11	政府采购参加人	未依法依规代理	未依法依规代理	与采购人未签订委托代理协议即接受委托开展采购活动	《政府采购法》第二十条"采购人依法委托采购代理机构办理采购事宜的，应当由采购人与采购代理机构签订委托代理协议，依法确定委托代理的事项，约定双方的权利义务。"	建议严格按照政府采购法和政府采购代理机构管理办法，规范进行委托代理招标行为。
12	政府采购实施计划	未执行政府采购政策	未预留扶贫份额	未预留规定比例的年度食堂食材采购份额，通过"832平台"采购农副产品	《关于运用政府采购政策支持乡村产业振兴的通知》（财库〔2021〕19号）第二条"各级预算单位应当按照不低于10%的比例预留年度食堂食材采购份额，通过脱贫地区农副产品网络销售平台（原贫困地区农副产品网络销售平台）采购脱贫地区农副产品。……确因地域、相关政策限制等特殊原因难以完成10%预留份额任务的预算单位，可由中央主管预算单位或省级财政部门报经财政部（国库司）审核同意后，适当放宽预留比例要求。"	建议按照国家支持乡村产业振兴相关政策，按预留规定比例采购份额进行采购。
13	政府采购实施计划	未执行政府采购政策	未落实节能、环保政策	未落实节能产品、环境标志产品政府采购政策	《政府采购法》第九条"政府采购应当有助于实现国家的经济和社会发展政策目标，包括保护环境，扶持不发达地区和少数民族地区，促进中小企业发展等。"	建议按照政府采购法相关政策要求，采购产品在符合购置要求下选取节能、环境标志产品。

续表

序号	问题类别	主要问题	问题定性	表现形式	法规依据	审计建议及管理提示
					《财政部 发展改革委关于印发节能产品政府采购品目清单的通知》（财库〔2019〕19号）	
14	政府采购实施计划	违规设置评审因素	评审标准中的分值设置未量化	评审标准办法中规定：评审采用"优秀"、"一般"、"较差"等区间评判，未设定其区间量化标准	《政府采购法实施条例》第三十四条规定："采用综合评分法的，评审标准中的分值设置应当与评审因素的量化指标相对应"的规定。	建议应按照政府采购法实施条例规定，合理设定评审因素
15	政府采购预算	擅自提高采购标准	超政府采购预算采购	超政府采购预算执行	《政府采购法》第六条"政府采购应当严格按照批准的预算执行"。	建议严格执行政府采购管理实施办法，加强预算支出监管，严禁无预算、超预算支出。
16			未按批复预算执行采购	在项目执行中，自行提高了设备配置标准，实际采购金额高出预算金额		
17	政府采购预算	未编制政府采购预算	无预算采购	政府采购项目未编制政府采购预算	《中央单位政府采购管理实施办法》第二十五条"未列入政府采购预算、未办理预算调整或补报手续的政府采购项目，不得实施采购"的规定。	建议严格执行政府采购管理实施办法，加强预算支出监管，严禁无预算、超预算支出。
18	政府采购预算	违规设置评审因素	价格测算不合理	设定最低限价	《政府采购货物和服务招标投标管理办法》（财政部令第87号）第十二条"采购人根据价格测算情况，可以在采购预算额度内合理设定最高限价，但不得设定最低限价。"	建议应按照政府采购法实施条例规定，合理设定评审因素。

续表

序号	问题类别	主要问题	问题定性	表现形式	法规依据	审计建议及管理提示
19	政府采购组织形式	未执行集中采购	未执行集中采购	项目建设内容包括拆除、防水、装修等，属于中央预算单位政府采购集中采购目录品目。单位委托招标代理机构以公开招标方式采购，未委托集中采购机构代理采购	《政府采购法》第十八条"采购人采购纳入集中采购目录的政府采购项目，必须委托集中采购机构代理采购"的规定。	建议严格按照政府采购规定及单位的采购管理办法执行，纳入集中采购目录的采购需委托集中采购机构代理进行采购。
20	政府采购组织形式	车辆未按定点进行维修、投保	车辆未按定点进行维修、投保	某单位给公务车投保，未选择定点车辆保险公司；某单位支付多笔车辆维修费，金额1万元，但未在定点维修单位维修，且未提供向国采中心备案的资料	中央国家机关政府采购中心《关于中央国家机关2019—020年车辆定点保险有关事宜的通知》（国机采〔2019〕17号）第一条：中央国家机关各部门所属在京各级行政事业单位（京外单位按自愿原则参与，相关费率标准按当地保险行业最优惠政策执行）均按本通知规定实行车辆定点保险。机动车辆类型……北京地区新购车辆、未上保险或保险已到期的车辆，在办理机动车辆保险时，必须到定点保险公司投保。保险尚未到期的车辆，在保险到期续保时必须到定点保险公司投保。	建议严格按照国采中心的相关规定实行，在定点单位进行投保和维修。

续表

序号	问题类别	主要问题	问题定性	表现形式	法规依据	审计建议及管理提示
					中央国家机关政府采购中心《关于中央国家机关2019—2020年车辆维修保养服务定点采购有关事宜的通知》第一条：中央国家机关各部门所属京内各级行政事业单位（以下简称各单位）的车辆，应按照有关规定实行定点维修……此外，驻地在远郊区县，且附近无定点维修企业的单位，可选择北京市级或区级定点维修企业，向国采中心备案后进行维修。	
21	政府采购方式	未依法依规确定采购方式、程序等	未执行公开招标采购	项目合同金额均超过公开招标限额，均未执行公开招标	《政府采购法》第二十八条"采购人不得将应当以公开招标方式采购的货物或者服务化整为零或者以其他任何方式规避公开招标采购"。	建议严格按照政府采购规定及单位的采购管理办法执行，单项采购金额达到公开招标数额标准，必须采用公开招标方式。
22	政府采购方式	未依法依规确定采购方式、程序等	规避政府采购	项目采购需求相近，总预算金额超过政府采购限额标准，通过医院自行采购方式在同一时间分别确定同一供应商	《中央预算单位政府集中采购目录及标准（2020年版）》"除集中采购机构采购项目和部门集中采购项目外，各部门自行采购单项或批量金额达到100万元以上的货物和服务的项目、120万元以上的工程项目应按《政府采购法》和《招标投标法》有关规定执行。"	

续表

序号	问题类别	主要问题	问题定性	表现形式	法规依据	审计建议及管理提示
23	政府采购方式	未依法依规确定采购方式、程序等	规避公开招标	党政联席会议研究决定，直接与供应商签订2020年房屋租赁合同，年度合同金额1 071万元	《政府采购法》第二十八条"采购人不得将应当以公开招标方式采购的货物或者服务化整为零或者以其他任何方式规避公开招标采购"的规定。	建议严格按照政府采购规定及单位的采购管理办法执行，单项采购金额达到公开招标数额标准，必须采用公开招标方式。
24	政府采购方式	未依法依规确定采购方式、程序等	单一来源方式采购依据不充分	未考虑供应商充足的实际情况，组织专家论证后决定采用单一来源方式采购，不符合政府采购法规定的适用情形	《政府采购法》第三十一条"符合下列情形之一的货物或者服务，可以依照本法采用单一来源方式采购：（一）只能从唯一供应商处采购的；（二）发生了不可预见的紧急情况不能从其他供应商处采购的；（三）必须保证原有采购项目一致性或者服务配套的要求，需要继续从原供应商处添购，且添购资金总额不超过原合同采购金额百分之十的"的规定。	建议严格按照《中央预算单位变更政府采购方式审批管理办法》规定履行单一来源审批程序。
25	政府采购方式	未依法依规确定采购方式、程序等	评标过程违规	采购代理机构聘请的律师违规进入评审现场，代替评审专家对商务条款进行评分	《政府采购货物和服务招标投标管理办法》（财政部令第87号）第四十五条"采购人或者采购代理机构负责组织评标工作，并履行下列职责：（七）维护评标秩序，监督评标委员会依照招标文件规定的评标程序、方法和	建议严格按照政府采购规定和招投标法实施条例执行，评标过程中专家应进行独立评审并保证评标在严格保密情况下进行。

续表

序号	问题类别	主要问题	问题定性	表现形式	法规依据	审计建议及管理提示
					标准进行独立评审"；第六十六条"采购人、采购代理机构应当采取必要措施，保证评标在严格保密的情况下进行。除采购人代表、评标现场组织人员外，采购人的其他工作人员以及与评标工作无关的人员不得进入评标现场"。	
26	政府采购程序	未依法依规确定采购方式、程序等	科研试剂耗材采购未履行政府采购程序	采购科研试剂耗材，单家供应商年度采购金额达到100万元以上均未履行政府采购程序	《中央预算单位政府集中采购目录及标准（2020年版）》"除集中采购机构采购项目和部门集中采购项目外，各部门自行采购单项或批量金额达到100万元以上的货物和服务的项目、120万元以上的工程项目应按《政府采购法》和《中华人民共和国招标投标法》有关规定执行"的规定。	建议严格按照政府采购规定及单位的采购管理办法执行，单项采购金额达到公开招标数额标准，必须采用公开招标方式。
27	政府采购程序	未按招投标管理规定执行	未按规定执行开标评标程序	供应商投标文件未拆封时即确定中标人	《政府采购货物和服务招标投标管理办法》（财政部令第87号）第四十一条"开标时，应当由投标人或者其推选的代表检查投标文件的密封情况；经确认无误后，由采购人或者采购代理机构工作人员当众拆封，宣布投标人名称、投标价格和招标文件规定的需要宣布的其他内容"。	建议严格按照政府采购规定和招投标法实施条例执行，确保开标评标程序合法、合规。

续表

序号	问题类别	主要问题	问题定性	表现形式	法规依据	审计建议及管理提示
28	政府采购程序	未按招投标管理规定执行	未按要求否决投标	按照招标文件评审规定不满足"*"指标要求应当按照否定投标处理，但评标委员会评审结论为合格	《机电产品国际招标投标实施办法（试行）》第五十九条"技术评议过程中，有下列情形之一者，应予否决投标：（一）投标文件不满足招标文件技术规格中加注星号（*）的重要条款（参数）要求，或加注星号（*）的重要条款（参数）无符合招标文件要求的技术资料支持的"。	建议严格按照政府采购规定和招投标法实施条例执行，不满足投标要求予以否决。
29	政府采购程序	未按规定组织评审	未组织专家对招标文件进行复核论证	未组织专家对招标文件进行复核论证	《国家卫生健康委关于进一步规范和加强政府采购管理工作的通知》（国卫财务函〔2020〕250号）"三、全面规范政府采购行为（四）严格专家论证。要组织专家对招标文件进行复核论证"。	建议应按照《国家卫生健康委关于进一步规范和加强政府采购管理工作的通知》要求，组织专家对招标文件进行复核。
30	政府采购程序	未按规定组织评审	评审委员会组建不合规	组织评标专家对该项目进行评标工作，评标委员会成员仅有5人	《政府采购货物和服务招标投标管理办法》第四十七条"采购项目符合下列情形之一的，评标委员会成员人数应当为7人以上单数：（一）采购预算金额在1 000万元以上"的规定。	建议应按照《政府采购货物和服务招标投标管理办法》规定的专家人数进行评审。

续表

序号	问题类别	主要问题	问题定性	表现形式	法规依据	审计建议及管理提示
31	政府采购程序	违规设置评审因素	评审因素设定不合规	将资格条件作为评审因素	《政府采购货物和服务招标投标管理办法》（财政部令第87号）第五十五条"评审因素的设定应当与投标人所提供货物服务的质量相关，包括投标报价、技术或者服务水平、履约能力、售后服务等。资格条件不得作为评审因素。"	建议应按照政府采购法实施条例规定，合理设定评审因素
32	政府采购程序	其他事项	招标文件编制不规范	公开招标文件未标注核心产品，采购需求内容不完整，约定收取中标单位履约保证金达到了15%	《政府采购货物和服务招标投标管理办法》第三十一条"非单一产品采购项目，采购人应当根据采购项目技术构成、产品价格比重等合理确定核心产品，并在招标文件中载明"；《政府采购货物和服务招标投标管理办法》第十一条"采购需求应当完整、明确，包括以下内容：1. 采购标的需实现的功能或者目标，以及为落实政府采购政策需满足的要求；2. 采购标的需执行的国家相关标准、行业标准、地方标准或者其他标准、规范"；《中华人民共和国政府采购法实施条例》第四十八条"履约保证金的数额不得超过政府采购合同金额的10%"。	严格按照政府采购法实施条例、招标投标法相关政策要求，合理、合规设定招标文件内容。

续表

序号	问题类别	主要问题	问题定性	表现形式	法规依据	审计建议及管理提示
33	政府采购程序	未按规定参与投标	串通投标	不同投标人的投标文件由同一单位或者个人编制	《政府采购货物和服务招标投标管理办法》（财政部令第87号）第三十七条"有下列情形之一的，视为投标人串通投标，其投标无效：不同投标人的投标文件由同一单位或者个人编制；不同投标人委托同一单位或者个人办理投标事宜；不同投标人的投标文件载明的项目管理成员或者联系人员为同一人；不同投标人的投标文件异常一致或者投标报价呈规律性差异；不同投标人的投标文件相互混装；不同投标人的投标保证金从同一单位或者个人的账户转出。"	严格按照政府采购货物和服务招标投标管理办法，规范招标投标程序。
34	政府采购合同	未按规定签订采购合同	未签订合同	某单位2019年"污水处理系统升级改造设备采购及运营"项目，预算金额1 090万元，中标金额为1 069.98万元，通过代理机构公开招标采购，中标通知书日期2019年12月5日，仅签署629.62万元设备采购及安装合同，440.36万元运维合同一直未签署	《政府采购法》第四十六条"采购人与中标、成交供应商应当在中标、成交通知书发出之日起三十日内，按照采购文件确定的事项签订政府采购合同。"	严格执行政府采购相关规定，按照采购文件确定事项，在规定期限内签订政府采购合同。

续表

序号	问题类别	主要问题	问题定性	表现形式	法规依据	审计建议及管理提示
35	政府采购合同	未按规定签订采购合同	合同签订不及时	中标通知书发出时间为2019年2月3日，合同签订时间为2021年1月19日	《政府采购货物和服务招标投标管理办法》第七十一条"采购人应当自中标通知书发出之日起30日内，按照招标文件和中标人投标文件规定，与中标人签订书面合同"的规定。	按照招标投标管理法规定的30日时限与中标单位签订书面合同。
36	政府采购合同	未按规定签订采购合同	服务项目签订期限超过三年	签订为期五年租赁项目	《财政部关于推进和完善服务项目政府采购有关问题的通知》中"三、灵活开展服务项目政府采购活动。在年度预算能保证的前提下，采购人可以签订不超过三年履行期限的政府采购合同"的规定。	按照《合同法》及相关规定的要求签订合同，并加强合同审核，确保要素完成，防范因不规范签订合同带来的风险。 管理提示： 1. 国家或行业有合同示范文本的，可以优先选用。单位有合同标准文本的必须使用标准文本，没有标准文本的要做到：条款不漏项；标的额计算准确、标的物表达清楚；质量有标准、检验有方法等。 2. 加盖骑缝章可防范换页更改的情况发生。
37	政府采购合同	未按规定签订采购合同	超过规定限额签订补充合同	与中标方签订补充合同，补充合同金额为原合同的49%	《政府采购法》第四十九条"政府采购合同履行中，采购人需追加与合同标的相同的货物、工程或者服务的，在不改变合同其他条款的前提下，可以与供应商协商签订补充合同，但所有补充合同的采购金额不得超过原合同	按照《合同法》及相关规定的要求签订合同，并加强合同审核，确保要素完成，防范因不规范签订合同带来的风险。 管理提示： 1. 国家或行业有合同示范文本的，可以优先选用。单位有合同标准文本的必须使

续表

序号	问题类别	主要问题	问题定性	表现形式	法规依据	审计建议及管理提示
					采购金额的百分之十"的规定。	
38	政府采购合同	未按规定签订采购合同	合同签订不规范	合同无授权代表人签字；无签订日期	《民法典》"第四百九十条　当事人采用合同书形式订立合同的，自当事人均签名、盖章或者按指印时合同成立。在签名、盖章或者按指印之前，当事人一方已经履行主要义务，对方接受时，该合同成立。"	用标准文本，没有标准文本的要做到：条款不漏项；标的额计算准确、标的物表达清楚；质量有标准、检验有方法等。 2. 加盖骑缝章可防范换页更改的情况发生。
39	政府采购合同	未依法依规签订合同	未依法依规签订合同	中标或者成交后无正当理由拒不与采购人签订政府采购合同	《政府采购法》第四十六条"采购人与中标、成交供应商应当在中标、成交通知书发出之日起三十日内，按照采购文件确定的事项签订政府采购合同。中标、成交通知书对采购人和中标、成交供应商均具有法律效力。中标、成交通知书发出后，采购人改变中标、成交结果的，或者中标、成交供应商放弃中标、成交项目的，应当依法承担法律责任。"	严格按照政府采购法和实施条例，规范签订合同，中标或者成交后无正当理由不得拒与采购人签订政府采购合同。

续表

序号	问题类别	主要问题	问题定性	表现形式	法规依据	审计建议及管理提示
					《政府采购法实施条例》第七十二条"供应商有下列情形之一的,依照政府采购法第七十七条第一款的规定追究法律责任:(二)中标或者成交后无正当理由拒不与采购人签订政府采购合同。"	
40	政府采购信息公开		未按时间要求公开	采购计划申报前30日未公开采购意向	《财政部关于开展政府采购意向公开工作的通知》(财库〔2020〕10号)第五条"采购意向公开时间应当尽量提前,原则上不得晚于采购活动开始前30日公开采购意向。"	严格按照政府采购公开时间要求,预算执行中新增采购项目应当及时公开采购意向。采购意向公开时间应当尽量提前,原则上不得晚于采购活动开始前30日公开采购意向。
41	政府采购信息公开	信息公开不规范	信息公开不规范	项目招标公告未在省级以上财政部门指定媒体发布;招标文件发售期仅3个工作日;中标公告未公布招标文件、未明确中标人地址、中标单价、服务要求、专家名单和公告期限,未告知未通过资格审查的投标人未通过的原	《政府采购信息发布管理办法》第八条"中央预算单位政府采购信息应当在中国政府采购网发布,地方预算单位政府采购信息应当在所在行政区域的中国政府采购网省级分网发布。除中国政府采购网及其省级分网以外,政府采购信息可以在省级以上财政部门指定的其他媒体同步发布";	严格按照政府采购法相关政策要求,合理、合规公开政府采购信息。

续表

序号	问题类别	主要问题	问题定性	表现形式	法规依据	审计建议及管理提示
					《政府采购货物和服务招标投标管理办法》第十八条"采购人或者采购代理机构应当按照招标公告、资格预审公告或者投标邀请书规定的时间、地点提供招标文件或者资格预审文件，提供期限自招标公告、资格预审公告发布之日起计算不得少于5个工作日"；《政府采购货物和服务招标投标管理办法》第六十九条"中标结果公告内容应当包括中标人名称、地址，主要中标标的、单价、服务要求，中标公告期限以及评审专家名单。对未通过资格审查的投标人，应当告知其未通过的原因；采用综合评分法评审的，还应当告知未中标人本人的评审得分与排序"。	
42	采购资料归档	采购资料归档不完整	采购资料归档不完整	某单位采购项目只保存了采购合同、中标单位的投标文件、未保存招标文件、专家评审意见等资料，存在归档资料缺失的情况。	《政府采购货物和服务招标投标管理办法》（财政部第18号令）第67条：招标采购单位应当建立真实完整的招标采购档案，妥善保管每项采购活动的采购文件，并不得伪造、变造、隐匿或者销毁。	要求严格按照《政府采购货物和服务招标投标管理办法》，对采购文件进行整理、立卷、归档、保管，做到采购项目档案资料的完成、合规。

第三节

采购管理审计案例列示

一、综合案例1——采购问题列示

根据某次审计结果公告,摘录出涉及采购的 8 个方面、32 个问题。以下为采购管理审计问题列示:

问题类别	问题摘要
内部控制管理	某单位"三重一大"制度不够完善,部分大额采购投资未经集体决策,涉及金额 25 900 万元。
政府采购需求	超标准违规配置与资产低效闲置现象并存。
	个别部门花费 2 503.72 万元购买的 23 台(套)设备超 6 年未拆封或 2022 年全年运行机时为零。
政府采购预算	5 个部门无预算或超预算租用房产 1 819.45 平方米、超标准配置办公设备等 3 280.78 万元。
	6 省市的 53 个单价超标准配置 9 711 台(件)计算机等办公设备和家具,涉及资产价值 3 137.43 万元。
	某单位在 7 个财政项目已完成或基本完成,未编列设备采购预算,突击使用剩余资金 176.07 万元采购计算机等设备 114 台套。至 2022 年 8 月底,仍有价值 111.38 万元的设备闲置未用。
政府采购组织形式	7 省市的 104 个单位存在公务用车闲置、定点维修管理不规范、超编制配备等问题。
	某单位存在违规转包分包政府采购项目,涉及金额 3 997.44 万元。
政府采购方式	某单位大宗食材采购时未按规定公开招标。
	2017 年至 2022 年,某单位未经公开招标签订或续签办公用房租赁合同,支付房租 2 493.63 万元。

续表

问题类别	问题摘要
政府采购方式	某单位违规将应竞价的 2 个政府采购项目改以磋商方式实施，涉及合同金额 285 万元。
	2020 年至 2021 年，某单位未经招标，先委托所属公司支付 37.4 万元采购 2 台设备，由单位实际使用，又通过虚假招标，安排中标中间商加价采购上述 2 台设备，价款 62 万元由单位实际支付。中间商和所属公司分别从中获利 13.6 万元、11 万元。
	2015 年至 2016 年，某单位违规批准所属公司，将本应公开招投标的工程项目以邀请招标方式采购，中标方为该院所属公司，涉及合同金额 434.54 万元。
	2019 年至 2022 年，4 家单位将 4 个项目拆分规避招标，涉及合同金额 2 029.25 万元，其中 2022 年 1 434.22 万元。
	2021 年，某单位未按规定公开招标，直接与服务商签订房屋租赁合同，涉及金额 466.56 万元。
	2020 年至 2022 年，某单位将应招标集中采购的 16 项政府采购工程，直接委托下属物业管理公司实施，涉及金额 6 698.11 万元，其中 2022 年 1 936.45 万元。
	2021 年，某单位未按规定履行政府采购程序，自行采购多媒体电器等物资 200.65 万元。
	2020 年以来，某单位部分货物和服务采购未按规定进行公开招标或集中采购，其中 2022 年涉及金额 1 374.1 万元。
政府采购程序	项目采购服务时未按规定履行政府采购程序，通过内部比选方式确定供应商，涉及金额 4 234.38 万元。
	2020 年至 2022 年，某单位未按规定履行政府采购或工程招标程序，涉及金额 6 205.12 万元，其中 2022 年 2 012.19 万元。
	某单位 1 个宣传服务项目未严格执行采购规定，先确定供应商实施项目，后履行政府采购程序，涉及金额 133.7 万元。
	2020 年 7 月至 2022 年底，某医院对卫生保洁服务事项未按规定履行政府采购程序，直接指定物业公司实施，涉及金额 275.88 万元，其中 2022 年 110.35 万元。
	2022 年，某医院在委托招标代理公司开展医疗设备招标采购时，监管不到位，存在评标不当等影响中标结果问题，涉及采购金额 339.61 万元。

续表

问题类别	问题摘要
政府采购程序	某单位3个政府采购项目，评标或询价采购程序不合规，涉及金额2 123.31万元。
	2021年，某医院部分批量科研技术服务未履行政府采购程序，涉及金额276.17万元。
	基建项目管理中违规选择或指定项目承包方，其中2022年涉及1个项目、合同金额28 328万元。
政府采购合同	2021年，某单位未经公开招标与原供应商续签服务采购合同，涉及金额4 846.1万元。
	某单位未经审批擅自变更采购合同约定事项，涉及合同金额101万元。
	2021年，某单位与物业服务公司签订补充合同时，超过国家有关规定限额，涉及合同金额33.78万元。
政府采购付款	单位中3个项目超实际工作进度付款或超申报预算的标准采购，涉及金额1 221.51万元。
	2020年至2021年，某单位在4个教学建设项目未实施或未完成的情况下，超进度向供货方或施工方支付合同款1 742.01万元。
	某单位实验室智慧教学项目在供应商尚未履行合同约定、未达全额付款条件的情况下，一次性支付全部货款393.79万元。

二、综合案例2——某医院政府采购监督检查

（一）实例背景

某部门围绕风险防控机制，加快构建有力有效的监管体系和监管措施，按照规范和加强政府采购管理的工作统一部署，对某医院开展政府采购管理情况现场监督检查。

（二）检查实施情况

按照采购年份、采购类别、采购方式、采购代理机构全覆盖原则，现场采取查阅医院制度文件、采购预算及批复、抽查合同以及现场访谈等方式，监督检查情况如下：

1. 制度和机制建设及运行情况

(1) 政府采购管理制度体系制订和执行情况。

医院建立了较完善的采购管理制度。医院采购管理办法明确了医院采购工作的工作机制与组织职责、预算编制与执行管理、采购方式及采购流程、采购合同及验收管理等内容。同时，修订《××医院货物类项目采购实施细则》《××医院工程类项目采购实施细则》《××医院服务类项目采购实施细则》，进一步细化各类采购工作要求，健全采购管理制度体系。

(2) 采购工作相关部门和具体职责。

医院政府采购工作实行决策、执行、监督三分离的管理体制。院长办公会是政府采购领导机构和决策机构，采购工作由采购工作小组负责组织执行，纪监办、审计处对采购过程进行监督、审计。采购工作小组中各部门具体职责如下：财务部门作为政府采购归口管理部门，负责牵头制定采购相关制度，组织开展相关政策培训，申报政府采购预算，统一协调并监督采购活动；设备处、后勤处、信息处等部门按业务类型负责具体采购业务；法务部负责审核采购合同。

(3) 内部控制管理制度建立。

医院制定了《××医院经济风险评估管理制度（试行）》《××医院内部控制评价管理制度（试行）》《××医院内部控制建设管理办法（试行）》。

2. 采购基本情况。

(1) 采购预算与执行情况。

单位：亿元

项目	2019—2021 年
政府采购预算	35.52
政府采购实际执行	22.71
自行采购预算	59.96
自行采购实际执行	59.96

(2) 采购执行与管理情况。

医院政府采购项目主要委托第三方代理机构具体实施。医院按照医院采购制度相关要求，由临床科室及部门提出采购需求，由财务部门牵头，组织全院各采购部门，优化论证依据，制定年度采购计划并进行采购意向公开，将政府采购资金全部纳入预算管理，并要求编制、执行预算以及预算分析。对新增资产配置产生预算调整，同步申请政府采购预算调整；由归口职能与管理部门负责组织需求论证和实施采购。大型设备采购由设备管理委员会专家按《大型设备前期技术论证流程》进行技术论证；审计部门负责对采购文件进行审核。医院所有经济合同进行统一编号，合同的签订审核与流转交由专人负责。合同管理人员及时梳理采购服务合同，对本年到期合同的主管部门提前进行提示，做好采购及合同的衔接。

（三）发现问题

1. 制度建设方面

（1）制度内容不完整。

医院执行"三重一大"制度中明确重大事项包括：各级各类重点建设项目；大宗医院耗材、器械物资采购和购买服务；基本建设和大额度基建修缮项目等，但未将政府采购相关事项纳入"三重一大"议事规则中。

（2）制度内容不规范。

《××医院采购管理暂行办法》中第十一条规定："小于20万元的非医疗设备采购项目视情形选择比价方式采购"，同年修订的《××医院服务类项目采购实施细则》中第二部分一般设备采购流程中规定："单项或批量预算金额50万元以下的、设备《集中采购目录》以外的，可以采用院内议标方式自行采购，也可以委托采购代理机构采购。"上述两个制度对目录外一般设备的采购标准和采购方式限定不一致。

2. 采购程序方面

（1）未执行政府采购。

2015年该院采用院内议标方式对"××餐饮管理服务项目"进行采购，成交供应商为×××公司。服务合同约定有效期限为1年，合同期限届满前，若任何一方未以书面形式提出异议，本合同期限届满后将自动延续下一个与本条年限相同的合同周期。根据现场资料显示，2019 年签订续签补充协议后合同延续至今未开展采购程序。按照财库〔2014〕37 号的规定，应重新开展采购程序。

（2）资格条件或评审因素中对供应商实行差别待遇或者歧视待遇。

201×年"××系统升级改造设备采购及运营"、"××护工服务项目"，以上项目均委托招标代理公司采用公开招标方式进行采购。招标文件中分别将"市场占有率"和"自己独立的培训学校或机构"列入评审因素和指标中，分别属于"以规模条件"和"以与合同履行无关的不合理条件、规模条件"对投标人实行歧视待遇。

（3）评审标准中的分值设置未量化或与评审因素的量化指标不对应。

"打印、复印原装耗材"采购项目，委托招标代理公司采用公开招标方式进行采购。招标文件的评标方法和标准"评审因素和指标"均采用"强、一般"、"全面、较全面"、"良好、一般"、"切实、比较、相对"等定性语言作为评标标准。

3. 合同管理方面

（1）合同签订不及时。

"医辅人员服务"项目委托代理机构公开招标采购，中标通知书日期为 2021 年 2 月 25 日，实际签订合同日期为 2021 年 4 月 1 日，超过规定的"中标通知书发出之日起 30 内签订合同"时限。

（2）未签订合同。

"××改造设备采购及运营"项目，预算金额 1 090 万元，中标金额为 1 069.98 万元，通过代理机构公开招标采购，中标通知书日期为 201×年 12，仅签署 6×× 万元的设备采购及安装合同，截至现场监督检查日，合同金额为 4×× 万元的运维合同未签署。

（3）超金额续签合同。

2017 年"综合物业服务"项目，经国管局采购中心公开招标，中标单位为××管理股份有限公司，合同约定服务效期为 2 年，年服务费 1 436.5 万元。该院于 2019 年 7 月，直接续签《综合物业服务合同》，合同约定金额为 131.67 万元/月，合同期限为 1 年，共计金额 1 580.09 万元。续签金额占原合同金额的 55%，不符合续签金额不超过原合同金额的 10% 的规定。

（四）整改建议

1. 建立健全医院制度体系建设

完善医院"三重一大"议事规则，出台统一的医院管理制度，确保医院制度与国家法律法规的一致性，医院内部制度的统一性与规范性。

2. 规范采购程序管理

强化依法依规采购意识，合理编制招标文件，科学制定评分标准，实现评审规范化，确保采购工作公平、公正、公开进行。

3. 加强合同管理

严格按照《政府采购法》和《政府采购法实施条例》规定的期限和要求进行合同签订，加强对合同订立、审核、履行等全过程管理，有效防范供应商履约执行风险。

附录 1

卫生健康行业内部审计基本指引（试行）

第一条 为进一步指导和规范卫生健康行业内部审计工作，提高审计工作质量，根据《审计署关于内部审计工作的规定》《卫生计生系统内部审计工作规定》《进一步加强卫生健康行业内部审计工作的若干意见》等相关规定，结合审计实践，制定本指引。

第二条 本指引供各级卫生健康行政部门及属管单位开展审计业务时参考使用。

第三条 开展审计业务时，应当遵守职业道德，具备相应的专业胜任能力，履行保密义务，独立、客观、公正地开展审计监督和评价，关注相关经济风险，并对审计质量实施有效控制。严格遵守保密规定，不得泄露在审计中获知的国家秘密、商业秘密、工作秘密、个人隐私和内部信息。

第四条 根据年度审计计划确定的审计项目及实施时间，开展审前调查，收集项目资料，评估工作量，统筹审计资源。

第五条 编制审计方案，明确审计目标、范围、内容、程序和方法，组建审计组，合理安排人员分工、时间，制定并送达审计通知书。

第六条 审计组全面了解审计项目，开展内部控制测试，发现制度是否存在缺失、未执行或执行不严格等情况。

第七条 审计组依据项目特点和审计目标综合运用恰当的审计方法，使用现代信息技术，发现审计线索，获取审计证据。审计方法一般包括审核、观察、监盘、访谈、调查、函证、计算和分析程序等。

第八条 审计组在审计工作中发现重大的问题线索，及时按程序向单位党组织、主要负责人请示报告。

第九条 审计组在审计工作中编制审计工作底稿，记录审计程序，归纳审计证据，形成审计结论。建立审计工作底稿分级复核制度，明确各级复核人员的职责和要求。

第十条 审计组汇总分析审计证据，提出审计建议，形成审计报告初稿，经规定程序复核后，征求被审计单位合理意见。研究采纳情况并按程序审定后，出具审计报告，送达被审计单位。

第十一条 按照立行立改、分阶段整改、持续整改的要求，督促被审计单位采取措施推动审计整改。

第十二条 加强内部审计与纪检监察、巡视巡察、组织人事、财会监督等其他监督力量协作配合，做好问题线索移送、责任追究等工作。

第十三条 审计组在项目结束后，及时收集审计材料，按规定归类整理、编目装订、组合成卷和定期归档。具备条件的，可以建立电子审计档案。

第十四条 本指引不能替代相关法律法规、部门规章、规范性文件及审计职业判断。对未涉及事项，需参考相关内部审计准则、指南、指引等。

第十五条 本指引由国家卫生健康委财务司负责解释。

附录 2

采购管理专项审计指引（试行）

第一条 为进一步指导和规范各级卫生健康行政部门及属管单位开展采购管理专项审计业务，提高内部审计工作质量，根据《中华人民共和国政府采购法》《卫生计生系统内部审计规定》《行政事业单位内部控制规范（试行）》等相关规定，结合审计实践，制定本指引。

第二条 本指引所称采购包括政府采购，政府采购限额标准以下且集中采购目录以外的货物、服务、工程采购（以下简称限额以下且目录以外采购）。审计组应当遵照国家及属地管理要求，结合被审计单位实际，确定审计内容。

第三条 审计时运用观察、检查、询问、重新计算、重新执行、穿行测试等，开展内部控制测试和实质性程序。

第四条 设计和实施内部控制测试时，重点关注以下内容：

（一）机构与职责。查阅内设机构及职能设置文件、会议纪要等，了解机构设置、职责分工及落实情况。包括是否明确归口管理部门及权限划分，是否履行职责；是否建立健全议事决策机制、岗位责任制、内部监督等机制。其中岗位责任制是否明确岗位办理业务和事项的权限范围、审批程序和责任。

（二）人员管理。查阅岗位职责、轮岗记录等资料，访谈相关人员，了解关键岗位人员管理情况。包括从事采购管理工作的人员是否具备相应资质、能力；采购需求制定与内部审批、采购文件编制与复核、合同签订与验收等不相容岗位是否相互分离；是否建立政府采购多人参与、在岗监督、离岗审查和项目责任追溯制度；是否对采购管理关键岗位人员建立培训、评价、轮岗等机制；不具备轮岗条件的是否定期采取专项审计等控制措施等。

（三）制度建设。查阅采购管理制度、业务流程、内部控制评价报告等资料，了解制度体系健全、合规情况。包括是否建立健全政府采购、限额以下且目录以外采购管理制度，且涵盖货物、服务、工程等内容；是否明确采购预算、需求、计划、方式、程序、合同、验收、结算、供应商管理、信息公开、档案、监督评价、争议处理、委托代理、政策功能、所属单位采购管理等要求；是否符合国家、属地及上级单位有关规定；是否明确审核审批事项，是否建立授权审批控制；相关制度是否有效执行等。

（四）信息化建设。查看采购管理系统，查阅系统操作记录、内部控制评价等资料，了解人员身份验证、岗位业务授权、系统操作记录、电子档案管理等功能建设及执行情况。

第五条 审计政府采购管理情况时，重点关注以下内容：

（一）采购当事人管理。查阅采购人法人证书、采购合同、供应商营业执照、资质资格证明、违法记录、采购代理机构委托代理协议等资料，审计是否为政府采购活动；采购人、供应商、采购代理机构等采购当事人是否属于政府采购法适用对象，是否具备履约能力；是否按规定选定采购代理机构，是否存在应委托未委托集中采购代理机构等情形，委托代理协议是否符合法定要求；审查供应商是否具备参加政府采购活动的条件，是否存在关联交易、串通舞弊、不正当竞争、转包、违法分包以及谋取不正当利益等违法情形。

（二）需求管理。查阅采购需求调查记录等文件资料，审计需求要素是否完整、准确、合规，是否符合采购项目特点和实际，是否依据部门预算（工程项目概预算）确定；是否按规定开展需求调查；是否对规定的采购项目开展需求论证；是否开展一般性需求审查；应当开展重点审查的，是否审查非歧视性、竞争性、采购政策、履约风险等；采购需求与采购文件等有关内容是否一致等。

（三）实施计划管理。查阅政府采购实施计划等资料，审计实施计划内容是否完整；采购包划分是否合理；供应商资格条件是否与采购标的、履约能力直接相关，是否存在歧视性条件等；采购方式是否合规，符合条件但未公开招标的是否依法取得批准；定价方式是否合理，是否在采购估算价值额度内合理设置采购最高限价；评审方法是否客观、合规；合同类型和文本是否依规使用标准合同文本；履约验收方案是否完整、合理、合规；风险处置措施和替代方案是否存在应当设置而未设置的情形；政策功能落实是否按规定执行；时间安排是否有序合理；实施计划文本是否经单位内部审核后报同级财政部门备案等。

（四）预算管理。查阅政府采购预算、部门预决算、采购文件、会计账簿等资料，审计预算编制是否准确完整填报，是否存在与部门预算、采购计划等不一致情况；预算执行是否存在超预算或无预算执行情况，是否存在超预算采购的情况；预算调整是否按照规定报同级财政部门审核批准，是否存在未批先行情况，是否相应调整采购实施计划等。

（五）组织形式管理。查阅采购文件、会计账簿、批量集中采购计划、协议供货目录等资料，审计集中采购是否按规定办理，采购手续是否合规；定点采购是否合规；协议供货是否规范执行，供货数量是否符合相关规定。

（六）方式管理。查阅采购需求、采购文件等资料，审计公开招标采购是否符合规定，采购标的是否有详细的技术规格标准、服务具体要求，公开招标限额标准以上货物服务工程采购是否采用公开招标方式等；竞争性谈判、竞争性磋商、询价、单一来源采购是否合规，是否存在化整为零规避公开招标、使用竞争性磋商方式采购一般货物、竞争性谈判和竞争性磋商方式混用等情况；实施框架协议采购的，是否按照集中采购代理机构、主管预算单位规定的执行方式、采购流程完成采购；采购方式变更是否符合财政部门相关规定等。

（七）程序管理。查阅评标文件、记录，谈判文件、询价通知书，采购档案等资料，审计公开招标是否按照规定程序执行，招标文件等材料是否真实完整规范，招标文件提供期限、开标时间、中标公告时间等是否符合时间性要求，评标委员会构成是否规范等；竞争性谈判是否按照规定成立谈判小组并制定谈判文件，邀请供应商是否规范，谈判文件、记录、成交通知书等是否真实完整规范；竞争性磋商是否按规定成立磋商小组并制定磋商文件，邀请供应商是否规范，磋商文件、记录、成交通知书等是否真实完整规范；询价是否按照规定程序执行，询价通知书、记录、成交文件等内容是否完整规范；单一来源采购是否按照规定程序执行，采购原因及说明、论证意见、公示文件、协商记录文件等是否真实完整规范；专家抽取是否按照规定方式执行等。

（八）合同管理。查阅政府采购合同台账、档案、会计账簿等资料，审计是否按照中标、成交通知书确定的事项签订采购合同，是否实质性响应采购需求全部内容；合同定价是否合理；核实变更、中止、解除合同原因是否正常，是否履行相关审核审批程序；追加与合同标的相同的补充采购合同是否超过原合同采购金额的 10%；履约保证金、质量保证金等缴纳和退还是否合规，履约保证金是否超过国家及属地规定的比例等。

（九）信息公开管理。查阅采购公告等采购文件，审计采购意向、采购公告和资格预审公告、采购预算、采购结果、采购更正、采购合同、单一来源方式采购、政府购买服务信息等是否公开；公开渠道、内容、时间是否符合要求等。

（十）验收管理。查阅采购合同、书面验收意见等采购文件，审计验收组织是否按照要求组建验收小组且符合不相容岗位相互分离要求，委托采购代理机构履约验收是否对验收结果书面确认；验收方式是否由 2 人以上共同办理履约验收，是否邀请实际使用人参与验收，第三方专业机构及专家等参与验收的是否形成书面验收意见，政府提供公共服务项目是否邀请服务对象参与验收、出具意见并公告验收结果；验收过程是否按照合同约定对每一项技术、服务、安全标准的履约情况进行确定；验收报告是否列明各项标准的验收情况及总体评价，是否由验收各方共同签署，验收结果是否与资金支付和履约保证金返还条件挂钩等；验收责任是否对验收合格项目按照合同约定及时结算，是否对验收不合格项目及违法违规情形按照相关法律法规及合同约定及时处理等。

（十一）付款管理。查阅成交结果、采购合同、合同台账、验收意见、会计账簿、履约保证金和质量保证金台账、往来款项对账记录等资料，审计是否按照合同约定付款，提前或滞后付款原因是否合理；合同原件等付款资料是否齐全，涉及合同调整是否根据补充合同付款；是否符合预算一体化资金支付、公务卡支付结算等规定，履约保证金和质量保证金是否按原渠道退回；票据是否符合财政、税务相关规定；是否符合单位审批流程和权限规定，是否存在超范围支出事项等。

（十二）争议管理。查阅书面质疑、采购合同、采购文件等资料，审计供应商询问是否及时作出答复；供应商质疑处理是否在收到书面通知后，按照相关规定规范做出答复等；供应商投诉处理是否在投诉处理期按照时间要求暂停采购活动；政府采购涉及控告和检举的，是否得到及时处理等。

（十三）监督管理。查阅采购内部控制评价报告、权力运行监控检查、政府采购自查、外部审计巡视等监督检查报告，审计监督机制是否由审计纪检部门共同参与；监督内容是否完整规范；监督措施是否公开纪检部门电话，是否畅通问题反馈和受理渠道等；监督整改是否针对监督检查提出的采购管理问题整改到位，是否建立长效机制等。

（十四）政策功能管理。查阅采购文件、采购合同、会计账簿等资料，审计正版软件采购是否纳入政府采购预算和计划，计算机办公设备购置是否符合采购要求等；进口产品采购是否未经批复或备案擅自采购；节能产品采购是否属于政府采购清单范围，是否落实优先采购或强制采购要求；信息安全产品采购是否属于国家相关目录，是否获得国家信息安全认证等；中小企业采购是否收取中小企业声明函、残疾人福利性单位声明函或监狱企业证明文件，是否预留采购份额或给予价格扣除优惠；脱贫地区农副产品采购是否落实国家乡村产业振兴有关政策；绿色建材采购是否符合相关实施指南的要求等。

（十五）专项管理。查阅会计账簿、采购合同、会议纪要等资料，审计公务机票采购是否属于规定范围内情形，是否优先选择国内航空公司，是否按程序确定公务机票服务商，是否超标准购买等；会议定点采购是否在党政机关定点场所举办现场会议，电子结算单和费用原始明细单据等是否真实，是否与会议通知、签到表、年度会议计划、会议费预算等相关内容一致等；疫情防控便利化采购是否建立健全紧急采购内控机制，是否执行分级授权审批，是否按规定留存疫情防控采购项目相关文件等；医用高值耗材采购是否建立准入遴选机制，目录内采购是否在阳光采购平台集中采购，目录以外采购是否符合相关采购规定，临时采购是否按规定审批，验收是否规范等；药品采购是否属于集中采购范围，采购方式是否符合规定，采购合同要素是否明确，是否存在违规网下采购、拖欠货款、虚假发票等情况。

第六条 审计限额以下且目录以外采购时，重点关注以下内容：

（一）采购执行。查阅采购预算、申请审批表、投标书或报价函、中选通知书等采购文件，审计采购方式是否符合单位内部规定，采购程序是否规范，是否按照权限履行审核审批等。

（二）采购合同。查阅采购合同及台账等资料，审计合同要素是否齐全，是否存在未经授权对外签订合同的情况；印章管理是否符合单位内部规定；合同执行偏差、缓慢、纠纷等原因是否合理等。

（三）采购验收。查阅出入库记录、验收报告等资料，审计是否由指定部门或专人对所购物品的品种、规格、数量、质量和其他相关内容进行验收，并出具验收证明；是否按照合同约定对供应商进行履约评价等。

（四）采购监督。查阅内部控制评价报告、权力运行监控报告等资料，审计是否对采购部门职责履行、采购计划执行、采购合同履约等开展内部监督检查，是否对采购权力运行进行监控，是否对采购内部控制进行评价等。

第七条 审计采购核算时，重点关注以下内容：

（一）采购结算。查阅采购合同、验收意见、会计账簿、会计凭证等资料，审计是否按照合同约定履行付款，是否符合中小企业款项支付等政策要求，是否及时取得真实、准确的发票；是否按照权限履行审核审批等。

（二）会计核算。查阅会计账簿、资产账、会计凭证等资料，审计相关记载信息是否一致；会计核算是否正确；是否定期盘点，进行账账、账实、账表核对等。

第八条 审计采购后续管理时，重点关注以下内容：

（一）档案管理。查阅采购需求、采购实施计划等采购文件（含电子档案），审计档案保管、交接是否完整规范，是否符合规定的保管期限等。

（二）绩效管理。查阅政府采购信息统计报表、内部控制报告、预算绩效报告、部门决算、政府财务报告、卫生财务年报等资料，审计采购预算资金是否实现既定采购目标，是否保障完成相应履职任务，是否促进实现相关经济效益和社会效益，是否提高服务对象满意度，是否存在闲置浪费、质次价高、低配高价等情况。

第九条 采购管理专项审计业务涉及财务、资产、合同、高值医用耗材、药品、建设项目等内容的，需参考国家有关规定及其他审计指引等。

第十条 本指引由国家卫生健康委财务司负责解释。

附录 3

制度清单

一、政府采购相关制度

1. 中华人民共和国政府采购法
2. 中华人民共和国政府采购法实施条例（国务院令第 658 号）
3. 政府采购质疑和投诉办法（财政部令第 94 号）
4. 关于进一步加强政府采购需求和履约验收管理的指导意见（财库〔2016〕205 号）
5. 关于印发《政府采购需求管理办法》的通知（财库〔2021〕22 号）
6. 政府采购信息发布管理办法（财政部令第 101 号）
7. 关于加强政府采购活动内部控制管理的指导意见（财库〔2016〕99 号）

二、招投标相关制度

8. 中华人民共和国招标投标法
9. 中华人民共和国招标投标法实施条例（国务院令第 613 号）
10. 政府采购货物和服务招标投标管理办法（财政部令第 87 号）

三、中央预算单位集中采购相关制度

11. 中央预算单位批量集中采购管理暂行办法（财库〔2013〕109 号）
12. 关于进一步做好中央预算单位批量集中采购有关工作的通知（财办库〔2016〕425 号）
13. 中央国家机关政府采购中心批量集中采购履约管理办法（试行）（国机采字〔2016〕7 号）
14. 关于中央国家机关批量集中采购有关事宜的通知（国机采〔2019〕3 号）
15. 国务院办公厅关于印发中央预算单位政府集中采购目录及标准（2020 年版）的通知（国办发〔2019〕55 号）

16. 关于印发《中央国家机关政府集中采购目录实施方案（2020 年版）》的通知（国机采〔2020〕7 号）

17. 关于延长 2021—2022 年办公家具、印刷服务、车辆维修保养、车辆加油、车辆保险定点采购和汽车协议供货、CAD 软件协议供货有效期的通知

四、非招标采购方式相关制度

18. 政府采购非招标采购方式管理办法（财政部令第 74 号）
19. 政府采购竞争性磋商采购方式管理暂行办法（财库〔2014〕214 号）
20. 政府采购框架协议采购方式管理暂行办法（财政部令第 110 号）

五、政府购买服务相关制度

21. 政府购买服务管理办法（财政部令第 102 号）

六、政府采购评审专家相关制度

22. 政府采购评审专家管理办法（财库〔2016〕198 号）

七、政府采购政策功能相关制度

23. 国务院办公厅关于印发国务院政府机关使用正版软件管理办法的通知（国办发〔2013〕88 号）

24. 关于运用政府采购政策支持乡村产业振兴的通知（财库〔2021〕19 号）

25. 财政部办公厅关于组织中央预算单位做好 2022 年政府采购脱贫地区农副产品工作的通知（财办库〔2022〕49 号）

26. 关于扩大政府采购支持绿色建材促进建筑品质提升政策实施范围的通知（财库〔2022〕35 号）

27. 国务院办公厅关于建立政府强制采购节能产品制度的通知（国办发〔2007〕51 号）

28. 政府采购促进中小企业发展管理办法（财库〔2020〕46 号）
29. 关于促进残疾人就业政府采购政策的通知（财库〔2017〕141 号）
30. 关于促进政府采购公平竞争优化营商环境的通知（财库〔2019〕38 号）

31. 关于政府采购进口产品管理有关问题的通知（财办库〔2008〕248 号）

32. 关于完善中央单位政府采购预算管理和中央高校、科研院所科研仪器设备采购管理有关事项的通知（财库〔2016〕194号）

八、政府采购专项制度

33. 财政部关于加强公务机票购买管理有关事项的通知（财库〔2014〕33号）

34. 财政部 中国民用航空局关于加强公务机票购买管理有关事项的补充通知（财库〔2014〕180号）